《思想道德与法治》案例集*

编 写 组

主编： 王一喆

参编：（按姓氏笔画排序）

王昊谦 李 霞 李海辰 张 迪

张子仪 张艺馨 邵蓓曦 赵 微

黄宇杰 常小娟 魏省委

*基金项目：北京化工大学本科教材建设项目“《思想道德与法治》案例集”（JC202023）、北京化工大学“YS20 年思政课教学质量提升”（11120053001）、北京市高等教育学会 2021 年立项一般课题“新时代高校思想政治理论课课程评价机制研究”（YB202186）和 2021 年共青团实践育人工作课题“新时代大学生社会实践高质量发展的制度机制研究”（2021SJLX02）的阶段性成果。

前言

2019年3月18日，习近平总书记在学校思想政治理论课教师座谈会上强调，推动思想政治理论课改革创新，要不断增强思想政治理论课的思想性、理论性、亲和力、针对性。由此，本书编写组积极探索将思想政治理论课教学与中国近现代化学工业发展史、新中国成立以来工业化建设史、改革开放以来化工行业创新史等特色教育资源相结合，积极探索思想政治理论课教学与秉承北京化工大学校训“宏德博学、化育天工”相结合，积极探索思想政治理论课教学与北京化工大学师生携手科研攻关、脱贫攻坚、疫情防控、冬奥志愿的鲜活实践相结合，挖掘并形成了一套“大化工人物案例集”教学资源。本案例集以此作为《思想道德与法治》课程进行课堂教学与实践教学的重要素材，着力打造具有大化工特色的高校思想政治理论课的教学体系、学术体系、话语体系。

本书案例在编写中体现了以下特点：

第一，鲜明的大化工特色。本案例集按时间轴将内容分为“创业篇”“奋斗篇”“创新篇”三大板块，充分挖掘了百年来中国大化工行业中榜样人物的典型事迹，彰显了大化工行业优秀人物的爱国心、报国情、强国志，有助于推动思政课程和课程思政的良性互动。

第二，丰富的案例素材。本案例集典型人物的选取，既有侯德榜、范旭东、钱学森、钱三强、邓稼先、屠呦呦这样蜚声中外的大科学家，也有李郑军、北化冬奥志愿者、优秀辅导员这样在平凡的岗位上书写不平凡经历的化工人。丰富翔实、充满层次的人物案例，更能适应大学生群体多维度的求知需求。

第三，针对性的教学建议。《思想道德与法治》作为本科生思想政治理论课之一，其主要任务是帮助学生树立正确的世界观、人生观、价值观、道德观、法治观，从而使当代大学生自觉成为担当民族复兴重任的时代新人。本案例集服务于《思想道德与法治》2021 年版教材，在每个人物案例编写尾处都提出了教学建议（精确到教材的二级标题），以期对教材内容做到案例全覆盖，为思政课教师充分备课和学生生动掌握理论提供便捷。

本书编写组在编写过程中，参考的相关文献和资料均已作出注释。但由于各方面原因难免会出现一些疏漏和错误，在此表示谢意和歉意。囿于水平和能力，本书还存在一些欠妥之处，敬请各位专家和读者批评指正。

王一喆

2022 年 7 月 26 日

目 录

创业篇(1921—1949年)

奋斗篇（1949—1978 年）

创新篇(1978年—)

创业篇

(1921—1949年)

侯德榜：民族化学工业的拓荒者

侯德榜(1890—1974)，字致本，著名化学家，侯氏制碱法的创始人。侯德榜从“科学救国”的愿望出发，为振兴中国化学工业奋斗了一生。他发明的“侯氏制碱法”推动了中国及世界化学工业的进步，被业界誉为“科技泰斗，士子楷模”。新中国成立后，侯德榜被任命为中央财经委员会委员和政务院重工业部技术顾问、第一、二、三届全国人大代表、全国政协第一届委员及第二、三、四届常务委员、化工部副部长、中国科学技术协会副主席等职。1974 年 8 月 26 日，侯德榜因病在京逝世，终年 84 岁。

一、创建永利铵厂

20 世纪 20 年代末至 30 年代初，由于高压技术逐渐成熟，氨合成催化剂问世，合成氨工业在欧美各国迅速兴起，硫酸铁开始作为主要氮肥在农业上得到广泛应用，并显示出明显的增产效果，而我国农民还只能用人畜粪尿、豆饼、绿肥等农家肥料。欧美各国和日本趁机将肥田粉(硫酸铵)向我国倾销，致使大量白银外流。面对外商独霸中国化肥市场的严峻形势，侯德榜清醒地认识到：尽管我国有了自己的制碱工业，但制碱工业的建立只是完成了我国基础化工的一翼，因此建立硫酸铵工业迫在眉睫。侯德榜与范旭东精诚合作，创建了我国第一座合成氨联合企业——永利硫酸铵厂。1934 年 4 月 8 日，侯德榜率领由他挑选的 5 位有丰富经验的工程师赴美，进行硫酸铵厂的设计、机器设备采购和人员培训工作。出国前，他和范旭东制定了“优质、快速、廉价、爱国”八字原则。1937 年 7 月 7 日卢沟桥事变后，抗日战争全面爆发。侯德榜、范旭东密切合作，毅然接受军需任务，转产硝酸铵，日夜赶制炸药送往南京金陵兵工厂，并组织铁工厂制造地雷壳、军用铁锹和飞机尾翼。他还把 100 多台最好的机床集中到厂外的山洞里，搭起芦苇席棚，加工飞机用的炸弹。1937 年 12 月 13 日，日本侵略军占领铵厂，对铵厂进行了疯狂的掠夺和破坏。

二、复兴民族化工

1943 年下半年，国际反法西斯战争形势发生了根本性变化，战争前景已然明朗。范旭东预见到抗战胜利已为期不远，因而积极为战后复兴中国化学工业提出了一个“十厂规划”的宏伟蓝图，并指示侯德榜领导在美国的工程师开展战后工业建设的研究，着手进行“十大化工厂”的设计工作。

1947 年 7 月 7 日，侯德榜亲赴日本，坚决要求归还硝酸厂设备。他会见了盟军总司令麦克阿瑟，几度与远东经济委员会争论，两次在盟军总部工业专家的陪同下到大牟田东洋高压株式会社视察。对于美国负责人只准拆还原有设备，不许同时拆走日本更换过的配件的意见，侯德榜据理力争。经过多次交涉，美方自知理亏，才勉强同意。最后，麦克阿瑟下令日本政府将大牟田东洋高压株式会社所掠硝酸厂全套设备归还中国。在设备拆迁交接过程中，当时国际会议决定在日本口岸交货。侯德榜不同意这个不合情理的决定，严正指出：“失主的东西，还要亲自到盗贼的聚赃处所去拉，这是不必要的义务。”在严正交涉下，盟总才允许将“在日本交货”改为在上海交货。这套设备于 1948 年 4 月 11 日运抵永利南京铵厂，是我国战后从日本索回的唯一的一套设备。

三、为建设新中国而奋斗

1949 年，中国共产党带领中国人民取得了解放战争的胜利。1 月、4 月，天津、南京相继解放，但当时侯德榜正在永利公司上海总办事处，音信阻隔，对解放后的塘沽、南京两厂的情况一无所知。

多年来，侯德榜一心发展永利事业，埋头钻研科学技术，走“科学救国”“工业救国”的道路。过去，为了祖国、民族、永利的利益，他曾与英国索尔维集团、德国反动势力、日本侵略者、美国扶植日本的政策等进行过针锋相对的斗争。今天，面对这场国内战争，该怎么办？他渴望国内有一个和平的社会环境，中华民族强盛起来，科学和工业迅速发展起来，人民能够安居乐业，自己能从事工业建设。几十年的亲身体验和战局发展，使他对国民党已不抱任何希望，但是对共产党又一无所知。他深感对共产党的真实情况了解太少，以致陷入迷惘之中。

1949 年 5 月下旬，侯德榜收到塘沽碱厂的电报，电文表述了刘少奇的殷切关心：“范旭东先生之作风，令人备极仰佩，侯德榜先生亦令人十分敬重……国家有大事情和他商量并请他做，请侯先生赶快回到华北来。”这封电报使侯德榜心潮澎湃。1949 年 9 月，侯德榜代表科技界参加了在北京召开的中国人民政治协商会议。他深信，共产党所做的一切努力，都是为了新中国的繁荣富强，是为人民服务的。1955 年他正式向党组织递交了入党申请书。由何长工、赖际发介绍，经化工部党组全面、认真地审查，侯德榜于 1957 年 9 月加入了中国共产党。

侯德榜一直关心和关注我国科学技术的发展，也特别注意爱护和培育科技人才。据不完全统计，侯德榜一生共撰写出版了 10 部科技图书和 70 多篇论文，超过 250 万字，这些成果对传播技术、培养人才起到了重要作用，也为我国和世界科技知识宝库增添了财富。他就像一位辛勤的园丁，培养出一批又一批技术骨干。这些技术骨干又以前辈侯德榜为榜样，在各自岗位发光发热，为我国化工事业的发展壮大贡献出巨大力量。

资料来源

1. 侯德榜．跨越元素世界[M]．北京：百花文艺出版社，2011.
2. 冯晓蔚．化工泰斗侯德榜[J]．党史纵横，2017(12).

教学建议

本案例可作为《思想道德与法治》(2021 年版)“第二章　追求远大理想　坚定崇高信念”的“第二节　坚定信仰信念信心”的教学素材。

范旭东：中国民族化学工业之父

范旭东(1883—1945)，原名源让，字明俊，后改名锐，字旭东，祖籍湖南湘阴，生于长沙，中国化工实业家，中国重化学工业的奠基人，被称为“中国民族化学工业之父”。新中国成立伊始，毛泽东曾对黄炎培说，在中国近代历史上，有四个人是我们万万不可忘记的，他们是：搞重工业的张之洞、搞纺织工业的张謇、搞交通运输业的卢作孚、搞化学工业的范旭东。

1911 年，范旭东抛弃了已在日本获得的大学助教的职位，铭耻奋志回到了阔别 12 年的祖国。回国后，他目睹中国盐业生产的落后，不仅盐质低劣，有害国人健康，更有碍中国化工产业的发展，于是决定利用自己所学，改良国内的盐质，“使人民有干净的盐吃，有便宜的盐吃”。

从 1914 年至 1945 年的 30 余年间，范旭东先后在天津、青岛、南京、湖南、四川等地，相继创建了久大精盐公司、永利制碱公司、永裕盐业公司、黄海化学工业研究社、《海王》旬刊杂志社、永利硫酸铔厂、永利湘厂、永利川厂和久大川厂等企业，形成了一个拥有化工生产企业、化工科研机构和化工宣传阵地的大型民族工业企业集团，俗称“永久黄”化工集团。这是我国近代民族工业企业创业获得成功的光辉典范。

范旭东在长期艰难创业过程中，不仅显示出了超凡的毅力和才干，而且表现出了崇高的民族气节和爱国主义精神。关于他的爱国精神，具体体现在以下几个方面：

第一，范旭东创办基本化学工业的出发点和目的，是为了国家和民族的兴盛，而不是为了个人发财致富。用他自己的话说，其为国为民的“书生之见”，比“发财之念”浓厚得多。这种浓厚的为振兴中华而创业的“书生之见”，始终是激励其奋发图强、励精图治的强大思想动力。范旭东在筹建久大精盐公司时，曾庄严而坚定地表明：“大时代不容任何人苟安，我等有负起担子之必要。力所能及，不可放松，要争气，就趁这个时候，办工业振兴我们的民族。”范旭东认为，在神州大地上，“不先树起酸碱工业，中国工业永远不能独立”。

第二，范旭东创办基本化学工业，在生产工艺上一贯坚持高标准，力争采用当时世界上最先进的科学技术设备，力求使自己所创建的企业在世界同行业中处于领先地位，显示出了民族自立自强精神。范旭东于1917年着手筹建永利制碱公司之初，世界上实行人工制碱的方法有两种：一为路布兰法，俗称旧法；二为索尔维法，人称新法。路布兰法是采用芒硝为主要原料制碱，其生产工艺落后，产品质量较差，只是所需资金较少，且技术公开，创建易于成功。索尔维法是采用食盐和石灰石为主要原料制碱，其生产工艺先进，产品质量优良，然所需资金较多，且技术保密，创建难以成功。当时，只有欧美工业发达的国家，能采用索尔维法制碱。范旭东在中国工业落后、军阀混战和缺少资金的特殊环境下，为了给中华民族争气，为了使中国的制碱工业拥有世界上最先进的科学技术设备和生产工艺，大胆决定采用先进的索尔维法制碱，他坚定地表示：“因国内环境特殊，非苦斗即无出路，为了这件大事业，虽粉身碎骨，我也要硬干出来。”这充分体现了他自尊、自信、自立、自强的精神。1926年6月29日，永利碱厂经过长达8年的艰苦奋战，终于胜利建成投产，成为世界上第31家采用索尔维法制碱的先进工厂，也是亚洲地区的第一家，永利因而获得了“东亚第一制碱公司”的光荣称号。

第三，范旭东在创办基本化学工业的过程中，在引进制碱制酸技术设备问题上，竭力坚持维护国家主权和企业利益，勇于力抗强暴，决不拿主权和原则作交易。永利制碱公司筹建期间，急需引进先进的制碱设备。此时，恰巧比利时有一家索尔维法制碱工厂，因欧战关系难以继续维持生产，表示愿将其全部制碱设备卖给永利碱厂，但须附加下列三项条件：一是永利碱厂的资本比方须占半数；二是制碱机器设备与制碱技术须由比方负全责，我方不得过问；三是纯碱营业可由我方主持，但碱价须由对方规定。范旭东认为此三项附加条件有损我国家主权和企业利益，便断然加以拒绝。

第四，全面抗日战争时期，为了民族救亡运动和民族复兴事业的紧迫需要，范旭东在四川建立起了新的西南化工基地，从而为抗战胜利和战后建国创造了一定的物质条件，为民族复兴事业作出了巨大贡献，充分显示了其遇逆愈奋和自强不息的奋斗精神。1937年冬至1938年春，范旭东在重庆召集“永久黄”化工集团的主要负责人进行商议，制订了一个建设西南化工基地的方案，决定在五通桥建立永利川厂，在自流井建立久大川厂。范旭东满怀救国激情地对大家说：“尤其是我们，平素对国事还有相当抱负，更不能起一丝一毫颓唐的杂念，行为更加纯洁，勇敢自不待说，我们要打破逃难心理，专心竭力，为中国再创造一个化工中心，从种种角度创造新的环境，救国兼以自救。”因此，他要求大家在建设西南化工基地的活动中，“各守各的岗位，少谈方法，多做实事，向前努力，为我们的事业，做一颗复兴民族的种子”。

范旭东是当之无愧的“中国民族化学工业之父”。范公这一生的拼搏所为不是为个人的财富与名望，而是为着实业救国的伟大理想。爱国是他一生最强大的动力，诚信是他成功的最坚实基础。他为国为民贡献一生，而国家和民众也给予了他最崇高的敬意。这样一个为国为民的实业巨子，是当之无愧的中国脊梁！

资料来源

1. 莫玉．范旭东：中国民族化工业奠基人[M]．北京：中国财政经济出版社，2014.

2. 李运华．为振兴中华而创业——论范旭东的爱国思想[J]．历史教学，1994(12).

教学建议

本案例可作为《思想道德与法治》(2021 年版)“第三章　继承优良传统　弘扬中国精神”的“第二节　做新时代的忠诚爱国者”的教学素材。

荣德生：近代民族工业巨子

荣德生(1875—1952)，名宗铨，字德生，号乐农氏居士，江苏无锡人，中华人民共和国原副主席荣毅仁之父，民族工业巨擘荣宗敬之胞弟，是中国民族资本家，慈善家、民族实业家，著《乐农氏纪事》。荣德生从事于纺织、面粉、机器等工业近60年，历经帝国主义、封建主义、官僚资本主义的反动统治和压迫，享有“面粉大王”“棉纱大王”的美誉。曾任北洋政府国会议员、国民政府工商部参议等职。

一、以发展实业为强国之媒的实践家

近代以来，列强入侵，晚清政府腐败，国弱民贫的状况更加恶化。斯时出现一批有识之士，首倡发展工商实业，经世报国，强国富民，世称经世派，他们由此成为引领中国近代工商实业发展新潮流的开路先锋。荣德生便是深涉这一潮流的成功实践者。

受时代潮流影响，荣德生的父亲荣熙泰在稍有积余的情况下，与友人在沪合开广生钱庄，让大儿宗敬、二儿德生“兄弟合力，内外同做”。同时一再教诲兄弟俩：“治家立身，有余顾族及乡，如有能力，即尽力社会。以一身之余，即顾一家；一家之余，顾一族一乡，推而一县一府，皆所应为。”斯时正值甲午战争之后，国事蜩螗，民怨沸腾。保国、保教的救亡声浪一浪高过一浪。更对青年荣德生的思想产生巨大影响。1899年，他应邀赴广东省任河补抽税局总账房，辅办税务，所接触到的时事信息更多。1900年庚子事变，荣德生决意回苏。10月与兄荣宗敬等集股在无锡西门外太保墩创设保兴面粉厂，后改名茂新，是为荣德生首创实业之起点。1905年，荣德生与兄宗敬等又发起创办无锡振新纱厂，并潜心研究厂务管理及劳动安全，尤注意人事安排。1910年，茂新的兵船牌面粉、振新的细纱参加南洋劝业会展览，均获优等奖。且出纱成本为华商纱厂中用花及成本最低者。

随着事业的发展和政治局势的变化，荣德生的实业报国思想则越来越明确，越来越强烈。1911 年 10 月 10 日，武昌起义一举成功。当时孙中山从海外归来到达上海，江苏省立宪公会会员开欢迎会于张家花园安恺第，荣德生亦参加欢迎会并与孙中山合影留念。辛亥革命成功这一伟大事件，不仅是中国历史发展的重要里程碑，同时也是推动荣氏兄弟发展实业，经世报国的强大动力。

1937 年，日军疯狂侵华，上海无锡各厂除部分在租界内的工厂以外，或被炸毁，或遭日军军管。荣氏企业遭此沉重一击，元气大伤。荣德生为了抢救遭日军破坏的各厂，他利用上海租界不受日军势力控制的特殊环境，主持未被完全破坏的各厂重新开工，并在大后方的重庆、宝鸡另建新厂，跟日寇进行斗争。

抗日战争胜利后，荣德生已届耄耋之年，虽然身心疲惫，但为胜利所鼓舞，很快又投入各厂的恢复工作。可是国民党发动内战，为筹集巨额军费，大量印制纸币，导致通货膨胀。荣氏家族的实业发展再次面临绝境，残酷的现实让他彻底绝望。国民党内战失败，从大陆撤退到台湾。撤退时荣德生毅然坚决表示留在大陆故乡，反对迁厂及抽调资金汇往国外。

荣德生大力发展实业的一生，其影响是极其深远的：有力推动了中国面粉工业、纺织工业的发展，推动了农村由自然经济向商品经济发展的现代化进程，堪称是以实业经世报国的成功实践家，而非仅仅是实业家也。

二、以育才养德为经世之本的教育家

荣德生从他强烈的经世报国之心出发，大力提倡兴学育才，提高公民道德，在推进人的现代化方面作出了重要的贡献。

首先，在本乡大力兴办各级学校，形成从小学到大学的完整教育体系。1904 年，荣德生在家乡倡议并发起捐款，开办新式小学堂。1906 年，荣德生将原有私塾改为公益小学，筹集经费，是为创设学校之始。此后，随着事业的发展，办学热情越来越高。

其次，在企业内大办职业教育，全面提高公司职工的文化素质。职工教育与普通学校教育，完全是两个不同的教育体系，但同样是培养人才，提高人的文化素质、促进人的现代化的重要组成部分。当时社会的普通学校教育尚不发达，当然谈不上关心职工即成人的继续教育问题。可荣德生以敏锐的眼光注意到这一问题的重要性，以极大的热情在所办企业中，大办职工子弟学校、工人夜校、女工养成所、机工养成所、职员养成所、艺徒训练班等职工教育事业，全面提高员工的文化素质，体现了对职工的关心、尊重和爱护。

最后，创办大公图书馆，为培养地方人才，提高公众的文化素质服务。抗战期间，大公图书馆惨遭日军摧残破坏，荣德生在万分痛心之余，仍然多方设法，继续搜求购买各种图书。抗战胜利后，恢复整理，重新开放。1955 年，其子荣毅仁先生秉承先父遗命，将大公图书馆藏书近 20 万卷，全部捐赠给无锡市图书馆，真可谓遗泽流芳，永垂不朽矣。

此外，荣德生还大力弘扬中华传统美德，著书立说，提高社会公民道德素质。

综上，荣德生继承和发扬中国近代经世派的优秀传统，是一位杰出的“爱国实业家”，成功的实践家、教育家。

资料来源

徐梁伯．荣德生在中国近代化进程中的历史定位新论[J]．江苏社会科学，2006(1)．

教学建议

本案例可作为《思想道德与法治》(2021 年版)“第五章　遵守道德规范　锤炼道德品格”的“第三节　投身崇德向善的道德实践”的教学素材。

陈调甫：中国化工事业的开拓者

陈调甫(1889—1961)，名德元，江苏苏州人。其父陈子启为官正直，不畏强权；其母陆氏知书识礼，教子甚严。在家庭教育的影响下，陈调甫痛恨列强入侵，自幼养成了好读书、爱钻研的习惯。

陈调甫青少年时期，民族危机空前严重，资产阶级民主革命蓬勃兴起。1907年，陈调甫到上海求学，先入复旦公学，旋即转入吴淞中国公学，与胡适成为同窗。在中国公学的三年间，他接受了近代科学知识和资产阶级民主革命思想的洗礼，萌发了"科学救国""实业救国"和"教育救国"的思想。1910年毕业后，回苏州农业学校任教。1912年，进入苏州东吴大学化学系深造，因成绩优异，1916年毕业后留校任教，并从事研究工作，专注于铜类合金分析和纯碱试制工作。1917年，获硕士学位。

1918年陈调甫与范旭东等人在天津创办了永利制碱公司，1928年在天津自办永明漆厂，为民族工业的发展奔走操劳，呕心沥血。

永明漆厂的兴办，对于推动我国有机化学工业的发展，起过不小的作用。这是陈调甫一生事业的一个重要方面。早在青年时代，陈调甫就对我国的桐油、大漆两项特产深感兴趣并倾心研究，著有《国宝大漆》一书。他对列强从中国进口桐油，制成成品又返销中国牟取厚利，感到痛心疾首。"五卅运动"和"五三惨案"后，广大人民抵制洋货，提倡国货，推动了民族工商业的发展。当时油漆输入减少，而市场需求增多。陈调甫征得范旭东的同意后，于1928年12月在天津自办永明漆厂，并任经理。

建厂之初，招股十分困难，仅凑足八千元。永明漆厂在天津河北区小王庄，占地七分，房屋九间，设备简陋。最初只能生产一些低档油漆应市，无法与洋货竞争，产品严重滞销，工厂处境艰难。陈调甫为了改变这种被动局面，决定以技术取胜，走技术创新的道路，向高档产品发展，以确立竞争优势。他先后从京、津两地大专院校择优招聘技术人员，给予较优厚的待遇，指导他们从事新产品的研究开发工作。除此之外，他还添置设备，扩建实验室，购进外国油漆进行化验。经分析，他发现美国酚醛清漆（俗名“瓦利斯”）虽具有硬度大、光泽好的优点，但耐水、耐热性差，一经水烫，漆膜即变白。陈调甫据此研究新配方，在保留美国瓦利斯优点的前提下，采用我国产量丰富且价格低廉的桐油，增强清漆的耐水、耐热性。这样配制的清漆，经沸水煮十分钟亦不变色，一经投入市场，就成为抢手货，使外国货黯然失色。这种被陈调甫定名为“永明漆”的新产品一下子闻名全国，成为我国油漆工业的第一个名牌产品。

1937年抗日战争全面爆发，永明漆厂本拟内迁，因向当局求援交通工具不成，未果。天津失陷后，永明漆厂因原料来源断绝，经济陷于混乱。陈调甫怀着一腔爱国热情，去香港转到“陪都”重庆，本拟与航空委员会联系设厂，生产国防用漆，但他不愿“暮夜苞苴”，更不愿回津寄日寇篱下，遂避居上海，创办化验室，潜心研究油漆原料。日寇投降后，陈调甫返回天津，重振旧业，于1948年成功研制醇酸树脂漆“三宝漆”，并增设颜料、包装车间，同时添置设备，扩充研究室，增聘李祖培、文思廉（波兰裔）等高级技术人才，准备大展宏图，但事与愿违。由于国民党的独裁统治和大打内战的政策，民族工业一直处于风雨飘摇之中。1946年6月他在工程师学会上公开发表自己的著作《引玉集》，呼吁停止内战，由各方人士组成廉洁政府，共筹建国大业等。但直到1949年初天津解放，他才看到希望。

天津解放后，他把永明漆厂和他个人所有的数万美元外汇全部拿出来购买新型设备和原料，努力发展生产，并且得到人民政府的大力扶植。1952年，永明漆厂的油漆产量已跃居全国首位，我国第一代醇酸树脂漆“三宝漆”质量已达到当时国际先进水平。该厂产品作为指定用漆，在抗美援朝和“一五”期间重点建设项目中，发挥了重要作用，并远销苏联、东欧及东南亚各国。该厂技术人员也曾赴朝鲜提供技术援助。在陈调甫的积极响应下，永明漆厂于1953年1月率先实行公私合营，为全国油漆行业树立了榜样。

陈调甫一向主张科研先行，以科研带动生产。他曾说：“办工厂者，必须努力研究科学。”颇有远见卓识。陈调甫是著名的黄海化学工业研究社的创办人之一。他和范旭东等在建设碱厂的过程中，饱尝洋人技术封锁之苦，感到我国的工业要独立发展，非自己研究技术不可。1922年黄海社创办之初，他和其他几位永利创办人自动将应得的全部额外酬金捐献出来，作为该社的基金，并亲自参加专题研究，写过《人造肥料初步试验报告》等多篇科研论文，同时指导青年进行科研。黄海社是我国第一个化工科研基地，它聚集和培养了一批我国化工界的栋梁之材。陈调甫在永明漆厂也同样把科研放在重要地位，以工厂盈利的20%用作科研经费。最初尽管资金异常拮据，但他仍然坚持建立实验室，不惜花宝贵的外汇购买实验仪器，并抽调精干主持其事。

抗战期间，他将永明实验室迁往上海，在恶劣的环境中继续潜心从事研究，对以醇酸树脂为原料生产油漆的研究取得突破性的进展，从而为永明另一名牌产品“三宝漆”的问世奠定了基础。新中国成立后，他因年事已高，不能每天到工厂上班，便自费在家中设立实验室，从事有机硅涂料的研究工作，并制成五碳藻醇，受到天津市人民政府的表彰。

陈调甫刻苦好学，他曾说：“我闲暇时的爱好就是读书。”他在永利期间经常是黄海图书馆的座上客，有时竟整日不离座，人们戏称他是“书呆子”。他阅读外文资料格外认真，常有圈点、批语，并指出其中错讹之处。晚年他还常去天津图书馆读书。陈调甫通晓自然科学，擅长古文诗词，对英语、德语颇有造诣。抗战末期他注意到苏联的发展，便向一位俄国女教师学习俄语，在新中国成立后他能用流利的俄语同苏联专家对话。晚年的他努力学习日语，每日清晨必到庭院朗读，并在铁门上写下单词，便于记忆。

陈调甫先后任第三届全国政协委员、全国工商联执行委员、天津市人民政府委员、天津市政协委员、天津市工商联执行委员以及中国化工学会天津分会理事长、化工部华北研究院副院长、天津化工学院副院长等职。1955 年 10 月至 11 月，他参加全国工商联执委会期间，受到毛泽东等领导人的接见。1957 年 2 月，他应邀参加最高国务会议。在许多会议上，他以肝胆相照的精神对我国工业发展、科学研究以及培养人才等方面的问题提出了一些有益的建议。

陈调甫一生著述颇多，主要有《涂料论文集》《涂料译文集》《油漆字典》《涂料技术词汇》《国宝大漆》以及《永利碱厂奋斗回忆录》等。

1961 年 12 月 25 日凌晨，陈调甫因心脏病复发，猝然去世。他的手稿仍留在书桌上。陈调甫曾在第三届中国政协会议上发言：“夕阳西下之时，本应放出异彩。我愿追随中国老年科学工作者之后，同青年科学工作者比赛一下，为社会主义建设工作到最后一分钟。”他用一生实现了自己的诺言。

资料来源

徐增祥．中国化学工业的开拓者——陈调甫[J]．经济工作通讯．1988(24)．

教学建议

本案例可作为《思想道德与法治》(2021 年版)“第一章　领悟人生真谛　把握人生方向”的“第三节　创造有意义的人生”的教学素材。

傅兰雅：传科学之教的教士

傅兰雅(1839—1928)，英国人，出生于英国肯特郡的海斯城，早年在当地的一所中等学校读书，后到布里斯托尔港的圣雅谷书院就学。由于家庭贫穷，他只能半工半读。他刻苦学习，获得政府一等奖学金后，转入伦敦海伯瑞师范学院，于 1860 年毕业。傅兰雅的父亲是一位牧师，常与到过中国的传教士和商人等来往。他幼年时常听父亲讲有关中国的故事，少年时常读有关中国的书，作文常写有关中国的故事，同学给他一个绰号“傅亲中”。受家庭的影响，他萌发了长大到中国的愿望。1861 年，应香港圣保罗书院邀请，抵达香港，任书院教员。

在第二次西学东渐高潮中，科技书引进最多、质量最佳、门类齐全、影响最大的翻译部门，首推徐寿、傅兰雅筹办的江南制造局翻译馆。该馆自 1868 年开办到 1912 年停办，共译出西书 241 种。傅兰雅和徐寿等 28 位翻译人员合作共译出西书 122 种，约占 50%(已出版 93 种)，其中科技书 111 种，占 90%。傅兰雅的译著涉及化学、数学、物理、医学、机械、矿学、工艺、农学等，其中化学译著最系统、最完整。著名科技史家李约瑟赞傅兰雅是一位“杰出的翻译家”，是江南制造局中有卓越成就的西方学者中的“泰斗”。

1867 年，徐寿父子和华蘅芳调入江南制造局后，曾上呈曾国藩翻译西书建议，曾国藩没有同意。徐寿转而请示江南制造局总办冯光和沈保靖。冯沈二总办同意徐寿译书意见。在 1867 年 3 月，徐寿托傅兰雅购西书数部，随即着手翻译。傅兰雅和徐建寅合译《运规约指》(初等几何学)；徐寿和伟烈亚力合译《汽机发轫》；华蘅芳和玛高温合译《金石识别》。他们尽心尽力，克服种种困难，于 1869 年译成，随即呈曾国藩阅览。曾见译书，表示满意，于 1868 年成立翻译馆。傅兰雅译《运规约指》是在他未被正式聘用以前，可以认为此次译书是制造局对傅兰雅的一次入馆“考试”。“考试”通过后，他被正式聘用。

傅兰雅和徐寿初译化学书时，遇到一个很大的困难，元素、名词、术语等无英汉词典可查，他们只能自己创造。《化学鉴原》一卷 29 节阐明了他们首创汉译元素命名原则："今取罗马字的音首，译一华字，首音不合，则用次音，并加边旁，以别其类，而仍读本音。"这个原则，沿用至今。按此原则命名的元素汉译名有36个，一直沿用至今。通过译书，傅兰雅和徐寿编制了《化学材料中西名目表》，它成为了我国第一部化学英汉词典。

《化学鉴原》译出后，傅兰雅和徐寿陆续译出《化学鉴原续编》《化学鉴原补编》《化学考质》《化学求数》《物体遇热改易记》，还和徐建寅合译了《化学分原》。这7部化学专著，将西方近代化学中的各分支无机、有机、定性、定量、物理化学中的部分内容以及实验方法和仪器使用等方面知识，系统、完整、及时地引入我国，成为我国第一批近代化学教材，对开展我国近代化学教育、培养化学人才起到了重要作用。这7部化学专著，大都是当代名人名著，学术水平较高，内容较新，对我国近代化学的形成和发展起到了先驱作用。如《化学考质》和《化学求数》两书的原著者弗雷泽纽斯（C. R. Fresenius，1818—1897）是当时欧洲著名的分析化学专家，被誉为"分析化学之父"。此二书在欧洲风靡一时，再版过十多次。原著是德文，后译为中、英、法、意、俄等五国文字。此书1883年译出时，著者尚在世，因此可称之为当代名人名著。

傅兰雅译出《格致释器》一文，连载于《格致汇编》，将西方近代科学仪器引入我国。此文共介绍10部仪器，其中《化学器》一文，介绍21类化学仪器共1000多件，仪器图700多幅，约10万字，详细说明每件仪器的制造原理、用途、规格等。此外，该文还介绍仪器设计者和发明者的姓名，涉及40多位化学家亲自设计的仪器，如本生灯、极谱发生器、莫尔滴定管、万分之一精细天平、光色分原器等。这些仪器，代表当时西欧最先进的科学水平。在19世纪末到20世纪初，我国的化学仪器都是从西欧进口。先进的化学仪器的引进，推动了我国近代实验化学的发展。傅兰雅在益智书会时，编译了一批科普读物和科普教材，如《格致须知》《格物图说》《化学须知》和《化学易知》等。

傅兰雅在翻译馆译出西书后，萌发了传播西学的思想。他在家书中写道："译书启发中国民智，实属神圣责任。知识既无国界，教育更不应有种族观念。彼愿来学，我即往教。"开办学校，传播西学，是傅兰雅有意识、有计划的一项工作。傅兰雅自述其办学宗旨是："惟冀中国能广兴格致，至中西一辙耳。"因此，傅兰雅开始着手创办格致书院。

格致书院于1876年6月22日举行开幕式。开幕式格外隆重，中外人士共赴盛宴，高朋满座，李鸿章亲笔题"格致书院"匾额。1877年格致书院初办科学讲座，由美国传教士狄考文讲电学，并有实验，前往听讲有50多人，“观者无不赞美，无不欣悦”。

格致书院考课(即论文竞赛)于1885年开始，至傅兰雅1896年离华赴美，从未间断过。这位创始者离开格致书院后，这项格致考课仍在间断进行，一直到1907年。

甲午战争后，中国面临亡国灭种的民族危机。救亡图存的维新运动在全国开展，掀起了学习西方的高潮。傅兰雅根据当时形势的需要，设法振兴格致书院。1895年夏，傅兰雅亲自制订格致书院讲授西学课程的各项规定：《格致书院会讲西学章程》《格致书院西学课程纲目》《格致书院西学课程序》等。详细制订了教学计划和教学方法等。

傅兰雅来华时22岁，赴美时57岁，1928年去世，享年89岁。他一生中在英22年，在华35年，在美32年。傅兰雅22岁到57岁的青壮年时期贡献给中国，所以有人称傅兰雅是“半个中国人”。他久居中国，逐渐了解中国，尊重中国人民的传统，喜爱中国的文化，敬佩中国的学者，他是中国人民的挚友。他曾说：“余居华廿年，心所悦者，惟冀中国能广兴格致，至中西一辙耳，故平生专习此业而不他及。”他平生志愿，是使中国广兴格致，为此，他奋斗了一生。

维新变法的著名人物谭嗣同、梁启超、康有为等都钻研过傅兰雅译著。傅兰雅译著也哺育了他们的维新变法思想。但是由于历史的局限性，傅兰雅未能看到他传播的先进科学思想所产生的深刻社会影响。

傅兰雅背井离乡，来华35年，译书28年，在这漫长的岁月中，他自述“忍受了厌倦的、漫长的、继续不断的、专心一意的翻译工作之苦”，克服了常人难以克服的困难，只为使西方科技知识“裨益中国”。研究傅兰雅的美国专家德夫曼说：“傅兰雅把毕生的精力和财富都献给中国了。”

资料来源

徐振亚．傅兰雅与中国近代化学[J]．北京化工大学学报(社会科学版)，2001(2)．

教学建议

本案例可作为《思想道德与法治》(2021年版)“第一章　领悟人生真谛　把握人生方向”的“第三节　创造有意义的人生”的教学素材。

傅鹰：化学教育的“一代宗师”

傅鹰(1902—1979)，字肖鸿，生于北京，祖籍福建闽侯县，中国著名的物理化学家和化学教育家，中国科学院第一批学部委员(院士)。作为著名的物理化学家，傅鹰在胶体与表面化学研究中取得了一系列科研成果。他创建了中国第一个胶体化学教研室，是胶体和表面化学研究的主要奠基人。作为出色的化学教育家，傅鹰执教于化学讲坛半个世纪，为国家培养了几代化学人才，并形成了自己的一套教学思想体系。

一、坚定不移的爱国之心

傅鹰生于中国内忧外患的年代，由于国家贫弱，他自小便萌发了富国强民的愿望。1919 年傅鹰由北京汇文学校考入燕京大学化学系，从此发奋读书，立志走科学救国的道路。1922 年傅鹰公费赴美国留学，1928 年在密歇根大学研究院获得科学博士学位。1945 年，傅鹰再度赴美，任密歇根大学研究员。然而，美国的优厚工作待遇和优越科研条件抵挡不住他为祖国尽心尽力的夙愿。1950 年 10 月，傅鹰这位“美国两次都留不住的科学家”克服重重困难再次回到了祖国的怀抱。从国外留学归来的傅鹰，深知新中国的高等教育刚刚起步，高等学校科研工作存在种种弊病。1955 年，他在《化学通报》(第 9 期)上发表了《高等学校的化学研究——一个三部曲》一文，反映了他对发展祖国科学教育事业的赤诚之心。傅鹰不仅关注化学研究和教育的全局，还十分记挂国家的发展，提出“民主治校”的主张。傅鹰刚正不阿，心口如一，不断为国家的教育事业出谋划策。

二、精益求精的治学之风

傅鹰勤奋好学，严谨认真，在学术和科研方面都有很深的造诣，发表学术论文 25 篇，著有《大学普通化学》和《化学热力学导论》，译有《乳状液——理论和实践》。其中，《大学普通化学》在 1987 年全国高等学校优秀教材评选时获得国家优秀奖。从该书的内容深广度和体系安排上体现了傅鹰一丝不苟的科学态度。傅鹰在胶体与表面化学研究中取得的一系列科研成果，得到国际学术界的公认，并经常被有关专著、教科书和科学文献引用。傅鹰还创建了中国第一个胶体化学教研室，是胶体和表面化学的主要奠基人。傅鹰所取得的这些丰硕成就与他的勤奋、认真是分不开的。在学习傅鹰的科研成果时，更应传承他实事求是、严谨细致、不懈探索的治学精神。

三、别具一格的教学之道

傅鹰忠贞不渝的爱国情怀和一丝不苟的治学精神为人称道，他在学术和科研上成绩斐然，在化学讲坛上也硕果累累。自1929年第一次回国至1979年逝世，教学生涯整整半个世纪，开设过普通化学、物理化学、胶体化学、化学热力学、化学动力学、统计力学和吸附作用等多门课程，培养了众多国内外优秀化学人才。傅鹰教学经验丰富，在教书育人方面，有着自己的真知灼见，并且身体力行。

傅鹰非常重视基础课的教学，亲自带教大学一年级新生的普通化学。他讲课深入浅出，常常用形象生动、浅显明白的语言解释抽象的科学概念。例如，他向一年级新生这样解释“化学”：“一家大百货商店的橱窗里陈列着一件非常漂亮的旗袍，过的人们全要看它一眼，同是一件旗袍，但是对于观众所注意的却是不一。一个经济学家会想到这件衣服的价钱和利润，历史学家联想到服装变迁沿革，一个化学家所注意的却是这件衣服的材料——丝、棉、人造丝，所用的染料会不会脱色等。从这个例子就可以看出化学家有点与众不同，他所注意的全是一些与物质有关系的问题，由此可知化学是一种研究物质的科学。”那么，什么是物质呢？傅鹰认为：“这个问题似乎很简单，实际上却非常复杂。物质的定义几乎跟女子的服装一样，可以有多种多样的。我们没有工夫去叙述这个概念的历史。化学是一种实验科学，因此我们从实验的观点给物质下一个定义：凡是有重量的东西就是物质。根据这个定义，思想、道德、感情等全不是物质，而钢铁、石油、馒头、肥料全是物质。”正因为傅鹰讲课深入浅出，条理清晰，重点突出，富有启发性，学生才会获益匪浅，终生难忘。

傅鹰治学重视科学实验。傅鹰上课语言幽默风趣，学生常常被他逗乐，可这并不代表他对学生放松要求。相反，他不允许学生在测验考试时有任何犯规拖延的行为，不允许学生的实验或习题有丝毫的马虎。他特别重视化学实验，他告诫学生，要学习，也要做研究。他曾强调化学是一门实验科学，离开实验室就没有化学。他认为学生要充分认识到实验的重要性，正确认识理论与实验的关系。

傅鹰曾说："没有感性的知识，理论的知识从何而来？没有理论，实验就可能变成盲动，劳而无功，进步迟缓，或根本不能进步。但是无论如何，理论，即使是最好的理论也不能代替实验。而我们的学生中有很可观的一部分正犯了以理论代实验的错误。我们有责任来纠正这种错误。"为此，他在教材中、在课堂上，总是用生动典型的实例和翔实的实验数据来阐述、界定科学概念和理论。例如，他以"19 世纪末已是知名之士的 Rayleigh 不人云亦云，而是亲自动手，和 Ramsay 不惜付出巨大劳动发现了氩，Ramsay 和 Travers 又从百余吨液体空气蒸发后的残留物中发现了氪和氙"的实际例子，教育他的学生"只有不怕失败，不辞劳苦，不求速功，不认为玷污了双手就是失了身份，系统地和彻底地做实验，并辅之以理论，才能发现真正重要的事情，解决在科学和经济中的重要问题"。

四、光风霁月的品德之尊

子曰：弟子入则孝，出则悌，谨而信，泛爱众，而亲仁。行有余力，则以学文。孔老夫子所指，做人更胜于做学问。傅鹰便是如此。他博学多思，谦虚谨慎，实事求是，不争名夺利，一生不忘加强自己的道德修养。正所谓"经师易遇，人师难遭"，傅鹰教书时，不仅教授学生知识，还以身作则教给学生做人的道理，实乃"人师"。

傅鹰学高为师，虚怀若谷。在科研上傅鹰勇于攀登、不断探索，成就斐然，可贵的是他为人十分谦逊。他告诫学生，我们在科学上，永远都是小学生。他说："在中国，古时候博士并不是什么荣誉的称号，宋朝就有茶博士。"可见，傅鹰丝毫未因自己是一个高级知识分子而骄傲。

傅鹰以身正为范，宁静淡泊。傅鹰平时对学生和晚辈和蔼可亲、严格要求；对朋友和同行谦和平等、以诚相待。同时，他襟怀坦荡，疾恶如仇，有一次在会议上如实揭露一位在论文中剽窃他人研究成果的教授。在发表论文时，傅鹰坚持凡不是亲自动手一起做过实验，他绝不同意写上自己名字。傅鹰常常告诫大家："写教材一不要为名，二不是逐利，唯为教学和他人参考之用，切记认真，马虎不得。"在《化学热力学》中，他坚持要把"傅鹰著"改为"傅鹰编著"。傅鹰一生都坚守着做人做学问的道德底线。

1979 年 9 月 7 日，傅鹰病逝于北京。傅鹰一生热爱祖国，热爱化学，热爱学生。他的挚友、著名物理化学家黄子卿陈词痛悼，以“物胶声传大地，桃李树满神州”作为傅鹰先生一生写照。

资料来源

王彩玲，颜桂炀，郑柳萍．物理化学家和化学教育家傅鹰的教育之道[J].化学教育，2015(6).

教学建议

本案例可作为《思想道德与法治》(2021 年版)“第四章　明确价值要求　践行价值准则”的“第二节　社会主义核心价值观的显著特征”的教学素材。

顾毓珍：我国油脂科技事业的先驱

顾毓珍(1907—1968)，字一真，又名毓桢，江苏无锡人。生前为上海华东化工学院(现华东理工大学)教授。他是我国著名的油脂专家、油脂科研事业的先驱，是中国油脂学科和油脂工业的开拓者和主要奠基人。同时他也是我国化学工程学科的著名学者教授，是这一领域中的明星功臣和先行者。

一、勤奋好学、年少有为

顾毓珍出生于无锡的书香门第，在他兄妹七人中有五人获得了博士学位，因此他家在无锡地区是赫赫有名的“顾门五博士”之家。他自幼聪慧好学，11岁小学毕业以优异成绩直升无锡名校辅仁中学读书。14岁以出类拔萃的高分考入北平清华学堂预科读书。19岁毕业后又以全优成绩被美国著名大学麻省理工学院录取，于翌年(1927年)怀着科学救国的理想踏出国门、远渡重洋抵达美国赴麻校攻读化学工程。两年后他出色地学完全部课程，获得化学工程学士学位。尔后转入该校研究院深造，自1930年起随导师、著名化学工程专家麦克阿姆斯教授从事流体力学和传热学的深入研究，两年后跃进式地完成了博士论文，取得了科学博士学位。论文中的流体在圆管内的阻力计算公式被同行们称为“顾氏公式”，载入美国化工史册，被广泛应用。

他为了进一步拓展自己的知识视野，积累办工厂和管理经验，更好地报效祖国，在1932年秋学成归国途中特地绕道欧洲，先后到英法德三国停留，专门考察这些国家的化学工厂企业，仔细地了解生产工艺和设备，学习借鉴建厂和管理经验。1933年春回国后即被民国政府聘请为南京中央工业试验所技正(技师)兼主任、代所长、所长等。同时他还在金陵大学兼课，任化学化工系教授。之后又改任工商部北平工业试验所筹备组主任、所长等，并在清华大学、燕京大学任兼职教授，讲授化学化工课程。1937年全面抗战前夕，他临危受命，克服重重困难辗转千余公里，将北平工业试验所迁到重庆，在极端艰难困苦的条件下孜孜不倦地从事制油工艺和液体燃料等方面的研究，取得了丰硕成果。抗战胜利后他回到北平继任北平工业试验所所长，并在清华、燕大等兼课，潜心从事科研和教育工作。

1949年他南下到上海同济大学任教，并在复旦、沪江和无锡江南大学兼课。1952年全国院系调整后他又转到华东化工学院任教，任化机系化工原理教研组（室）主任，从1962年起又兼任化工系化学工程教研室主任。在"文化大革命"中遭到迫害，1968年7月27日含冤去世，时年61岁。1987年党和政府为顾毓珍先生平反昭雪，并追认其为烈士。

顾毓珍先生1956年加入"九三学社"。生前曾担任政协上海第二、三届委员。1988年清华大学为缅怀优秀校友，特地设立了"顾毓珍奖学金"以示纪念。

二、我国油脂科研事业的先驱

顾毓珍自1933年春回到国内起，先后在南京、北平、重庆等地的工业试验所工作任职，他和同事们在极端艰苦困难条件下，分别在油脂萃取、制油工艺和利用植物油、酒精作原料研制开发液体燃料、润滑油等方面进行了系统深入的试验研究，富有成效。先后在《工业试验》和《化学工程》等刊物上发表研究论文20余篇，其中油脂方面有12篇：采用苯、轻汽油、酒精、乙醚等不同溶剂提取植物油3篇，压榨制油9篇。这些来之不易的研究论文开创了我国油脂科研领域的先河，成为我国油脂科研论文中的经典。因此，顾毓珍先生被誉为我国油脂科研事业的先驱、拓荒者。

尤其要指出的是，20世纪三四十年代我国饱尝战乱，油脂工业还很落后，不仅规模小、工艺落后、设备简陋，而且多半还停留在木榨、撞榨等以土榨为主的作坊式生产。先进的"水压机"（液压机）和"红车"（螺旋榨油机）榨油还是凤毛麟角，只有沿海大城市中少数油厂开始采用。顾毓珍在此现实条件下自己研究设计了实验性水压机，分别对棉籽、大豆、菜籽、花生、桐籽、芝麻、蓖麻等七种油料进行压榨制油工艺试验。他综合考虑了压力、温度、时间和适宜水分等因素对产量的影响，从理论上提出了通用压榨公式。此公式在一定范围内具有实用意义。

顾毓珍撰写的论文也在油脂权威著作《油脂化学与工艺学》一书中有所反映。他先后著述了《油脂制备学》和《油脂工业》两书，其中前者初版、再版，并在1956年又出了新版。两书深受油脂行业的读者欢迎。由文献检索而知，顾毓珍的这两部著作是我国油脂领域中最早正式出版发行的专著，具有开创性，所以顾毓珍也被称为油脂工业的开拓者和主要奠基人。

三、化学工程领域中的明星功臣

顾毓珍教授是我国化工领域中的名人大家，他的建树、业绩和贡献是多方面的。早在 1932 年他在麻省理工学院完成的《水在圆管中流动时传热机理研究》博士论文，刊于美国化学工程师会刊。文中有关流体在圆管中流动时的摩擦系数、雷诺数与阻力关系的计算公式被美国同行们称为“顾氏公式”，该文成为重要文献被广泛引用。回国以后，他在多年研究实践与大学执教的基础上勤奋笔耕、著作不辍，除了编著了两本油脂专著外，还先后编写出版了《液体燃料》和《化工计算》两书，与吴宋中合著了《工业药品制造法》，这些著作都是我国化工和制药领域中的早期著作，赢得了化学化工同行们的一致好评。尤其是《化工计算》一书，曾多次再版，是一本深受大学化工系师生们欢迎的教学参考用书。

新中国成立初期，我国正处在百废待兴阶段，高等教育全国性的院系调整进入了脱胎换骨的转型时期。那时正规出版的教材奇缺，各校都是采用自编的油印讲义。即使有少数铅印正式出版的教材，也几乎都是“老大哥”苏联翻译过来的舶来品，并不适合我国的国情校情。顾毓珍教授与张洪沅、丁绪淮两先生一起受命，呕心沥血编著了《化学工业过程与设备》一书，于 1956 年出版。该书不但成为了我国高等工科大学中的化工类专业当家教材，而且也成为了食品、油脂、发酵、造纸、皮革、纺织印染等专业的技术基础课用书，多次修订、再版。

四、学子和同行们的良师益友

顾毓珍先生是一位教育大家。早在 20 世纪三四十年代他就在多所著名大学中兼课任教，桃李满园，为国家培养了大量的化工高级人才。新中国成立后更是勤奋执教于杏坛，教书育人，为人师表。他对学生循循善诱，注意学生手脑并用的能力培养。他平易近人，诚恳平和，没有名人架子，同学们都喜欢接近他，成为了深受学子们崇敬爱戴的良师。顾毓珍先生又以治学严谨、以身作则、严于律己享誉教苑。他对研究生、青年教师和科研助手们言传身教，耐心指导，严格要求，一丝不苟，注重培养他们的独立工作和研究能力，为培养我国化学化工和化机设备领域高层次人才作出了突出贡献。在他的学生、研究生和助手中，有不少成为了化工教育、科研和产业部门的栋梁、名家，甚至是风云人物。

顾毓珍先生学识广博、思维周密、视野广阔、见解深刻、业务精深。同行、朋友和学生常常求教求助于他，他总是热忱地帮助。生前他几乎每天都要收到来自各地的信件，或求教咨询、或析疑解惑，他总是诲人不倦逐一回信，成为了他们心目中的良师益友。

资料来源

唐宝奎，李玲，刘宇静．纪念顾毓珍先生百年华诞[C]. 中国粮油学会油脂分会第十六届学术年会，2007.

教学建议

本案例可作为《思想道德与法治》(2021 年版)“第五章　遵守道德规范　提升法律素养”的“第三节　投身崇德向善的道德实践”的教学素材。

李寿恒：中国化工教育的先驱者

李寿恒(1898—1995)，字乔年，江苏宜兴人，中国化学工程学家、教育家、一级教授。1904 年入小学读书，1910 年转入上海中学。1913 年入江苏常州中学，1918 年春考入金陵大学农科。1920 年 7 月赴美留学，先在密歇根大学求学，后转入伊利诺伊大学化学系，至 1925 年 6 月先后获学士、硕士、博士学位。1925 年 7 月回国，任东南大学教授，并在金陵大学兼课。1927 年春他应聘至浙江公立工业专门学校任教授兼应化科主任，不久创建了中国第一个化学工程科系，并担任第一任科(系)主任，成为中国化学工程教育的创始人。1927 年 8 月浙江工专改为第三中山大学工学院，翌年第三中山大学改为浙江大学，至 1952 年连续担任系主任达 25 年，至 1956 年，先后任工学院院长、浙大教务长、浙大副校长。1950 年至 1965 年先后兼任浙江(含浙大)化工研究(试验)所正(副)所长(主任)，1960 年起任浙江化工学院正(副)院长，1978 年后任院学术委员会正(副)主任。1981 年离休，1985 年受聘为浙江大学名誉教授。此外，李先生还曾任民盟浙江省委委员、顾问，省第二届人大代表，省政协第一、二、三届委员和四届常委。

1918 年李寿恒从常州中学毕业，正是苏联十月革命胜利后的第二年。而国内正值军阀混战之际，国家前途岌岌可危，有识之士谋求国家出路，科学救国、教育救国、实业救国呼声甚高。李寿恒也怀着救国思想考大学，可是国立大学春季不招生，便考入了金陵大学农科。进校后时任化学老师的李颖是英国留学生，化学课讲得非常好，引起了他浓厚的学习兴趣。老师也有意识培养，让他做一些课外工作。随着对化学兴趣渐浓，他便打算改行，选修课有意向理工方面靠拢。当时留学成风，原在常州中学的同学瞿秋白 1920 年以记者身份访问苏联，同乡徐悲鸿也赴法留学。巴黎和会后，美元一再贬值，一美元抵不上一个银圆，李寿恒利用这一机会，留美成功。后来他改读伊利诺伊大学化学系，主要学习工业分析、工业化学、有机化学、燃料与燃烧等以化工为重点的课程，取得学士、硕士学位，最后在世界能源专家、曾任美国化学学会会长的 S. W. Parr 教授指导下，完成了新兴学科——化学工程学的博士论文。1925 年学成回国，应聘为东南大学、金陵大学教授，讲授有机化学、工业化学等课程。

1927 年春他应聘到杭州浙江公立工业专门学校任教授、应化科主任。到校不久，他发现按日本模式办学，应化科学生局限于学习工艺学不适应社会需要。他认为学生必须学习化工生产的共同规律，以研究化工过程的开发、化工单元操作的设计计算为目标。为此他向学校建议将应化科改建为化学工程科，得到校务会议批准，并聘任他为化学工程科首任主任。从此新兴的化学工程学科首次引入我国高等学校，并在浙江工专创建了第一个化学工程学科，对推动我国化工教育、化工科技、化学工业与工程的创建和发展具有划时代的意义，李寿恒也因此成为我国化学工程教育的创始人。

李寿恒在连续担任系主任的 25 年中，始终瞄准美国化工教育的先进水平，制定了把我国第一个化学工程系建成世界一流水平的远大目标。20—30 年代国外评定一个新兴学系成功的标准是看毕业生的出路。具体的指标是每一个毕业生平均有几个单位争相招聘，受聘的平均待遇是多少。李寿恒办的是新兴学科，必须密切注视国外的发展动态。他的最大奋斗目标，就是要使国内广泛的用人单位都乐于录用浙大化工系的毕业生。

新的化学工程学科一成立，他团结全科教师、全力投入这一开创性的教学工作，按调整后的规定开出了全部必修课和部分选修课，在 1928 年就培养了我国第一批化学工程学士——浙大化工系的首届毕业生。

抗战期间，李寿恒带领工学院师生举家随浙大西迁。在西迁中，学校没有因为敌机轰炸、艰险的环境和生活被压垮和冲散，而是在爱国主义思想指导下师生团结一致，同仇敌忾。正如李寿恒所说：“举校西迁，在当时条件下，任务之艰巨，责任之重大，困难重重是显而易见的，但是我和大家一样，宁死不做亡国奴，再苦再难也不愿在沦陷区教书。”因此，他总是满腔热情，干劲十足，鼎力辅佐校长，组织带领工学院和化工系师生搬迁，坚持教学、科研和做思想工作，安排好生活，帮助解决贫寒学生的生活困难。他努力贯彻和发扬“求是”精神，带头实行导师制，坚守岗位，和教师们一起传道、授业、解惑，循循善诱，不辞辛苦，全面关心学生的学习和生活。学生们虽感学业压迫之苦，但都能情绪安定，刻苦学习。在遵义办学 7 年中，浙大化工系培养了 200 多名学士和近 20 名研究生，1944 年的化工系毕业生等于全国其他各校化工系毕业生的一半。当时国内用人单位宁可录用浙大化工系 70 分的毕业生而不优先录用别校 90 分的化工系毕业生。浙大化工系出国公费留学生考试常包揽全部或大部分录取名额。

新中国成立后，李寿恒再次任工学院院长、教务长，1956年任副校长，主管教学和科研，参与和领导制订新浙大的发展和科学进军中的长期规划，贯彻教学和科研相结合的方针、抓紧教师队伍的培养和教师力量的协调，采取厂校结合，加强教学法研究等方法提高师资水平。他针对纯工科的苏联模式的不足，在增加工企等新专业后不久，又增设数、理、化三系。他通过招副博士研究生等一系列措施，加强基础，理工结合，从而为新浙大的腾飞打下了良好的基础，为浙大的发展作出了巨大的贡献。

1960年他受浙江省委重托调至浙江化工学院，参加和领导新校的建设。时值国家困难时期，在浙西山区办学，物质和精神生活之贫乏，可想而知。他主持学院工作，对学院发展规划、专业设置、师资队伍、实验设备、图书馆建议等重大校政，和党政领导共谋划，与师生共甘苦，树立了艰苦奋斗、勤俭办学的优良校风。他一贯主张严格要求、打好基础，强调大学生首先要学好"三基"——"基础知识、基础理论和基本技能"。他认为前二者是"文"，后者是"武"，掌握"三基"，也可说是"文武兼备"，并提出学好三基的标准是"透彻理解、牢固掌握、熟练应用、举一反三"。他提出的"基础第一、质量第一"的口号，成为了师生奋斗的目标。为了保证第一届本科生的质量，建院初成立了他任班主任的师资训练班，引进和延聘有经验的教授来校讲学和示范教学，并亲自上教学第一线，讲授无机化学、化工原理等主要的基础课。

李寿恒数十年来教鞭常握，始终战斗在教学和科研第一线。他身体力行，严于律己，宽以待人，淡泊宁静，忠诚于人民的教育事业。他一向谦虚谨慎，谆谆教诲学生："我最感欣慰的事，是学生能超过自己，青出于蓝胜于蓝；是学生们能在艰难困苦中忠于人民的事业，在逆境中发展和崛起。"他对学生们最富哲理的良好祝愿是："在生活和事业的发展道路上一帆风顺！"

资料来源

马瑞椿，马福廉．中国化工教育的先驱者——纪念李寿恒教授百年诞辰[J]．化学通报，1998(9)．

教学建议

本案例可作为《思想道德与法治》(2021年版)"第一章　领悟人生真谛　把握人生方向"的"第二节　正确的人生观"的教学素材。

孙学悟：中国化工科技事业开拓者

孙学悟(1888—1952)，字颖川，出生于山东省文登县威海卫孙家疃一个商人家庭。1905年他从英国人开办的安里甘堂学校毕业后，东渡日本就读于早稻田大学，在日本参加了孙中山领导的中国同盟会，翌年受命回国进行革命活动而辍学。1907年他进入上海圣约翰大学，以读书为掩护，继续进行革命宣传活动。1910年考入清华学堂留美预备班，1911年到美国哈佛大学攻读化学，1915年获化学博士学位，并留校任助教。1919年应张伯苓邀请，为南开大学筹建理学系，1920年应聘到开滦煤矿任总化学师。1922年，他应清华同学侯德榜之约，到范旭东在塘沽盐滩创办的久大盐业公司任化学室主任，负责筹办黄海化学工业研究社(以下简称“黄海”)，随后成为这所我国第一个化工科研机构的社长。孙学悟作为化学家，不但在化工方面研制成功过磷酸钙和冶炼出我国第一块金属铝，还积极提倡研究微生物在工业和军事上的应用。他认为在微生物应用方面，我们的祖先有着丰富的经验，应能大有作为。

他认为：“菌为发酵之母，菌学不立，发酵难昌。”1931年他在“黄海”成立了菌学研究室。这年，刚从上海劳动大学毕业的方心芳到该室工作。孙学悟便带领方心芳等开始了应用微生物学的研究。方心芳对我国工业微生物学发展作出了重要贡献，这与孙学悟对他的引导和培养分不开。方心芳后来接替孙学悟成为“黄海”发酵与菌学研究室主任。

在菌学研究室成立后的最初5年，孙学悟亲自指导菌学研究室。他在家乡建立了一个小型酒厂，高薪聘请有经验的酿酒师傅带领方心芳等进行酿酒试验。他认为：“我国数千年的发酵经验，定有其学术与经济价值，然此种价值，局外人自难知悉。即走马观花式的调查者，也难承认，势必使具有学识之人与酿造老手同处工作，用各种工具测验酿造过程之情形，庶能得其究竟。”果然，在1931年到1934年期间，以他和方心芳共同署名发表的《黄海调查研究报告》就有5篇，这些论文是我国学者第一批用现代科学实验手段研究我国白酒酿造和山西醋等传统发酵产品的成果。

抗日战争全面爆发后，“黄海”内迁四川。孙学悟明确提出“黄海”要从事西南资源的调查、分析与研究，为开发西南服务。他根据西南地区的实际情况，在应用微生物学方面开展研究。根据《黄海二十周年纪念册》(1942 年)记载，工作涉及方面甚广，有“固有技术之整理”(包括酒、曲、饴糖、粉条、酱、醋、砖茶、泡菜、豆腐乳和苎麻等)、“新发酵工业的研究”(酒精发酵、乳酸发酵、橘酸发酵、丙酮丁醇发酵等)、“微菌的研究”(微生物菌种的收集、分离、优良菌种选育和酵母菌所需生长素的研究等)。此外，还开展了“土壤肥料微菌之试验”，对盐中生长的细菌和分解石油的细菌也进行过探索研究。孙学悟积极筹措经费，支持方心芳创办了《黄海发酵与菌学》双月刊(1939—1951)。这是我国有史以来第一种以应用微生物为内容的期刊。

孙学悟主张“工业的基础在科学，科学的根本在哲学思想”。1945 年“黄海”曾创设哲学部，可惜没有坚持下来。在《二十年实验室》一文中，他就“如何发展中国科学”发表了自己的看法。他认为：“我人为欲建立中国科学基础，必须使科学的基本观念，构成民族历史之一因素。”他将“发展的要素”归纳为“哲学思想”和“历史背景”两点。他曾说：“哲学思想为创造科学精神的泉源，历史乃自信力所依据，此二者吾人认为是培植中国科学的命根。”他提倡科学家应该有“正其义不谋其利，明其道不计其功”的科学精神和“莫见乎隐，莫显乎微”的科学态度。1948 年中央研究院遴选院士，孙学悟曾是候选科学家之一。

孙学悟对贪官污吏深恶痛绝，屡次拒邀为官。1942 年他严正拒绝了外来压力要“黄海”人员集体加入国民党的要求。新中国成立后，孙学悟应邀列席了中国人民政治协商会议一届三次会议。他看到发展科学的希望，毅然召回了在美国学习的次子孙继商，并急电截留在香港准备旅美的儿媳刘爱璧回国效力，并将“黄海”社长室由上海迁京，集中分散在四川、青岛和国内外的“黄海”职工来京。1952 年 2 月，中国科学院接受“黄海”董事会申请，接管该所。“黄海”改名为中国科学院工业化学研究所(后来工业化学研究所划归工业管理部门，该所的发酵与菌学研究室专门独立为菌种保藏委员会并留在科学院，成为后来成立的中国科学院微生物研究所的前身之一)，孙学悟被任命为所长。同时，他和侯德榜、李烛尘一起，倡导“永利”“久大”走公私合营之路，开创了全国工商业社会主义改造运动的先例。在 1951 年的一次会议上，孙学悟说：“黄海自成立近三十年来，可说是一页坚韧死守的奋斗史。死守的是什么？死守的是一点信念，科学非在中国的土壤上生根不可。可庆的是，重视科学的新中国已经诞生，按人力、物力及一切条件来讲，从未有目前之优越。可深信中国自有历史以来，恐怕眼前便是科学在中国生根的时候了！"这也是新中国成立初期所有爱国知识分子的共同感受。

孙学悟一生淡泊名利，坚定献身科学事业，在"永利""久大""黄海"做了大量科技领导管理工作。他在化工界享有很高的声望，被尊称为"西圣""近代化工界的圣人"。侯德榜和李烛尘尊称他为"军师""智囊"。

资料来源

青宁生．我国应用微生物学的拓荒者——孙学悟[J]．微生物学报．2006(1)．

教学建议

本案例可作为《思想道德与法治》(2021 年版)"第三章　继承优良传统　弘扬中国精神"的"第二节　做新时代的忠诚爱国者"的教学素材。

吴承洛：中国近代计量学的奠基人

吴承洛(1892—1955)，字涧东，福建浦城县人，化学家、计量学家和学会工作活动家。1910年赴上海南洋中学学习，1912年考入北京清华留美预备学校(清华大学前身)，1915年留学美国，在里海大学工学院学习，以化学工程为主，理论化学为辅，兼学机械工程和工业管理。1918年大学毕业后，又到哥伦比亚大学研究院继续深造。

1920年他返回祖国，先在上海复旦大学任教，后任北京工业大学教授兼化工系主任。同时他在北京大学和北京师范大学等校兼课。1927年，应蔡元培之聘，任南京国民政府大学院秘书，协助蔡元培训练了一批秘书干部，建立了新的公文程序，开创了新的民众教育制度。1930年，他任度量衡局局长、度量衡检定人员养成所所长，1932年任中央工业试验所所长，后又任度量衡局局长、经济部工业司司长和商标局局长等职。新中国成立后，吴承洛任政务院财经委员会技术管理局度量衡处处长和发明处处长，主持建立度量衡制度、标准制度、发明专利制度和工业试验制度等，为开创和发展新中国的计量、标准化事业作出了贡献。

一、“一二三制”启动了“标准制”的推行

自1927年起，吴承洛便开始关注度量衡单位制改革问题。南京政府成立后，当时绝大多数专家学者主张采用万国权度公制(简称“公制”)为我国标准制。为了顺利推行标准制，必须有便于民间习惯又与标准制有最简单比率的“市用制”作为过渡制，当时已提出10多个“提议”。工商部认为事关国家大计，应慎重考量，并派吴健、吴承洛(当时在中国工程学会组织度量衡标准委员会)、寿景伟、徐善祥、刘荫茀等负责这项工作。吴承洛总结了清末和民国四年两次改制梗阻的原因，又搜集外国的成功经验，并对各个“提议”对照“便于民间习惯又与标准制有最简单比率”这一基本原则，分类评论，写了一万多字的论文即《中国度量衡

制度标准之研究》(发表在《工程》1928 年第 7 期)。在 12 个“提议”(18 人参加)中有五六个“提议”，其市尺、市升、市斤对应的公制单位量比较接近。如 1 市尺 = 30 或 32 公分(厘米)，1 市升 = 1 公升，1 市斤 = 500 克(或 1/2 公斤)。而吴承洛和徐善祥提出的“提议”，其表述为：1 市尺 = 1/3 公尺，1 市斤 = 1/2 公斤，1 市升 = 1 公升；也可以表述为：3 市尺 = 1 公尺，2 市斤 = 1 公斤，1 市升 = 1 公升，简称：“一二三制”。这一“提议”巧妙地取“一二三”的比率，好学好记，换算简便，容易推行，在评选中胜出。

二、培训度量衡检定人员

在全国度量衡局成立后，培养度量衡检定人员是最紧迫的基础工作之一。吴承洛出任度量衡检定人员养成所所长。他提出了培训度量衡检定人员的规划：度量衡检定人员分一、二、三三个等级。一级度量衡检定人员的招收学历为大学及专门理工科毕业；二级度量衡检定人员的招收学历为高级中学毕业。一、二等级的学员由全国度量衡局度量衡检定人员养成所培训。三级度量衡检定人员的招收学历为初级中学毕业，由各省市培训，或由中央代培。每一等级的培训学习时间都是 3 个月。入学和结业都须经考试合格(每次考试过后，就把试卷登载在《度量衡同志》上，内容有：党义、国文、英语、算术、代数、几何三角、物理、化学、经济常识、社会常识、机械常识、制图原理)。学科内容普通的有法学通论、行政法、统计学以及公文实习等；专门的有中国度量衡史、外国度量衡制、度量衡法规、度量衡制造法、度量衡检定法、度量衡换算法、计量学、机械学及检定、制造、换算、宣传、绘图等各项实习。教材有吴承洛自编的各种讲义。吴承洛亲自讲授《近代计量学》原理。他说：“人类对自然界的一切知识，都是从计量得来的。然而要计量得精细准确，必须有假定(假定相当于人为设定)的标准，度量衡单位就是假定的长度、容量、重量的标准。如果没有假定的度量衡标准，人们就不能识别和区别事物的长短、轻重、多少。”近代科学上所表明的各种量，都是由长度、质量、时间三个单数关系所组成的复数关系的量。基本计量单位，以及由其组成的其他各种计量单位，统称计量单位。声光电化热力的科学、天文、地理的测量值，都可以由准确的计量单位表示。而且在当时的度量衡检定中，已把汽油计、水表、电能表、温度计称为计量器具。可见当时吴承洛已谙熟近代计量学原理，第一个把“计量”一词引入到度量衡行业中来，把我国古老的度量衡按照近代计量学的原理来规范管理。从 1931 年到 1936 年的五六年内，经过培训合格的检定人员，一等 12 个班计 86 人，二等 17 个班计 383 人，三等(由地方培训 2120 人，中央培训 52 人)共计 2172 人，总计 2641 人。1936 年，在全国 2000 余个县中，已有 1500 个以上的县设有度量衡检定分所，并且都配有各等级度量衡检定人员。在当时国难之中，能够取得这样的成绩，确实很不容易。

三、热爱祖国热爱科学，为开拓计量、标准化事业不懈努力

1920 年，吴承洛带着“科学救国”的抱负回到祖国，在北京工业大学、北京师范大学、北京大学等校任教授兼化工系主任。为了培育人才，他认真教学，深受学生爱戴。没有合适的教科书，他就自编讲义，希望学生多掌握化学知识，为国家发展化学工业。在教学期间，吴承洛为了解中国工业之现状，做了许多深入细致的调查研究。调查的行业有面粉业、油业、蔗糖业等 30 多类，涉及生产营销技术等。其调查报告共约 30 万字，被编入《今世中国实业通志》，1929 年由上海商务印书馆出版，后又被录入清《续文献通考》(卷 385、卷 386 实业考八、九)和《中国历代考工典》(第 278 卷工务部)。

1929 年，吴承洛到菲律宾出席嘉年华会及华商展览会，回来后，著有《菲律宾工商业考察记》，同年由商务印书馆出版。

1930 年，吴承洛办度量衡学会，以“联络同志，研究应用技术，共图推行度量衡新制”为办会宗旨。度量衡学会刚开张，三年之中只收到会员会费 92 元，入不敷出，吴承洛自掏腰包资助 245 元。此外，学会借吴会长住宅开茶话会、欢迎会、联欢会是经常的事。

1932 年，吴承洛任职中央工业试验所期间，日本侵略者发动“一·二八”事变，他与中共地下党员钟林，对烟幕、毒气进行研究，并制出防毒面具，为国防化学作出了贡献。

1933 年，为了实现“联络国内外化学界同人，共图化学在中国之发展及应用”，吴承洛创办了化学会。

1934—1935 年，吴承洛先后发表了《复兴农村(呼)声中一个重要问题——乡村建设和划一的度量衡标准》《实行新生活与划一度量衡》《划一度量衡与提倡国货》《划一度量衡何以能协助生产》等文。

1936 年，吴承洛在度量衡学会年年会上说，《度量衡法》公布后，我会会员对法定单位名称等做了深入研究，得到肯定。望我各会员，仍应本着以往的奋斗精神，埋头研究。此后，开始陆续有良好的政策和方案贡献出来。

1949 年，国民党政权面临全面崩溃。当时任商标局局长的吴承洛，为了不使他主管的重要资料流失，他携带商标专利和重要图表万余册前往香港。1950 年初，吴承洛将其由香港带回北京，使全部资料得以保存无损。

吴承洛的一生，是勤奋钻研科学的一生，是追求计量大同的一生。他以“人生工作无限，正如生命长存”自励自勉，为发展祖国的科学事业和学会工作，贡献了毕生的精力。他在主编数百万言的《三十年来之中国工程》巨著时，即使对校对工作亦颇费心机，“必自行捧读一遍，周览一周，而犹恐有错误之处”，真可谓呕心沥血。吴承洛家中放满各类书籍，经常见他日夜不停地工作。1950 年，他在一份《自传》中写道：“我的嗜好只有工作，我的生命就是我的意志，在任何社会环境中，我有我的坚忍不拔的意志，这个意志就是工作。于学习中求进步，于工作中求进展，人生以服务为目的，我立志为科学技术服务，立志为祖国、为人民服务。”

资料来源

邱隆，陈传岭. 中国近代计量学的奠基人——吴承洛[J]. 中国计量，2010(8).

教学建议

本案例可作为《思想道德与法治》(2021 年版)“第四章　明确价值要求　践行价值准则”的“第一节　全体人民共同的价值追求”的教学素材。

吴学周：中国分子光谱研究的开拓者

吴学周（1902—1983），字化予，江西萍乡人，物理化学家，中国分子光谱研究的奠基人之一，化学科学研究的卓越组织者。他于1931年获美国加州理工学院博士学位，1948当选为中央研究院院士，1951年加入九三学社，1955年当选为中国科学院院士。

吴学周从事多原子分子的紫外、远红外光谱研究，发现了一些新的光谱带系，阐明了若干典型的重要多原子分子的结构和化学反应机理。领导核燃料前、后处理中的化学问题的研究，开展超纯分析、痕量分析以及环保分析等研究工作，主持光谱、波谱、结构化学研究工作。晚年组建了激光化学研究室，并应用光谱法研究生物活性物质的氧化机理。

一、中国分子光谱研究的开拓者

1924年，吴学周国立东南大学毕业，留校在化学系任助教。1927年初春，空怀"科学救国"之志，却无报国之门的吴学周辞去东南大学助教职务，到南昌中学高中部任教。由于时局突变，同年秋又重返母校任教。1928年，他报考了江西省教育厅公费留学生考试，以全省第一的成绩获得公费赴美国留学的资格。这年11月，他告别家乡父老，告别苦难的祖国，漂洋过海，前往美国加利福尼亚州理工学院，攻读物理化学博士学位。

20世纪20年代中叶到30年代初，正是量子力学蓬勃发展时期。吴学周一方面关心国事，一方面潜心研究，关注美国科学发展的动向。他敏锐地感觉到，分子光谱研究将以一个挑战性课题的姿态出现在重要科研领域的前沿阵地上。于是，他盯住分子光谱这个新课题，锲而不舍，孜孜以求。他与指导老师贝杰合作，开展多原子分子的吸收光谱研究。不到三年时间，他提前完成了学业，写出了论文，于1931年夏获得化学博士学位。他在美国《物理评论》《美国化学会志》等杂志上发表了《HCE溶液中四价铱还原成三价铱的还原电位》《气态卤化氰的吸收光谱、结构和分解能》等多篇较高水平的论文。吴学周通过他的研究与论证，发现了一些新的光谱带系，解决了多原子分子若干重要结构和化学反应机理问题，受到国际学术界的赞扬与推崇。

1932年秋，吴学周应邀赴德国达姆斯塔特高等工业大学访问与讲学，与诺贝尔奖获得者赫兹堡教授一起从事自由基光谱和分子振动光谱研究，使自己的学识又向实验领域拓展迈出了坚实的一步。他把光谱数据与分子结构及热力学参数关联起来，开拓了分子光谱的研究和应用领域。1933年夏天，吴学周怀着科学救国的鸿鹄之志，回到了他魂牵梦绕的祖国，受聘于国立中央研究院化学研究所任研究员。从此一直到1954年，20年中，他历经迁徙流离的艰辛，冒着飞机、炮火的袭击，忍受物质生活的困乏，抑制丧失两个女儿的悲痛，兢兢业业致力于分子光谱及化学反应动力学的研究，取得了“丁二炔的紫外吸收带”“氰酸和某些异氰酸酯的吸收光谱和解离能”等十多项高水平的研究成果，16篇论文先后在美国、德国、英国和中国的著名学术刊物上发表，开创了我国原子分子光谱研究的新局面，成为了中国分子光谱研究的开拓者和奠基人之一。

二、赤诚爱国

1916年，吴学周是带着一腔爱国、救国的热血走进萍乡县立中学的。在他读中学的那些年月，中国的政治舞台上，袁世凯、张勋等纷纷登台，把中国闹得天昏地暗，稍有爱国心、正义感的青少年学生，谁能“两耳不闻窗外事”？

1919年五四运动爆发，萍乡师生积极响应，罢课示威，游行宣传，唤起民众，抵制、烧毁日货，公演《孔雀东南飞》《娜拉》。上述行动有力地冲击了帝国主义、封建主义在萍乡的势力。平日不爱逛街问市的吴学周，和同学走出教室，自告奋勇挑起宣传任务，站在当街摆着的桌子上，向民众宣讲，痛斥帝国主义，声讨卖国贼，义愤填膺，慷慨激昂，表现了出众的演讲才能。他不畏强暴，敢担风险，坚持正义，是一个坚定的爱国主义者。

20世纪20年代的中国，一方面是军阀混战，政派纷争；另一方面是国共合作，革命发展。1921年和1923年，南京高等师范学院、东南大学学生举行反帝爱国游行，要求归还青岛、保障国权，召开了讨军阀曹锟大会，发出讨曹通电。吴学周满腔热情地参加了学生的爱国活动。南京高等师范学院、东南大学的生活，是吴学周青年时代闪光的一页。1925年，他以全优成绩毕业。母校从人格、学业上给了他很多很多，他也给母校校史留下了光荣的记录。茅以升教授曾评价说："东大的学生如严济慈、吴有训、吴学周、赵忠尧等，皆国内著名爱国学者专家。"1927年，吴学周在南昌中学教书时，积极支持学生进步活动。

赴美留学期间，他时刻关注祖国的命运。一天，美国西海岸"学生会"组织了一次关于日本进军中国，谁是谁非的大辩论。日本一个报馆记者造谣说："因为中国杀死了日本人，所以日本才派军队到中国。"吴学周听到这种无耻谰言，感到十分愤慨，立即予以反驳。他用大量的事实揭露了日本帝国主义的侵略罪行，据理驳斥了日本记者，在铁的事实面前，日本记者理屈词穷，趁大家不注意，偷偷地溜走了。

1948年，国民党败局已定。一天，中央研究院院长朱家骅来到上海，召集动员上海各所的高级人员全部迁往台湾。吴学周的名字就在朱家骅圈画的重要学者名单上，而且朱家骅要求吴学周立即随他赴台。吴学周不为朱家骅的利诱所动，坚守岗位，并积极联合各研究所的科学家，拒绝将研究所迁往台湾。他还组织化学所人员保护图书、仪器和设备，开展护所斗争。1949年5月29日，上海解放后的首任市长陈毅到原中央研究院，代表党中央向员工们问候致意。陈毅市长还登门拜访了吴学周，对他不去台湾、保护化学所的举动十分赞赏，并且赠送给他一张毛主席像和一张朱总司令像。

三、科学家的本色

吴老晚年的身体愈来愈差，肺心病缠身，气喘频繁，一目失明，一目视力只有0.01，阅读和写作都十分困难。然而，他没有退却，克服种种难以想象的困难，忘我工作，顽强拼搏。他说："我在世的时间不多了，多干一点，加快了科研的步伐，就是延长了生命。"他夜以继日地查阅了大量文献资料，了解当代国外科技发展的新情况，写下了数十万字的笔记、心得和综述文章，对开展分子光谱深入研究起了很大推动作用。当他看到物理化学和生物学科结合是将来高科技发展非常重要的领域，便积极开展生物酶、激素、中草药和海洋生物等研究。这种在生命垂暮的时候，仍忘我钻研、不断开拓科研新领域的治学精神，实在感人肺腑。

一次，吴老的一位姓郭的工人朋友到家看望他，见老人家总是伏案阅读字体非常小的外文书刊，深感心酸心疼，劝他说："你已经是70多岁的老人了，眼力又不好，这外文字体又那么小，何苦那样去死啃书本？"吴老斩钉截铁地回答道："老郭，我们需要赶超世界先进水平，如果不了解周围世界科学技术的发展情况，用什么去赶？用什么去超？”这就是历经坎坷仍然坚定不移地去探索、去奉献的老一辈科学家的本色！

1980 年 7 月，78 岁的吴老去北戴河参加《中国大百科全书》环境科学卷条目编审会议。刚下车，他就和秘书研究起条目来。傍晚，两人散步海边，大海浩瀚无边，浪花飞溅。吴老见景生情，对秘书说：“我们应该像海浪，不懈地连续工作，生命才有活力。”晚上，他主持条目编写负责人会议，研究编写原则，到夜里 11 时才休息。

1983 年 9 月 20 日，吴学周在病床上度过 81 岁生日。21 日，省委领导、应化所党委和统战部到医院给他祝寿，带给他一喜讯：中共中央组织部和吉林省委接受他的申请，批准他为中共正式党员。这天晚上，他特别激动，彻夜难眠。从新中国成立初期他向党组织表示入党愿望以来，几十年一直没有放弃过这一追求。思前想后，吴学周感慨万端：“我为共产主义奋斗终身的愿望终于实现了，我要在有生之年，更加积极地工作，直到生命的最后一息。”

真正的科学是不朽的，中国分子光谱研究的开拓者、奠基人吴学周的形象和精神，犹如光谱之光，绚丽璀璨，永远照耀后继者不断探索，不断前行。他的英名将永载中华民族科学的史册，他的丰碑将长留于人间。

资料来源

何希元．吴学周：中国分子光谱研究的开拓者[J]．科学新闻，2002(20).

教学建议

本案例可作为《思想道德与法治》(2021 年版)“第三章　继承优良传统　弘扬中国精神”的“第二节　做新时代的忠诚爱国者”的教学素材。

吴蕴初：味精大王

民以食为天，食品以味为先。在中国传统文化中，饮食文化是一个很重要的组成部分，而追求食物的美味又是放在第一位的。近代中国著名的爱国实业家吴蕴初先生，正是从追求美味的事业起步，开始研制味精，从而成就了自己一生辉煌的事业，并成为了中国民族化学工业的开创者之一。

一、立志实业报国

1891 年，吴蕴初出生在江苏省嘉定县(今属上海市)一个穷困的教师家庭里。祖父吴鼎侯、父亲吴萧舫都以教书为生。父亲因病早逝，弟妹 6 人，他为长兄。吴蕴初童年时代既顽皮大胆，又聪明好学，10 岁时就进学考童生。后来，他进上海陆军部兵工专业学校兵工学堂半工半读，学习化学。他在校刻苦攻读，成绩优良，成为兵工学堂的高材生，受到德籍教师杜博的赏识。1911 年毕业后，他在上海制造局实习一年，后回兵工学堂担任助教，同时在杜博办的化验室做化验工作。

吴蕴初每天做一些简单的单项、次要的化验，虽然薪水可观，足以过得衣食不愁，但这并不是吴蕴初所追求的目标。他期望自己能在学术与实际研发上有所造诣，就算受再大的累也值得。既然与自己所追求的目标相违，那不如趁早离开。1915 年，吴蕴初决定另谋新路。而恰在此时，有几个天津人想集资创办一家硝碱公司，得知吴蕴初曾是化学专业的高才生，便力邀其一同筹办。当时，在国内还没有一家具有规模性的硝碱公司，如果创办成功将会为国家增添一份实业。吴蕴初认为自己大展才华的时候终于来了，立即整装北上，满怀希望地赶到天津，但得到的消息却是：筹办计划取消了。

但天无绝人之路，本已辞掉了工作、受困于天津的吴蕴初，此时接到了汉阳铁厂让其重返的来信。原来，为了提高生产效率，汉阳铁厂决定试制在国际上已应用于筑炉的、效能很好的矽砖与锰砖，虽然资金花费不少，但厂里有关技术人员使出了浑身解数也未试制成功。吴蕴初的返回让他们如获救星。

吴蕴初是有备而来的，他虽未研制过矽砖与锰砖，也没读过有关的技术资料，可凭他的化学知识与分析，觉得这个难题虽大，但自己还是有些把握。当时国内矽砖与锰砖领域基本上还是空白，一旦攻下这个难关，不仅对汉口铁厂，对全国的冶炼企业都有好处。吴蕴初很能吃苦，只要他下了决心的事，就会不遗余力地去做。他到处奔走收集查找材料，凡有关的技术条件与数据，哪怕细微到一句话，甚至只有些间接关系，他都会认真地、一字不漏地抄录下来，再带回住所进行汇总、综合、分析。功夫不负有心人，不久，吴蕴初终于研究出完善的方案，并经他亲手试制几次后大获成功。这是中国人制造矽砖与锰砖的首例，也为中国企业使用矽砖、锰砖开创了良好的开端，年仅25岁的吴蕴初在化学事业上取得了首次成功。此后，在矽砖、锰砖的推广使用中，吴蕴初的名字不胫而走，他不仅出任了砖厂的厂长，更是被当时我国最早、最大的兵工厂——汉阳兵工厂聘为该厂的制药课课长，并授予少校军衔。吴蕴初一时声名鹊起。

名利双收的吴蕴初不断接到要与其合伙做生意的邀请，但均被他拒绝，唯独对汉口炽昌火柴厂老板宋伟臣的邀请一口答应。原因是宋伟臣提出要与他合办一个硝碱公司，由宋伟臣出资，吴蕴初出技术并任总工程师兼厂长，利用兵工厂的废液生产氯酸钾。当时，国内氯酸钾多是购自德国，一大笔运费不说，出关、入关的关税也掌握在外国人手里，不知要花多少冤枉钱。

在天津没能办成硝碱厂的吴蕴初又找到了施展才能的机会，只有26岁的他一身兼起三职。但当吴蕴初将生产氯酸钾的整套技术工艺研究成功，并交给炽昌硝碱公司付诸生产时，因为“一战”而伤痕累累的德国却携氯酸钾卷土重来。凭借着他们攫取的在华特权，进行疯狂的商业掠夺。小小的炽昌公司只好被迫转产，改做火柴的另一种原料——牛皮胶。

为了不让牛皮胶再被挤出市场，吴蕴初对技术精益求精，在工艺上追求完善，成本也大大地降低，然而负责提供资金的宋伟臣却因氯酸钾事件吓破了胆，再也不肯拿出更多的钱来做投资。此时，吴蕴初听说上海的刘鸿生在苏州办了家鸿生火柴厂，并且买下了其岳父叶恭世的苏州炽昌火柴厂，生意很是兴旺。吴蕴初托人转达了欲与刘鸿生合作的想法，本就想将外国火柴连同原料一道驱出中国市场的刘鸿生爽快地答应了吴蕴初的合作要求，并很快出资在上海日晖港附近的一块地皮上办起牛皮胶厂，厂名叫作“新炽昌”。然而经过一段时间的生产后，牛皮胶并未打开市场，反而瑞典、日本的火柴此时大量涌入，刘鸿生的火柴厂也遭到了冲击。眼看牛皮胶也难得持久，吴蕴初又打算用电解食盐的方法生产盐酸烧碱。但此时的刘鸿生也没了兴趣，开始精心打造他的第二支柱产业——水泥厂。“新炽昌”陷入了绝境。

二、自制味精抵日货

吴蕴初从事具有广阔发展前途的基本化学工业，但由于没有经济能力，只得从轻化工方面寻找出路。如今“味精”这一调味品，早已进入我国的大小酒楼餐厅和平常人家。但百年前的中国，却是依赖日本的进口，食用得起的人家少之又少。1922 年，吴蕴初目睹日货“味之素”在中国的倾销市场越来越大，为爱国之心所驱使，决心研制生产味精，以抵制日货。

他从市场上买回一瓶“味之素”，进行分析研究。经过数百次的苦心化验，终于发现其中的主要成分是从面筋中析出而获得的。再经反复试验、不断改进，中国味精终于成功地创制出来。1923 年，他开设“天厨味精厂”生产味精，与日本“味之素”相抗衡。吴蕴初成为中国创制味精的先锋，为国人所赞许。

如今，这个隶属上海冠生园的味精品牌上，仍然用粗黑的字体印着“源于 1923 年”。半个多世纪之后，这座即将举办世博会的城市搞了一次展览，试图重温我国近代轻工业发展的百年史，展品中就有吴蕴初当年生产的蓝色铁罐，罐身虽已斑驳，上面的佛手标记却清晰可辨。

时光倒回到 20 世纪 20 年代初，整个中国乃至全世界的调味品行业都是日本“味之素”的天下。同时，日本人对味精原料“谷氨酸钠”的提取工艺严格保密，企图长期垄断世界市场。学化学出身的吴蕴初对此很不服气，开始研制批量生产“谷氨酸钠”的技术。从 1921 年起，他与妻子在上海城南租了一个亭子间，在阁楼上开始了实验。据亲人回忆，实验不成功的时候，吴蕴初总是心情很烦躁，动不动就发脾气。有时候试管破碎，弄得他满手都是口子。试验中不时逸出的硫化氢的臭气与盐酸的酸味弥漫着整个里弄，弄得街坊邻居非常不满，吴夫人只好事先前往邻家去致歉，以求谅解。

好在两年之后神奇的白色粉末终于试制成功。这些从谷物中提取出的味精上市后，打出了“国货味精完全胜过日本味之素”的口碑，很快抢占了市场。1926 年，吴蕴初突然宣布，放弃味精的国内专利，呼吁全国各地大量仿造生产。国内由此出现了十几个味精品牌，日本的“味之素”除了在东三省销售外，在中国的其他地区再也难见踪影。

味精制造过程需要使用盐酸，当时，中国还不能自己生产盐酸，生产味精所需要的盐酸都要从日本进口。吴蕴初立即向股东提出，建立自己的酸碱厂，自主生产盐酸。1929 年，“天原电化厂”成立，吴蕴初开始自己生产盐酸。1929 年，天原电化厂投产，日产盐酸两吨、液碱四吨、漂白粉三吨。这些产品与味精一样，在此前的中国是空白领域。而且这三种产品当时在中国市场都是日本产品占据主导地位。

随着天原的成功，吴蕴初逐渐建立了自成体系的天字号化工集团。

三、与党交往

这位立志于“实业救国”的商人，一生都在期盼和平稳定的发展空间。他交游广阔，却无心于政治。最广为人知的一件事，就是在重庆和王若飞共同签名发请帖，邀请工商界人士与毛泽东在桂园座谈。同时他又拒绝了蒋介石要他担任民国政府经济部长的邀请。

在重庆期间，吴蕴初作为“国民参政员”与周恩来等共产党人多次交往。1945 年，毛泽东赴重庆谈判时，准备请工商界人士座谈，需要名人出面做东时，吴蕴初挺身而出，与王若飞共同签名发送请帖。事后，王若飞和邓颖超专程到他的寓所致谢并赠送了一条延安的毛毯、一袋小米和一包红枣。王若飞说：“中国经济建设的发展，需要吴先生这样的实业家振兴工业。”以上这些均给吴蕴初留下了深刻的印象。吴蕴初于 1948 年底出国。上海解放时，他在美国，听到上海天原等厂一切正常，十分欣慰。不久，他收到钱昌照来信，邀他回国，他分外高兴。1949 年 10 月，吴蕴初到达北京，受到周恩来总理亲切接见并设便宴招待。一见面，周总理就说：“味精大王回来了，欢迎！欢迎！”周总理还说：“中国化学工业将会有很大发展，希望吴先生能为化工事业继续努力。”吴蕴初受到极大鼓舞。11 月，他返回上海，受到天原电化厂全体职工热烈欢迎。此后，他先后担任了华东军政委员会委员、上海市人民政府委员、上海市工商联监察委员会副主任委员、中国民主建国会中央委员及上海分会副主任委员、化学原料工业同业公会主任委员等职。他与共产党人密切合作，积极努力发展我国的化学工业。1952 年，人民政府委派他赴苏联访问，回国后，准备请他到北京工作，进一步发挥他的才能。不幸的是，他的夫人吴戴仪病故，使吴蕴初十分悲痛，加上积劳成疾，住进了医院。1953 年 10 月 15 日，吴蕴初在上海病逝，终年 62 岁。

资料来源

蒋昕捷，田辛垦．吴蕴初　好味道中国造[J]．中国市场，2012(10)．

教学建议

本案例可作为《思想道德与法治》(2021 年版)“第五章　遵守道德规范　锤炼道德品德”的“第三节　投身崇德向善的道德实践”的教学素材。

武迟：中国石化科技和教育事业的开拓者

武迟(1914—1988)，字小樊，曾任中国石化石油化工科学研究院副院长、总工程师，第三届全国人大代表，中国科学院学部委员(院士)，中国石化总公司技术经济顾问委员会委员等职。20 世纪 50 年代初，他在清华大学任教，参与创建石油工程系和北京石油学院，后来长期在石油部和石油化工科学研究院做技术领导工作，为我国初期的石油教育和石化科技作出了开拓性的贡献。

一、从爱国到科学救国

1914 年 12 月 16 日，武迟出生于北京小椿树胡同一书香门第。父亲前清时做过小官，喜读诗书，擅长书画。母亲出身诗礼之家，亦能吟诗作画。舅父严鸥客是清末留学英国的学者，对后辈人的教育、成长十分关心。他看到武迟聪颖好学，便经常给以教诲和鼓励，并资助武迟读书，直到念完大学。

1932 年，武迟从杭州蕙兰中学毕业，考取了清华大学理学院化学系，以优秀成绩获得校优等生奖学金。读书期间，时局动荡，国运维艰。他积极参加了爱国抗日救亡的“一二·九”运动，遭到军警逮捕，几个星期后才被保释出狱。

1936 年，武迟以优异的成绩从清华大学毕业，被分配在上海的中央研究院化学研究所，任助理研究员。这时，他仍为国家的命运担忧，他认为近百年来我们国家之所以屡遭列强侵略、欺辱，乃贫穷落后所致。要改变这种状况，就必须以先进的科学技术，促进民族经济发展，使国家强盛起来。因此，毕业后不久，他考取了公费赴美留学。1937 年 8 月，正当他准备从上海乘船赴美时，爆发了“八一三”中日淞沪战争。目睹上海外滩炸弹横飞，陈尸遍地后，他产生了极大的愤怒与仇恨。他想放弃去美国留学的打算，参加抗敌活动，但老师和亲友们都劝他，要珍惜国家给予的机会，若要从根本上战胜敌人，拯救祖国，还得靠先进的科学技术。于是，他带着对祖国和人民的深切忧虑和对敌人的强烈仇恨，踏上了开往美国的客轮。两个月后到达波士顿，就读于麻省理工学院化工系，1939

年 8 月获得化学工程实践科学硕士学位。他为使自己具有丰富的实践经验和在生产中解决实际问题的能力，放弃了在麻省理工学院读博士的机会，到该院办的化工实践学校(Practical School)学习。在教师指导下，他经常到美国一些工厂帮助解决生产中的问题，例如改进生产技术，提高产品质量等，从而也培养了自己注重实践的科学品格和解决实际问题的能力。

从麻省理工学院毕业后，武迟受聘于美国纽约世界贸易公司和福斯特惠勒公司，任工程师 10 多年。其间，他受到我国著名化学家侯德榜的赏识，留他在身边工作，介绍他参加工程师学会。武迟在侯德榜指导下从事过氯酸钠工艺研究和设计等技术工作，曾到美国、加拿大的五六个工厂实习和帮助解决生产中的技术问题。这使他的实践经验和解决实际问题的能力得到进一步丰富和提高。

武迟虽身在异乡，但始终心系着祖国，时刻注视着国家时局的变化。新中国的诞生，使他看到了希望的曙光。1949 年秋，武迟即开始为回国进行筹划。他的同学清华大学化工系主任曹本熹积极为他联系，不久，清华大学向他发出了聘约。1950 年，他毅然放弃了优越的生活条件和高薪待遇，回到了祖国，并将在美工作所积累的实践经验和大量专业文献资料进行整理，带回了国内。

二、为中国石油高等教育事业作出贡献

1950 年初，武迟回国后在清华大学化工系任教，并在该系与燃料工业部石油管理总局合办的燃料研究室兼任研究员。他虽然在国外生活了十几年，但并不追求生活方式上的享受。他身为清华大学教授，住在一间 10 平方米的小平房内，毫无怨言。

1951 年 5 月，清华大学化工系在燃料研究室基础上成立了石油炼制组，武迟和侯祥麟在该系第一次开设了炼油工程等课程。1952 年，全国高校院系调整，清华大学成立了石油工程系，曹本熹任主任，武迟任副主任。当年 7 月，石油管理总局以清华大学石油工程系为基础筹办北京石油学院，武迟参加部分筹建工作。1953 年 10 月 1 日，北京石油学院成立，武迟任石油炼制系主任、副教务长，和同事们一起创建了石油炼制专业，为当时百废俱兴的新中国培养了一大批石油炼制方面的高级人才。在任教期间，武迟开设了化工、炼油工程等专业课程。他注重理论与实践的结合，主持建立了实验室，开设了实验课。他指导几位教师和研究生进行了催化裂化人造硅酸铝催化剂的研制及活性试验，此项工作在当时国

内具有开创性意义，并且他们在大连石油研究所科学讨论会上发表了报告。他还领导了页岩油催化裂化研究，于1957年取得了初步成果。他十分重视学生的毕业设计和毕业论文，严格考查学生解决实际问题的能力。在任职期间，他先后发表了《石油加工的现代发展》《异丙苯催化动力学及硅铝催化剂中毒》《共胶硅铝催化剂的酸性》等多篇论文。

1951年，武迟经曹本熹介绍加入中国民主同盟，转入北京石油学院后他曾任盟支部书记。

三、指挥诸多炼油科技攻关会战

1958年，武迟调到石油部任生产技术司总工程师。在这段工作中，他充分发挥注重实践、严谨治学的科学态度和技术特长，协助部、司局领导指挥了诸多重大炼油科技攻关会战。

1962年，在抚顺石油一厂老厂挖潜、革新改造攻关会战中，为了弄清一个反应釜损坏的原因，他不顾60多度高温和瓦斯气的侵袭，钻到釜内，细心检查，弄清情况，对症下药，提出了5项改进措施，大大延长了釜的寿命。会战中，根据他的建议和办法，工厂改进了工艺，使常减压轻油回收率由18%提高到25%，裂化轻油率由40%提高到56%。他还帮助该厂改进管理，使生产秩序大为改观。

1963—1964年，武迟在抚顺石油三厂领导我国第一套半工业催化重整装置的建设和试验。从试车方案、设备检查到人员配置，他都抓得很细。当时铂重整催化剂十分贵重难得，他周密考虑，精打细算，提出头两次试车只用1/3，为有可能进行第三、四次试验未雨绸缪。事实证明，他的考虑是正确的。会战期间，石油三厂发生了火灾，厂领导和职工采取了很多办法，都难以使灭火药剂达到阻燃点。武迟赶到现场主动参加指挥灭火，他仔细查看了现场和火势，很快想出办法，工人们按照他的指挥迅速制成弯管灭火器，一用果然奏效，大火迅速被扑灭。

1964年，武迟在大庆炼油厂指导和指挥我国第一套催化重整工业装置开工。为了争取一次成功，他认真地组织讨论，研究制订开工方案，对装置、设备反复进行周密检查。一次，为了查找抽提塔操作不正常的原因，他亲自爬到几十米高的塔上查找原因，找到了解决办法。他这种深入实际，不怕艰苦，勇于克服困难的工作作风，受到人们的称赞；也正是由于他在这项被誉为“五朵金花”之一的新技术成功开发中的功绩，1964年他被选为第三届全国人大代表。

在60年代前期，武迟还对我国国防和经济建设中急需的合成油脂、航空润滑油、添加剂等产品的研究、试验和生产，进行过组织和指导，解决了许多生产上的难题。例如，锦州石油六厂采用他所提出的天然油与合成油混炼的措施后，生产出了质量很好的溶剂油。

1966年初，为了加快合成橡胶的开发建设，我国决定在国家科委领导下，组织化工部、石油部、中国科学院、一机部、高教部等单位联合在石油六厂进行顺丁橡胶攻关会战。这是我国首次自行研究、设计和建造的处理量为100吨/年的半工业装置，其中包括国外尚未工业化的氧化脱氢制取丁二烯工艺。会战开始不久，“文化大革命”开始了，不少单位陷于混乱。武迟作为会战副总指挥，不但要全面负责技术工作，还要组织协调各方人员，从会战开始到结束，他一直坚持在第一线工作。一天晚上，他骑自行车下班时，被人撞倒在地，右臂脱臼，昏迷过去。经抢救，苏醒过来，他不让人通知家属，住了几天医院，即带伤坚持工作。他以坚强的毅力，排除重重干扰，克服许多困难，解决了不少技术难题。例如气体分馏开车后一直得不到合格产品，而各项工艺指标都显示正常，他细心观察和研究，判定是塔内塔盘有堵塞。塔盘拆卸后果然发现由于安装间隙太小造成整个塔处于泛塔状态，他指挥改进安装间隔，问题迎刃而解。在聚合溶剂再生蒸馏试验时，丁二烯分离总达不到指标要求。武迟经观察和分析，认为是水分太多所致，并提出了先脱水后分离的流程，再试车即一次成功。此流程至今仍被普遍采用。会战于1967年初告捷，装置全部正常运转，并按设计规模生产出合格产品，同时取得了大厂设计所需的数据。不久，会战又移师北京石油化工总厂胜利橡胶厂，在那里建成了一套1.5万吨/年的顺丁橡胶工业装置。试产中曾出现挂胶和运转周期短等问题，正当武迟着手解决时，却被下放到“五七干校”劳动。

直到1972年他从干校回来，再次参加顺丁橡胶会战技术领导工作时，才指导解决了挂胶问题；聚合釜的运转周期经他指导进行技术改造也达到了200多天，进入国际先进行列。此项成果于1986年获得了国家首届科技进步特等奖。

1972年以后，武迟任石油化工科学研究院副院长兼总工程师，主要负责全国石油石化科研规划和技术开发工作，并仍然受命参加指挥、指导一些重大科技攻关会战。

1973年，燃化部组织石油化工科学研究院、石油三厂、上海炼油厂、南京炼油厂、中国科学院大连化物所等单位进行开发多金属重整催化剂会战，孙晓风副部长任指挥，武迟任副指挥。他查阅了大量文献资料，组织了无数次会议，从催化剂所用元素的筛选到工业放大和工业应用，都一抓到底，每一步骤都提出权威性的意见，并严格把关，终于开发出了一种新型的铂、铱、铝、铈多金属重整催化剂用于重整生产工艺，芳烃产率超过了53.88%的设计值。此项成果获得了全国科学大会奖。由于武迟注重实践，讲求实际，一丝不苟，治学严谨的行事风格，他才具有了渊博的学识和解决实际问题的非凡能力和水平，他才有了诸多突出贡献和成绩。但他在“文化大革命”中却因此蒙受不白之冤，遭受迫害。

1974年，吉林一造反派提出一“新”科研项目，报部批准。武迟认为此项目在国外早已工业化多年了，何谈“新”字，不予批准。可此人不服，给江青写信，诬告武迟。那正是“四人帮”制造“蜗牛”事件的时候，这封信经江青批示后转到石油化工科学研究院。于是，“崇洋媚外”“爬行主义”“资产阶级反动术权威”等大帽子都给武迟扣上了。在参加宣读这封诬告信及对“资产阶级知识分子”崇洋媚外进行批判的大会时，患有心脏病等多种疾患的武迟，提前服下救心药物以防不测。当有人递条子企图煽动群众将矛头指向武迟时，他的亲属们非常担心。此时侯祥麟院长挺身而出，说明审批科研项目是我们集体的意见和决定，不是他个人的主张，这才使武迟免遭更大的摧残。

四、鞠躬尽瘁、科技报国

武迟是石化战线具有渊博理论知识和丰富实践经验的专家。1961年在大庆原油加工的会战中，解决了大庆原油质重蜡多、易凝固、难炼等难题，提高了产品的收率，为其他炼厂炼大庆油提供了宝贵经验。1966年国家科委在锦州石油六厂进行顺丁橡胶半工业生产试验攻关会战时，武迟受命任现场攻关会战技术领导工作，他以高度的责任心，攻克了中国自行研制的丁烯氧化脱氢制丁二烯、丁二烯聚合制顺丁橡胶千吨级半工业试验全套技术和设备的难关。1972年武迟参加组织万吨级生产装置攻关会战的技术领导工作时，解决了生产运转中的四大难题，为中国顺丁橡胶大型生产装置正常生产作出了新的贡献。1977年大连石油七厂重整装置使用国产催化剂，武迟不分昼夜深入现场指导、技术把关，在各方面共同努力下，取得了显著的经济效益。1986年武迟所指导的顺丁橡胶工业化科技成果获得国家首届科技进步奖的特等奖，使我国自行研制开发的生产技术居国际先进水平行列。

在科技攻关中，武迟一心为祖国的石油化工事业发展鞠躬尽瘁。武迟年轻时患过肺病，几十年刻苦工作积劳成疾，他虽身体衰弱，百病缠身，但仍充满信心。他说："我躯虽衰志未衰，愿继前贤迎盛时。"他常摇晃着瘦长的身躯，坚持看书学习，钻研催化工艺及有关理论。

1985年武迟因过度劳累，肺心病恶化，呼吸功能衰竭，靠吸氧维持生命，但心中仍想着祖国事业的发展，壮心不已。他在家里一边吸氧一边阅读文献资料，强忍病痛的折磨，写出了对石油化工工作的建议和发展设想。他躺在医院病床上，仍逐字逐句修改研究生论文。在他病危抢救时，还用颤抖的手写字询问国产重整催化剂的开工情况。1988年3月1日，他悄悄地离开人世，享年74岁。

武迟为石油化工事业献出了毕生的精力、奋斗到生命的最后一刻。他为祖国的石油化工事业奠定了坚实的基础、作出了重要贡献。

资料来源

陈贵信．中国石化科技和教育事业的开拓者——武迟[J]．中国科技史料，1995(2).

教学建议

本案例可作为《思想道德与法治》(2021年版)"第三章　继承优良传统　弘扬中国精神"的"第二节　做新时代的忠诚爱国者"的教学素材。

徐名材：中国化工事业的开拓者

徐名材(1889—1951)，字伯隽，浙江宁波人。1908 年我国启动了“庚子赔款”留学项目，为大批中国学生留学美国提供了良好的机会。徐名材于 1908 年毕业于上海南洋公学，并以第一名的优秀成绩获得了赴美留学资格。他先入康乃尔大学求学，后进麻省理工学院攻读化学和化工专业，并获得硕士学位。1917 年归国，任汉冶萍公司汉阳钢铁厂工程师。此后，先后任上海交通大学化学系教授、系主任、重庆资源委员会化工处长、交通大学重庆分校主任等职。他倡导“求实学、倡实业”，经常聘请企业工程技术人员来校授课，并将化学系分为“化学组”与“化工组”，仿照美国麻省理工学院化学工程科开设课程，注重对学生工科技能和实践能力的培养。

1941 年他接办重庆动力油料厂，任厂长。至抗战胜利前夕，该厂已在各地设 5 个分厂，投资经营其他民营厂大小百余家，用植物油裂解炼成燃料油及润滑油，为战时大后方的交通运输作出了贡献。抗战胜利后他在上海筹建中央化工厂，任筹备主任，先后接收日本在沪的“明治产业株式会社”“维新化学工业社”，组建中央化工厂上海分厂，并在南京筹建南京分厂，又把重庆动力油料厂改建为重庆分厂。1949 年后任华东化工部化工处长兼轻工业部上海化工研究所所长。徐名材非常重视对化工人才的培养，为新中国的化工工业提供了不可多得的人才。1951 年因病去世。

1929 年中华化学工业会会刊复刊后更名为《化学工业》，选举吴承洛为总编纂，但因吴承洛“公私诸事丛集，空暇甚鲜”，致使期刊多有延误。因此，在 1930 年第 5 届理事会上，选出徐名材和吴承洛同为编纂。徐名材当选后，“以促进化学工业为本职”，提出会刊应担负起四大责任：一是交换智识。因学会各同志“为职务所羁，会集绝少机缘，怀蓄意见，无从质证，惟赖专门期刊，以为交换意见之需”。二是灌输新知。对于外国日新月异的化工技术，限于财力，我国化学工作者不可能全部获得。因此，他认为“惟有分工合作，各就专长，认定一门，随时就进步状况，撮译梗概，可以借一种杂志，而获数十种杂志之用”。三是传播学术。为便于普及化工知识，他认为刊物“除讨论学术之文字外，应有浅显通俗之记载”。四是发扬国光。他指出，应对我国的资源和化学工业品等进行详细调查，见诸于刊物，从而“直接促国产之畅销，间接足以佐工业之发展，而发扬国誉，收效于无形”。1931 年时，会刊已与英美德意法日澳非等国家 22 种期刊进行交换。

20 世纪 30 年代时的专业学术期刊与现在办刊不同，可谓困难重重。一方面是稿件来源少。尽管我国很早就在炼丹术中运用了化学化工知识，但化学却并未在我国形成一个完整的知识体系，而是在逐渐接受了西方的化学知识后，才形成自己的结构和体系。当时国内学习化学化工知识主要有两条途径，一是通过国内的新式学堂，其学习课本大多来自西方传教士翻译的书籍；二是留学国外攻读化学化工学科。因此不要说具有一定化学化工科研能力的人是少之又少，就连具有完备的化学化工知识的人也不多。会刊的投稿非常少，大多依赖于向学会会员约稿，但学会会员，大都从事实际工作，鲜有时间进行著作。每次交稿，多赖编纂者亲自书索或请求。并且因与美英德意法日等国的化工学术期刊进行交换，还要注意选题和内容，组稿就更加困难。为鼓励投稿，1932 年徐名材在中华化学工业会第七次年会上提出用现金或赠品对作者进行奖励，同时增加印刷数量，请各书局代销。经讨论其提议，决定将吴蕴初创办的天厨味精厂所赞助的资金专项用于征求论文，原则上每年举行征文两次，设甲乙丙三等奖项，甲奖 1000 元，乙奖 600 元，丙奖 400 元，论文题目范围限于化学工业之学理研究及实际调查，但不限作者，无论是否中华化学工业会会员均可参与。这一举措极大地调动了全国各地高校化学院系学生以及从事化学工业研究人员的积极性，拓宽了会刊的来稿渠道，为刊物发展注入了新的活力。

另一方面是经费问题。学会主要收入是会员的会费，还有向工厂等团体进行募集得到的经费，以及刊登广告和出售会刊的收入。1937 年抗战全面爆发后，会员四处分散，会费难以收齐，同时交通受阻，刊物不能及时送到订户手中，致使销路不畅，订户减少，各工厂境况也是每况愈下，资助减少，而印刷费和纸张费却不断上涨，因而会刊刊发成本也日益增加。即便如此，徐名材仍以极大之热情投入《化学工业》中。他于 1934 年重新接手会刊工作后，积极进行改革。他对刊物的栏目进行了细划和调整，较之以前更为丰富，包括“言论、撰著、研究、调查、选译、丛录、书报、消息”等栏目。经过徐名材的努力，《化学工业》从最初的以化工知识调查和普及为主发展为以深入的化工学术研究为主，实现了质的突破和飞跃，成为当时国内化工类期刊中的佼佼者。

徐名材不仅是中华化学工业会会刊《化学工业》的主编，而且他还组织和指导出版了多种刊物，如《南洋季刊》《工程学报》以及学生刊物《科学通讯》等，并指导学生在《晨报》上开辟“科学介绍”副刊，宣传科学理论，解释自然现象，介绍实用知识。他自己不仅善于钻研，而且文笔很好，著作颇丰，如《油漆实验报告》《化学工业展览会之希望》《电化镀铬法》《工业酒精之制造及其用途》等，其中一些文章刊发在《化学工业》上。

徐名材毕生重视培育科技人才。他 1922 年到交通大学任教后，即以学识渊博，信息灵通，善于联系实际，讲授精辟，与同学间感情融洽著称。1930 年交通大学成立科学学院，徐名材任化学系主任。他秉承学校“求实学，务实业”之传统，决定该系各班从三年级起分设化学组和化工组，相应调整课程，由学生选读，他自己则继续坚持讲授普通化学。他还编写了《工程化学手册》，由校图书馆印行，改变了以往全部搬用国外教材的做法，增强了实用性。20 世纪 40 年代初，他兼任交通大学重庆分校主任，为学校在抗日战争艰苦条件下坚持优良传统，保证教学质量，起到了重要作用。

20 世纪 20 年代归国的留学生在国内大都经过新式学堂的教育，出国后又深深感受到国外的先进与国内的落后，巨大的落差令他们暗自发奋图强。他们与清末留学生的最大区别在于不再空喊口号，而是采取实际行动，通过振兴实业达到国家富强的目的。徐名材则是他们中的代表者和佼佼者。他崇尚科学，主张实践，在改革高校化学教学内容、开展化工实业、培养化工人才等方面都作出了重要贡献。中华化学工业会会刊为徐名材进行化工普及和化工学术交流提供了一个良好的平台。作为主编，他指导会刊的编排和发行；作为作者，他积极为会刊撰稿。在他的带领和努力下，中华化学工业会会刊成为了化工理论与实业相联系的一个纽带。

在徐名材身上所体现出来的认真求实、关注国家和社会的科学态度和精神是我国 20 世纪二三十年代一批人的缩影，而这也是当下一些人所认为的现代文明下本应发扬光大却逐渐缺失的东西，我们应将其视为留给现代人的珍贵遗产，代代传承下去。

资料来源

金淑兰．徐名材与中华化学工业会会刊[J]. 内蒙古师范大学学报(自然科学汉文版)，2015，44(6).

教学建议

本案例可作为《思想道德与法治》(2021年版)“第二章　追求远大理想　坚定崇高信念”的“第三节　在实现中国梦的实践中放飞青春梦想”的教学素材。

徐寿：中国近代化学的启蒙者

徐寿(1818—1884)，字生元，号雪村，江苏无锡人，清末著名科学家。

青少年时，徐寿学过经史，研究过诸子百家，常常表达出自己的一些独到见解，因而受到许多人的称赞。然而他参加取得秀才资格的童生考试时，却没有成功。经过反思，他感到学习八股文之弊，毅然放弃了通过科举做官的打算。

22岁时，徐寿在座右写下两铭，一为“不二色，不诳语，接人以诚”，一为“毋谈无稽之言，毋谈不经之语，毋谈星命风水，毋谈巫觋谶纬”。他抱定了经世致用的宗旨，开始在经籍中学习研究有用之学。他研读《诗经》和《禹贡》等经书时，将书中记载的山川、物产等列为表；研读《春秋》《汉书》《水经注》等历史、地理著作，注意古今地理的沿革变迁。凡是有用之学，他无不喜好。

徐寿的家乡无锡是著名的鱼米之乡，也是远近闻名的手工业之乡。那里有许多能工巧匠。这种风气也影响了徐寿。他从小就爱好工艺制作，“少好攻金之事，手制器械甚多”。正是由于这一爱好使他由博览群书逐渐转向致力于科学技术的研究。徐寿在科技方面的兴趣极为广泛，举凡数学、天文历法、物理、音律、医学、矿学等，他无一不喜，无一不好。他不仅潜心研究中国历代科技典籍，对于明末清初从欧洲翻译过来的西方科技著作也认真加以研究。他认为工艺制造是以科学知识为基础的，而科学的原理又借工艺制造体现出来，所以他总是“究察物理，推考格致”。这不仅使他的科学修养大为提高，也使他制作工艺器械的水平日趋提高。

在徐寿的青年时代，我国尚无进行科学教育的学校，也无专门从事科学研究的机构。他说：“格致之理纤且微，非借制器不克显其用。”徐寿学习近代科学知识的方法是自学。他始终认为学习科学技术是为了“经世致用”。

19世纪60年代，徐寿、徐建寅父子投奔洋务运动首领曾国藩，在安庆用了4年时间，花费白银8000两，研制出我国第一艘机动轮船，即“黄鹄号”。据1868年8月31日上海《字林西报》报道：“黄鹄号”载重25吨，所用材料“均由徐氏父子之亲自监制，并无外洋模型及外人之助”。“黄鹄号”的成功令清廷振奋，赐予徐寿一块“天下第一巧匠”匾额以示表彰。此后徐寿又参与了“操江”“测海”“海安”等兵船制造，吨位不断增加，技术亦有精进。

1874 年，经李鸿章倡议，徐寿又和时任英国驻沪总领事麦华佗在上海联合创办格致书院，它是我国近代最早开办的中西合办、最先传授西方自然科学知识的场所。1876 年正式开院，1879 年正式招收学生，开设矿物、电务、测绘、工程、汽机、制造等课目。同时定期举办科学讲座，讲课时配有实验表演，收到了较好的教学效果，为兴办近代科学教育起了良好的示范作用。

在格致书院开办的同年，徐寿、傅兰雅等创办发行了第一种科学技术期刊《格致汇编》。刊物始为月刊，后改为季刊，实际出版了 7 年，用以介绍西方科学技术知识，对近代科学技术的传播发挥了重要作用。

一个半世纪以前，1869 年，《自然》(*Nature*)杂志在英国创刊。这是世界上最早的国际性、综合性科学技术期刊，比 1880 年美国《科学》(*Science*)杂志还早 10 多年。现在世界各国科研精英翘楚，都以在这两个杂志上发表论文而感到无上荣耀，并受到科技界的一致推崇。

而早在 100 多年前，1881 年，《自然》杂志就发表了中国科学家徐寿的关于声学方面的研究论文《考证律吕说》。

“律吕”是我国古代乐律学的统称，是研究律制构成与应用的科学，律管研究更是律学研究中的难题。1878 年，上海出版的《格致汇编》发表徐寿《考证律吕说》这一重要论文，报道了徐寿研究律管管口校正的最新成果，他用实验向著名的物理学家丁铎尔(John Tyndall，1820—1893)的《声学》一书提出了质疑。

该书认为，有底管、无底管发出声音的吹奏振动数，在一定时间内，皆与管之长度成正比。这也就是说，由于在一定时间内，任何八度音阶必是吹奏振动数的 2 倍，因此开口管必须准确地截去一半才发出高八度音。

而这一点徐寿通过实验证明恰恰是不正确的。他认为：“惟声出于实体者正半相应，故将其全体半之，而其声仍与全体相应也。至于空积所出之声，则正半不应，故将同径之管半之，其声不与全体相应，而成九与四之比例。”徐寿用 9 英寸长的铜管进行实验，发现将管长截去一半，并不能得到与原管相差八度的音，但如果再截掉半英寸，就能得到准确的高八度音。实验表明，2 支相差八度音的开口管的长度比例不是 2∶1，而是 9∶4。在文章中，徐寿对传统声学定律“空气柱的振动模式”(即伯努利定律)提出质疑，并用现代的科学矫正了一项古老的定律。徐寿的这篇有独创性的论文被英国来华传教士傅兰雅翻译成英文推荐到《自然》杂志，编辑部评价为“非常出奇”，遂于1881年3月以《声学在中国》为名在该杂志上刊载。

晚年，徐寿仍将自己的全部心血倾注于译书、科学教育及科学宣传普及事业上。1884年病逝于上海格致书院，享年67岁。

作为当时在《自然》上发表第一篇科学论文的中国人、近代造船业的奠基人、中国近代化学启蒙者、化学元素的中文定名人，最早提出“中西医汇通”的徐寿，不求功成名就，不求达官厚禄，一生都致力于近代先进科学的引进、传播和研究，令人十分钦佩。

或许徐寿和他同时代那些中国科学家，在整个世界科学史上的成就微不足道，因为近代科学在中国经历了一段充满艰辛与屈辱的过程。但是在封闭和黑暗的清朝末期，他的论文在世界顶级科技期刊上发表，他秉承大国工匠的精神自制汽车、轮船，将继承中国传统科技文化同吸收西方先进科技成果相结合，在当时乃至今天，都散发着无尽的光辉，激励着我们的科技人员和莘莘学子，奋发图强，勇攀高峰。

资料来源

王渝生.《Nature》上第一篇中国论文　堪称中国近代科学先驱　“黄鹄号”第一艘中国自制轮船　是为晚清中国第一巧匠[J]. 中国科技教育，2019(6).

教学建议

本案例可作为《思想道德与法治》(2021年版)“第三章　继承优良传统　弘扬中国精神”的“第一节　中国精神是兴国强国之魂”的教学素材。

俞同奎：中国化学教育的开拓者

俞同奎，是京师大学堂派出的首批留学生中第一个学习化学的人。他是我国最早的化学学术团体——中国化学会欧洲支会的发起人和组织者之一。他回国后在北京几所著名大学任教多年，曾是北京大学化学系的第一任系主任。俞同奎教授为我国大学化学教育奠定了基础，也为化学学术团体的创建作出了可贵的贡献。

俞同奎(1876—1962)，字星枢，浙江德清人，生于福建省福州市。少年时考入美国教会办的福州市英华学校，打下了良好的英语基础。十七岁毕业时因父母双亡，赴苏州其叔祖父——清代著名学者、文学家俞曲园先生处攻读国文，掌握了较好的古文基础。

北京大学是我国历史最悠久的大学之一，其前身京师大学堂创办于1898年。1900年因八国联军侵占北京暂时停办，1902年初清政府下令恢复京师大学堂，并任命张百熙为管学大臣，筹备招生复学。

俞同奎在苏州听到此消息后，便由海道赶来北京，考取了京师大学堂师范馆。京师大学堂最初只设仕学馆和师范馆，俞同奎是师范馆的头班生。1903年，因沙俄侵占东北三省，在全国爆发了“抗俄运动”。京师大学堂的学生们，集会提出抗议，声讨沙俄侵略罪行，谴责清政府投降卖国政策，要学古代太学生“伏阙上书”，俞同奎也积极参加了这一活动。慈禧太后闻之大怒，下令要镇压这班学生。在清政府高压政策下，一部分学生主张退学，一部分学生则要求提前出国留学。管学大臣张百熙尽力保护这些学生，他以建议把这班“捣乱分子”赶出国去的理由，获取慈禧的批准。他选出47名优秀学生出国留学，其中俞同奎等16人派赴西欧各国，张耀曾等31人派赴日本，他们于1904年提前起程出国。这是北京大学历史上派出的第一批留学生，也是北京大学学生运动的开端。

俞同奎出国后，在英国利物浦大学攻读化学，并获得该校硕士学位。除在英国学习外，他还到德国、法国、意大利和瑞士等国进修深造，并和李景镐、吴匡时、陈传瑚等学习化学的留学生发起，于1907年12月24日在巴黎成立了“中国化学会欧洲支会”，会议推举李景镐为临时议长、俞同奎为临时书记、吴匡时为临时会计。

中国化学会欧洲支会是我国最早的一个化学学术团体，俞同奎曾任该会会长、评议员，对该会的创建、组织和开展学术活动作出过重要贡献。他写过一本《中国化学会欧洲支会戊申年报告》，对该会的缘起、年会纪事、工作报告和化学物质命名等作了记载，为中国近代化学史留下了珍贵史料。

俞同奎等人在欧洲留学期间，深知要使化学在中国得到发展，必须培养化学人才和普及化学教育。编写中文化学书籍和教材，首先碰到的是化学名词的命名和统一问题。因此，中国化学会欧洲支会把化学命名列为首要工作。俞同奎、陈传瑚、陆安、利寅、李景镐等，对无机化学、有机化学的命名提出过许多方案和建议，他们编写的化学名词手稿达两千多页，为我国化学物质的命名工作奠定了基础。

1910年，俞同奎回国后就到京师大学堂任教。那时京师大学堂设格致科，后改称理科。下设化学门，分预科、本科和研究所。研究所是为本科三年级以上学生和毕业生专攻一种专门知识而设的。俞同奎任理科教授兼化学门研究所主任多年，他主要讲授无机化学和物理化学，是在我国大学中最早讲授化学课程的教授之一。

1912年，京师大学堂改称北京大学。1914年学校成立教科书编委会，俞同奎任化学方面教科书主编。他亲自编写和组织编写的教科书有《无机化学》《有机化学》《物理化学》《分析化学》和《应用化学》等，这是我国最早的一批化学教材。

1916年，蔡元培任北京大学校长后，对学校进行了一系列改革。首先在学校设立评议会，由各学科的部分著名教授组成，作为全校立法机构和权力机构。俞同奎被选为评议员。1919年，废“门”改“系”，各系成立教授会，负责规划本系的教学工作。俞同奎被聘为化学系首任系主任和教授会主任，对化学系的课程设置、学生成绩考核等办学工作亲自规划，并筹建化学实验室，购置化学仪器、药品等，为北京大学化学系早期的教学和实验工作奠定了基础，也为我国其他大学化学系的创建和教学工作做出了示范。除化学系的工作外，俞同奎还担任过北京大学教务长，负责领导全校各科的教学工作。他对教学工作十分认真，在授课前总是精心准备，经常备课到深夜两三点钟。上课时总是提前十多分钟先到教室，当打上课铃时，黑板上已写满了化学公式，堂堂课如此。当时在北大化学系学生中流传说：“上俞先生的课，没有人再好意思迟到。”

1920年，俞同奎调往北京工业专门学校(后改名国立北京工业大学)任校长。该校设应用化学、纺织、电气、机械等科。俞同奎任有机化学教授，当时用英文课本。他讲学简明扼要，容易为学生接受，大家都爱听他讲课。这期间，俞同奎除在北京工专担任繁重的教学和行政工作外，还任北京大学教授，讲授定量分析等课程。同时，他还热心学术团体的工作，1922年与陈世璋发起并成立了中华化学工业会(中国化工学会的前身)，他任该会的总编纂，创办和主编《中华化学工业会会志》。

俞同奎多年专心致力于高等教育事业和学术团体工作。他数十年如一日，兢兢业业，不辞辛劳，后来他虽身患严重胃病和神经衰弱，但仍坚持在教学第一线上课，直到有一天晕倒在讲堂上，学校才强制让他停止紧张的教学工作。

俞同奎离开教学第一线后，仍关心学生们的前途和祖国的命运。他先到南京，任教育部大学生就业委员会主任，负责安排大学毕业生的工作问题。七七事变后，他离开南京去昆明，任液体燃料管理委员会昆明办事处主任，负责后方液体燃料的技术研究和质量管理工作。

抗日战争开始后，后方汽油缺乏，需用其他液体燃料代替汽油。俞同奎工作非常认真，决不让运送抗日物资的汽车因液体燃料质量不合格而在马路上抛锚停下。他身处在一个枢纽机关的重要工作岗位上，别人都说这是发大财的好机会，但俞同奎始终廉洁自守、大公无私、工作负责、生活俭朴，前后七年多直到抗战胜利后回到北京，他依然两袖清风，这在当时是很少见的。新中国成立后，俞同奎无限欢欣，他多年来渴望的祖国繁荣昌盛、科学技术迅速发展的时代已经到来。并接连写了几封长信，动员在美国进修的女儿立即回国参加建设。

俞同奎作为北京大学最早的学生和教授之一，在该校工作了多年，为培养人才和学校建设，沥尽心血，所以他对北京大学怀有深厚情谊。1958年，北京大学建校六十周年校庆时，学校特地请他回校参加庆祝活动，并请他在大会上讲话。俞同奎作为北京大学最老的一位校友，他亲眼见证了60年来，特别是新中国成立以来北京大学的迅速发展和巨大变化，心里感到特别高兴。为参加这个大会，他做了很长时间的准备，并写好了一份讲稿。但在开会那天，这位82岁的老人兴致勃勃地上台讲话时，由于高度兴奋而不幸当场中风，导致半身不遂，随后退休。

俞同奎一生生活俭朴、待人诚恳、乐于助人。他曾经拿出自己的钱培养了好几个学生，资助他们从中学直到出国留学。晚年的他致力于中国文物整理与修复工作。1956 年，北京文物管理委员会改为文化部古代建筑修整所，俞同奎担任所长。这时他已年逾八旬，但仍对维修和整理中国的文物古迹辛勤筹划，不遗余力。1962 年 2 月 28 日，俞同奎先生病故于北京，享年 86 岁。文化部文物和古代建筑修整所为他举行了追悼会，称他为教育界耆宿，晚年领导古代建筑修整事业，年高德劭，在治学、为人和处世态度上，堪为楷模。

资料来源

王治浩．中国化学教育的开拓者——俞同奎教授[J]．大学化学，1986(3)．

教学建议

本案例可作为《思想道德与法治》(2021 年版)“第一章　领悟人生真谛　把握人生方向”的“第三节　创造有意义的人生”的教学素材。

张洪沅：中国化学工程教育奠基人

张洪沅(1902—1992)，字佛宁，化学工程学家，教育家。1902 年出生于四川华阳县(今成都市)。幼时父母早逝，家境清贫，由伯母抚养长大。1916 年，年仅 14 岁的张洪沅以优异成绩考取了北京清华留美预备班。1924 年 8 月毕业后，张洪沅到美国留学，入加州理工学院化工系三年级学习。学习期间有一件事刺痛了他的心：在他们参加冬令会时，有一同学去理发，但理发店不给理，说他是有色人种。张洪沅与同学们对此非常气愤，一起提出抗议。他感到国家落后，受人歧视，民族没有地位，人民抬不起头，这是莫大的耻辱。他立下誓言："刻苦学习，振兴中华乃我辈己任。"从此，他学习更加勤奋，还利用暑假去加州大学选读企业管理等 3 门课程。

1930 年，他在麻省理工学院获博士学位，升为副研究员，并继续在那里做研究工作。当时美国中部一州立大学拟聘他任助理教授，但要求加入美国籍，他拒绝了这一聘请。他只有一个心愿："我是中国人，学成后为祖国的富强效力。"

1931 年张洪沅回国后，有人请他去化工厂，希望他成为化工企业家，但他选择了"教育救国"的道路。他认为，一个国家要强大，就要有自己的人才。于是他先后在南京中央大学化工系、南开大学任教授。

1929 年初，张洪沅在美国麻省理工学院发现该校图书馆内陈列有各国化工期刊，唯独没有中国的期刊。他深受触动，决心要成立一个学会，创办具有一定水平的化工期刊，使中国跻身于国际学术之林。于是他和顾毓珍等一些中国留学生发起成立学会的号召，很快得到我国化工界的支持和赞助。1930 年 2 月"中国化学工程学会"在美国正式成立，理事会由 5 人组成，他成为了第一届理事，并担任会刊委员和名词委员会主席。学会成立后，张洪沅为创办中国《化学工程》杂志，历尽艰辛。1931 年回国后继续努力，几经周折，《化学工程》创刊号于 1934 年 8 月在天津出版。为了便于国际学术交流，扩大刊物的影响，自 1935 年起《化学工程》用英文刊登文章，开始向国外发行。他的辛勤劳动换来了丰硕成果，刊物得到社会各界的广泛关心、支持，不仅国内稿件丰富，就连法国、德国化工学界的一些专家学者也寄来论文，希望能在中国出版的刊物上发表。纽约市一家经营期刊的书店，曾来函要求给予在国外独家经营的权利，并寄来为介绍《化学工程》所印刷的宣传品。此后国外交换及订阅者日益增多，《化学工程》在国际上产生了引人注目的影响，中国在国际化工界的学术地位也得到了承认和提高。

抗日战争全面爆发后，刊物由京津移至成都、重庆坚持出版，直到抗战后期由于多方面的原因被迫停刊。国家非常重视这一刊物，不仅重印了从创刊号到停刊时的各期刊物，而且还将刊名改为《化工学报》继续出版。张洪沅先后担任主编、编委，而《化工学报》至今仍是国内外影响较大的学术刊物之一。

张洪沅回国后的第二年，即 1932 年，参与发起并成立了“中国化学学会”，并曾担任该会理事长。新中国成立后，1956 年，“中国化学工程学会”和“中国化学学会”合并，成立了“中国化工学会”，张洪沅为此大为振奋，以更加饱满的热情投身到学会各项工作之中，长期担任化工学会的理事，积极参与全国和地方各级化工学会的组建。张洪沅几十年如一日，热心学会工作，为中国化工学会的发展壮大和我国化学工业的发展作出了卓越的贡献。

张洪沅毕生致力于化工科学领域的研究和化工教育的发展。早在 20 世纪 30 年代赴美留学期间，张洪沅就对接触法制硫酸的反应速率进行了开拓性研究，他在麻省理工学院完成的博士论文《接触法硫酸反应速度的研究》，为接触法硫酸生产设备的合理化奠定了理论基础。这一理论迄今为止仍是制酸界的经典，极大地促进了硫酸生产工业的迅速发展。这项研究成果受到全世界学者的高度重视，罗吉尔(Rogers)在他所著《工业化学手册》(*Manual of industry chemistry*)一书中对张洪沅的研究成果做了转载，并将其中所得的公式称为“张氏公式”。此后几十年间，仍有不少外国友人来函探讨相关问题。

张洪沅善于组织科技力量，发挥人才专长，不断开拓。他积极创建与化工生产相结合的化工研究机构，进行开拓性的科学实验研究工作。早在南开大学任教期间，他就和张克忠教授一起共同主持南开应用化学研究所的工作，并兼任副所长；在四川大学理学院时，他主持创办了四川大学应用化学研究所；在重庆大学时又创办了应用化学研究室，均由他兼任主任。他先后主持的 3 个研究机构，在当时极端困难的条件下，实行“科研与生产相结合”的方针，面向社会，为工矿企业服务，为企业分析原料，化验成品，以及对与生产相关的问题进行研究、设计等，对我国橡胶、制盐、制药、制糖、酿造等行业的发展，起了重要作用。在这期间，他不仅发表了《由棉籽废油裂解制汽油》《温度对流体阻力的影响》《芦苇纸浆》《大豆干酪素之提取》等论文，而且发表了一些具有指导性的综述性文章，如《相似论在化学工业中的应用》《化学反应工程学的发展近况》等。新中国成立以后，他亲自参加和指导了多项科研项目，并发表了《气液传质》《塔设备》《液-液萃取》《搅拌》等论文 10 余篇，尤其对硫酸工业发展作出的重要贡献为国际化工界所公认，在国内化工领域享有"侯碱张酸"之美誉。

重庆大学因反对重庆国民政府关于并校的决定于 1941 年 9 月初被勒令解散。是年底，张洪沅受命担任重庆大学整理委员会主任，恢复了重庆大学。

1942 年 2 月他正式出任重庆大学校长。他到任后，首先组织行政会议和校务会议，加强对学校的领导，并在教授、副教授中按一定的比例由教授会选出代表参加校务会议，使一般教授都能发表意见，直接参加学校管理。为了扩充教师队伍，提高教学质量，他特别注意聘用海内外具有真才实学的专家学者，还聘请了一批有名的教授。张洪沅以依靠社会，面向生产的创办思路，从 1942 年起，先后建立了应用化学研究室和公路工程实验室。应用化学研究室由化学系、化工系共同举办，张洪沅亲兼主任，积极开展社会服务。其宗旨是："接受社会各界人士关于化工之一切咨询、设计及代为化验等业务，并应社会需要从事生产调查及研究。"为了服务工业生产，该室还为四川自流井富荣试验盐工改进操作，由张洪沅、金锡如、杜长明合作设计制造了真空制盐机，大大提高了工作效率，减轻了工人的劳动强度，取得了可喜的研究成果。

在张洪沅任重庆大学校长期间，学校的规模有很大的发展，由原来的 3 个学院 12 个系及 2 个专修科发展为 6 个学院 20 个系，3 个研究所和 1 个专修科，成为了西南地区院系比较齐全的有名望的高等学府。张洪沅工作繁忙，但从不脱离教学、科研工作，一直担任本科学生的教学工作，并兼任化工系主任，还担任研究生导师，培养了一批化学工程研究生。

张洪沅先生学识渊博，他编写了各类学术著作，在国内外均享有较高的学术地位。张洪沅先生始终坚持学习，不断充实提高自己，常以"学无止境"来激励自己和后辈学人。张洪沅精通英语，熟悉德语、法语。1953 年，张洪沅先生已年过五旬，却为了能够直接阅读俄语书刊，毅然由泸州前往重庆，参加重庆大学举办的俄语培训班，回校后继续勤学苦练，直至能够熟练使用俄语阅读、翻译文献资料。1956 年，他主持并参加翻译出版了苏联化工专著《干燥作业》。此外，他还参加编著和出版了《化工操作原理与设备》一书。

几十年来，张洪沅先生满怀热爱祖国的赤诚之心，呕心沥血，为发展中国的化学工业作出了重大贡献。1992 年因病于成都逝世。

资料来源

川桦．中国化学工程教育奠基人——张洪沅[J]．化工管理，2013(17)．

教学建议

本案例可作为《思想道德与法治》(2021 年版)“第一章　领悟人生真谛　把握人生方向”的“第二节　正确的人生观”的教学素材。

张克忠：中国化学工程教育和化学工业的杰出贡献者

张克忠(1903—1954)，字子丹，天津静海人。化学工程学家、教育家，中国化学工程学科和中国化学工程学会奠基人之一。先后主持并创办南开大学化学工程系、中国第一个高校应用化学研究所，以及天津市工业试验所。他坚持教育与科研生产的密切结合，培养了一批化工科技专门人才，曾先后在重庆、昆明、青岛兴办化工企业，生产市场急需的化工产品，为当时基础薄弱的中国化学工业解决了大量生产的技术问题。

张克忠早年丧父，与母亲住在家境并不宽裕的外祖父家，母亲靠做些女红含辛茹苦地抚养儿子。张克忠不负母亲的希望，小学毕业后考入南开中学。酷爱人才的张伯苓校长非常器重这个学生，特批准他免费就读，又由于他长于数学，破格特许张克忠当寒暑假数学补习班的教师，这样小小年纪的张克忠既是“南中”的学生又是“南中”的教师。张校长开明的政策终于使这个后来的化学英才没有因家贫而辍学。

1919 年，张克忠于南开中学毕业，入南开大学理科。1921 年赴美国麻省理工学院攻读化学工程学，1928 年获得科学博士学位，其博士论文提出的扩散原理，被命名为“张氏扩散原理”。归国后，他受聘于南开大学，任化学教授。1929 年，他负责创建南开大学应用化学研究所，兼任所长。1931 年，创办化学工程系。1934 年，创办南开化学工业社，后改为应用化学研究所试验工厂。七七事变中南开被日寇炸毁，抗日战争期间，张克忠赴重庆进行应用化学研究所的迁渝和南开化工厂的复建活动，并参加筹建四川永利制碱厂的工作，担任黄海化学社研究员，后赴西南联大担任教职，并任昆明化工厂厂长。1947 年，张克忠返回南开大学，任工学院院长兼化工系主任，并主持重建应用化学研究所(化学工程研究所)工作。至新中国成立前，经过张克忠等人的努力，南开大学化工系所在教学、科研以及设备方面都达到了比较完备的程度，并开始招收研究生，在当时国内各大学工科院校中名列前茅。新中国成立后，他多次应周恩来总理邀请赴京，讨论中国化学工业和化学工程发展问题。1951 年，他主持成立天津市工业试验所，任所长。

张克忠在主持南开大学应用化学研究所期间，主张研究所要“研究我国工商业实际上之问题，利用南开大学之设备，辅助我国工商界改善其出品之质量，俾收学校与社会合作之实效”。他还强调研究所要坚持教学与科研并重，研究与生产并举的方针，注重理论联系实际，强调社会信誉，将技术的开发与应用面向中国工商业发展的实际和生产的第一线。1932—1935 年，他曾先后接受社会委托分析化验样品 323 个，先后仿制成功复写纸、油墨、辣酱油等轻工业产品，同时在工业生产方面解决了天津、云南、内蒙古等地工厂企业委托解决的技术难题。化工系成立后，张克忠教授工业化学方面的课程，十分重视理论与实践的结合，在化工教学方面提出“学以致用”的主张；在学术研究方面，强调加强国际交流，关注世界化工学进展，努力争取使中国化工学科与世界接轨。作为中国化学工程学会创始人之一，他曾担任化工名词审定委员会主席，主持了对中国化工领域所使用概念的重新审定和编译工作，为中国通用化工名词的规范化作出了贡献。

张克忠对开创中国化学工程教育和振兴中国早期化学工业作出了杰出贡献，他从事化工业教育事业 27 年，提出的化工与扩散原理在实践上为侯氏制碱法提供了初步的设计基础，是中国化工界的优秀导师。他曾当选中国人民政治协商会议第一届会议代表、天津市第二届人民代表会议代表。撰有《无机化学工业》、《有机化学工业》、《工业化学》(第一、二、三册)等书，主持并编辑《化学工程》《化学工业与工程》等书。

1954 年去世，51 年的人生历程匆匆来去，作为科学家，张克忠并未谋求在人们心中立起一块刻有自己名字的碑，然而，他却为后学者铺平一条向上攀登的路。年轻一辈虽已淡忘他的名字，却仍站在他的肩膀上向更高更远眺望……

资料来源

佚名．著名化学工程学家、教育家——张克忠[J]．南开学报(哲学社会科学版)，2007(1).

教学建议

本案例可作为《思想道德与法治》(2021 年版)“第二章　追求远大理想　坚定崇高信念”的“第三节　在实现中国梦的实践中放飞青春梦想”的教学素材。

张少铭：我国农用杀菌剂科研的带头人

张少铭(1908—1997)，著名化工专家。他早年从事染料生产建设，卓有成绩。20世纪60年代开始从事农药研究，是我国农用杀菌剂科研的带头人，曾研究开发成功用六六六无效体制取五氯酚钠，有效地用于杀灭血吸虫宿主。他筛选创制成功多菌灵，被广泛应用，并成功地用于防治柞蚕线虫病。

张少铭，1908年出生于山东高密。1930年赴日本东京工业大学攻读应用化学专业，1936年获工学学士学位，并继续在大学院(即研究生院)化工系深造。七七事变后，他目睹日本侵略军鲸吞我国领土，残酷屠杀人民，遂于1937年辍学返回青岛，闭门谢客，修读古书。同时他自学化学文献，期待抗战胜利后为国效力。抗日战争胜利后，张少铭随即投身化学工业建设。1947年至1949年先后任青岛维新学厂(即现青岛染料厂)工程师、工务科长及代理厂长。

1955年张少铭调化工部沈阳化工研究院担任实验厂技术副厂长，主管该院染料、农药、中间体的新产品中试生产工作。随后又任院办公室主任，协助技术副院长工作。在此期间他曾赴苏联、波兰等国家就有关煤焦油综合利用进行技术考察。

1960年，张少铭开始从事农药研究，担任沈阳化工研究院农药研究室主任。历时18年，使该院的农药研究领域逐步扩展到包括杀虫剂、杀菌剂、除草剂、植物生长调节剂等的合成、加工、应用、分析、毒性试验等方面，从而建成完整的科研体系。多菌灵的发明以及其中间体氯代甲酸甲酯及邻苯二胺的合成和工业化，是张少铭重要的科学技术研究成果。该发明不仅有学术价值，而且是我国年产量最大的重要农用杀菌剂。张少铭于1978年担任沈阳化工研究院总工程师，为全院科学技术的发展做了大量组织指导工作。在他担任院技术委员会主任期间，领导鉴定审查全院的重要课题成果，参与人才培养和选拔工作。同时，他还亲自参加专题科研工作，创制了多菌灵二号和植物生长激素丰产灵等产品。这些产品均被用于生产。

张少铭于1956年参加中国民主同盟，1957年11月参加中国共产党。他先后担任辽宁省第三届人民代表大会代表、全国政治协商会议第五、六届委员、中国植物保护学会第一届理事、中国化工学会农药专业学会第一届理事长、中国农药工业协会顾问等职。

一、染料工业的功臣

张少铭于1947年起在青岛维新化学厂工作。当时，正值解放战争时期，维新化学厂处于南京国民政府统治下，厂工会主席为国民党特务。在青岛解放前夕，其阴谋将工厂原料及设备运往上海，企图破坏该厂生产。张少铭和工人一起，坚决抵制这一行为。他组织工人护厂队，带队巡逻，防止坏人潜入。国民党一营军队从青岛乘船南下前，进驻工厂，想占用存放染料及中间体的库房，并打算在乘船时将库存物品同时带走。经过张少铭的周密安排，阻止了这一事件的发生。当时青岛维新化学厂属上海德侨产业清理处领导，青岛解放前夕，上海方面来电责令该厂将所存染料全部运往上海。张少铭以工人工资无着落为理由，拒绝运往上海。由于采取了各种措施，最终保护了该厂全部财产，使工厂未受丝毫损失。

1949年6月青岛解放后，张少铭留任维新化学厂厂长，为该厂恢复和发展作出了贡献。当时，我国所用的染料大部分为进口货，国内仅青岛维新化学厂及大连染料厂生产少量硫化青，青岛维新化学厂的新产品硫化蓝尚未投入正常生产。为了发展国产染料，张少铭积极研究和改进硫化蓝中间体亚硝基酚合成的部分操作方法，提高了收率，扩大了生产能力。为了打开硫化蓝新产品的销路，张少铭亲自带领供销科长到有关印染工厂指导染色使用，使这个新产品迅速在国内推广，成为新中国成立后生产蓝色服装的主要染料。同时，他还组织生产了当时群众十分喜爱的冰染染料紫酱GBC色基。

青岛解放后，急需大量汽车轮胎支援前线，由于帝国主义国家的封锁，生产汽车轮胎所需的硫促进剂的原料1-萘胺无法进口，致使青岛橡胶厂的生产无法进行。张少铭利用青岛染料厂积存的原料，由小试验做起，经过硝化、还原、水蒸气蒸馏，获得质量合格的1-萘胺产品，及时投产，提供给橡胶厂使用，为解放战争取得胜利作出了重要贡献。

二、开发农用杀菌剂新品种

早期我国农业生产受农作物病虫害影响很大，许多病害需要适用的农药加以防治。20 世纪 50 年代，有机汞制剂因汞中毒严重，被国家停止使用，此后植物病害日趋严重，成为农业发展的难解课题。于是，张少铭下决心开展农用杀菌剂的研究工作。

他首先设想砷的毒性小于汞的毒性，可望用有机砷系列产品代替有机汞制剂。在以后的研制中，他合成了一系列有杀菌作用的有机砷化合物，从中选出效果较理想的田安（即甲基砷酸铁胺）和砷 37（即乙基黄原酸砷）。但经过试用后发现仍有一定毒性，因此仅少量使用，未大量生产。

与此同时，他还对农药六六六生产中的大量无毒体的开发利用进行了研究，这些副产品当时难以处理。张少铭利用无毒体碱性水解制五氯酚钠，并改溶剂法为水法获得成功，很快推广应用，五氯酚钠成为当时生产量最大的稻田除草剂，直至今日仍是杀灭血吸虫宿主钉螺的主要药剂，同时该产品还大量应用于铁路枕木防腐处理。

1970 年，国外对苯莱特苯并咪唑基团化合物具有杀菌活性及内吸性的报道，引起了张少铭的重视。他对这类化合物的杀菌性能、合成方法和药效进行了系统的研究。经过菌株测试，筛选出的多菌灵一号及多菌灵二号效果最好。这两个化合物国外当时并未实现工业化生产，而合成方法又比苯莱特简单，成本低廉，他便抓紧时间进行研究开发，很快推向生产。

多菌灵一号是一种具有内吸性的优良杀菌剂，早期用于防治棉花枯、黄萎病。而后由于该药的广谱性，发现可防治许多主要农作物的多种病害，如小麦赤霉病等，于 1974 年通过了化工部鉴定。这项产品的经济效益及社会效益很好，70 年代初，该药在北京双桥农药厂和江苏吴县农药厂投入生产。当时，浙江、江苏小麦赤霉病大面积发生，江苏试用多菌灵，仅一季就挽回小麦损失 15 万千克。多菌灵因此一举成名，供不应求。该农药使用至今，生产工厂已发展到黑龙江、上海、江苏、山东、广东、浙江、湖北等省、市，共 15 家，年产量逾 5000 吨，产值 1 亿元以上，除供国内使用外，出口量也很大，为国家创收大量外汇。

这期间，张少铭还与辽宁丹东柞蚕研究所科技人员合作，利用多菌灵二号防治寄生在柞蚕体内的线虫，取得优异成绩。柞蚕是我国北方生长的经济昆虫，柞蚕丝为我国的特产，是优异的纺织品原料。但是柞蚕体内往往寄生着线虫，会引起蚕的死亡，影响柞蚕丝生产的发展，使蚕农受到损失。利用多菌灵二号防治柞蚕体内线虫，构思巧妙。柞蚕通过食用带药柞叶，可杀死蚕体内线虫，而对蚕体无害；但其他药剂，包括多菌灵一号，则会使蚕体中毒致死。江苏省吴县农药厂专为主产柞丝的辽宁丹东地区生产这种药剂，该项成果获 1982 年国家发明三等奖。

三、杰出的爱国者

张少铭热爱祖国，反对日本帝国主义侵略我国，不惜在留日期间辍学归国，并闭门谢客，洁身自好。在解放战争中，积极保护国家财产，支持解放事业。1955 年张少铭从青岛调往沈阳时，曾将青岛的 3 处楼房和自己经营的酱园捐献给国家。之后，他还多次向国家捐献大量珍贵文物。

1959 年，中华人民共和国成立 10 周年，他为了丰富中国历史博物馆的馆藏，将家传的西周青铜器召伯虎簋、汉石洛侯黄金印及其家丞铜印各一方，金代印纸币铜钞板和青铜器公务人簋盖等，无偿捐献给了国家。这些文物是珍贵的国宝。当时文化部部长沈雁冰为此特签发奖状，授予张少铭。

后来，张少铭又将自己保存的元、明代印刷的古版书数百册，明、清字画真迹 25 轴，周、秦时期青铜器 65 件，历代古钱千余枚，石章百余枚，玉器 21 件，捐献给了辽宁图书博物馆。

资料来源

我国农用杀菌剂科研的带头人——张少铭[EB/OL].(2006-8-16).http://www.chinavalue.net/wiki/showcontent.aspx? titleid=30107.

教学建议

本案例可作为《思想道德与法治》(2021 年版)“第三章　继承优良传统　弘扬中国精神”的“第二节　做新时代的忠诚爱国者”的教学素材。

庄长恭：中国化学界的“一面旗帜”

庄长恭(1894—1962)，字丕可，福建泉州人。有机化学家和教育家，中国甾体化学的先驱者和有机微量分析的奠基人。1921 年他毕业于美国芝加哥大学，1924 年获该校博士学位。1948 年当选为“中央研究院”院士。1955 年被选聘为中国科学院学部委员(院士)。

他对有机合成，特别是甾体化合物的合成与天然有机化合物的结构研究作出了卓越贡献。他确证了麦角甾烷结构，推测了麦角甾醇的结构，研究了甾族边链的氧化断裂，设计了带有角甲基双酮 α-酮的合成方法，被称为“庄氏法”。他是当时国际上少数从事甾体全合成研究的知名化学家之一，其工作曾被引入教科书。他从中药汉防己中分离出防己碱和防己诺林碱，并阐明其结构。他重视并参与拟定有机化学中文命名，现用的吲哚、吡咯等杂环化合物名称均为他所倡议。

他在研究工作中强调创新精神，提倡“有所不为，始有所为”的治学思想。他推动筹建了中国科学院上海有机化学研究所和北京化学研究所。1956 年，他被任命为国务院科学规划委委员，参与制定《1956—1967 年科学技术发展规划纲要》等文件。他曾任东北大学化学系主任、国立中央大学理学院院长、“中央研究院”化学研究所所长、台湾大学校长、中国科学院有机化学研究所所长等职。

庄长恭对研究工作非常认真。创新、坚毅、正直、勤勉，这些是学生和同事对他的印象。今天，中国科研的面貌与过去相比已经焕然一新，但多位受访者表示，庄长恭等老一辈科学家的品质依然闪耀着光辉，值得今天的科研人学习。

作为中国有机化学界的先驱，庄长恭毕生从事科学研究和高等教育工作。他在甾体化合物合成方面的研究在国际有机化学界享有盛誉，创建了国内第一个有机微量分析实验室，培养了高怡生、黄耀曾等一批学术带头人。时任中科院院长郭沫若称他是“中国化学界的一面旗帜”。

一、乱世辗转　立身化学

庄长恭出生于福建泉州一个没落的读书人家。受菲律宾华侨庄汪料资助，25岁那年到美国芝加哥大学深造。目睹彼时闽南经济凋敝后，他原本打算学习农业化学搞甘蔗制糖，走实业救国之路，但经博士生导师 Julius Stieglitz 劝服，懂得了从事基础研究同样可以报效祖国的道理。

1924 年，庄长恭学成回国。他先在武汉大学短暂停留，随后到东北大学化学系任教授兼系主任。他不仅讲授化学课程，还开展基础研究，带领学生发表了有关玄参、狼毒、泽泻等中草药化学组成的研究文章。1931 年，“九一八”事变后东北沦陷，他不屈从于敌寇，离开东北。

随后，庄长恭前往德国访学。在诺奖得主、哥廷根大学教授 A. Windaus 实验室期间，以缜密的计划和精湛的实验技巧，解决了 Windaus 等尚未解决的麦角甾烷结构问题，并推测了麦角甾醇的结构。由于麦角甾醇和维生素 D 的结构有关，他的相关成果在《李比希化学年报》发表后，迅速引起关注。他当初用的氧化方法后来成为甾族激素工业生产沿用的方法。

诺奖得主 P. Karrer 在《有机化学》教科书中列举了这篇论文。这本教科书是 20 世纪 40 年代国际通用的有机化学教科书，在 1942 年出版的版本中共列举了 166 篇有关文献，其中，只有庄长恭研究麦角甾醇的文章是由中国人作的。此后，其他两本美国专著也提到了这一工作。

这增强了庄长恭在基础研究领域为国争光的信心，他决定把甾体化学全合成这个国际前沿课题带回中国研究。甾体结构复杂，不对称碳原子多，当时全世界只有少数人敢于问津。庄长恭与几个国立中央大学和东北大学的毕业生埋头苦干，从 1935 年到 1941 年间，他们在当时全球最有名的德国《化学会志》上先后发表了 14 篇论文。

庄长恭最能出成果的时候，恰好也是我国处于水深火热之时。日寇的全面入侵让他不得不频繁“跳槽”。这一时期他先后供职于国立中央大学化学系、“中央研究院”化学所、北平研究院药物研究所等机构，辗转于南京、上海、昆明等地，甚至停止工作。他关于性激素雌马甾酮的研究也因此在与欧美团队的竞争中失去了先机。尽管如此，其成果依然引起国际关注。

戴立信说：“庄先生在人工合成甾体化合物方面的工作在当时全世界范围内都很超前，可谓前无古人。从他发表文章的杂志看，他的工作得到了国际认可。”

对此，在 1992 年第 5 期《科学月刊》中，台湾大学化学系荣誉教授刘广定也写道：“他的成功能使中国人产生信心。”

庄长恭还首次在国内建立了有机微量分析学科。当年各种谱学仪器尚未问世，有机微量分析是测定结构的最重要手段，但因量微，需要努力学习才能掌握。在德国研究时，他曾到诺奖得主、奥地利格拉兹大学 F. Pregl 实验室学习有机微量分析技术，并订购了相关仪器。今天，有机所所史展览馆，还陈列着他从奥地利带回的微量天平。

二、学科兴旺　匹夫有责

一花独放不是春，唯有实干报家国。庄长恭从未忘记这个初衷。

早在 1923 年，庄长恭就与旅美化学学者李宝庆等在美组织了中华化学会，并计划出版“中华化学会志”以刊载研究性的论题，可惜未能出版。中国化学会 1932 年成立后，他积极参加。

庄长恭很早就认识到质而非量才是提高国际学术地位的重要因素。在担任“中央研究院”化学研究所所长期间，他改变了该所写研究报告、自己编辑出版的方式，要求同仁把研究成果向国内外一流期刊投稿，正式发表后再进行汇编，“不数年，该所的研究成绩大为进步”。可惜的是，接踵而至的战火让当时的中国科学界失去学习和推广这一办法的机会。

1948 年，庄长恭在赴美考察归国后，出任台湾大学校长，却因难以辞退一些有关系的旧教职员，加之国民党特务擅自闯入学校抓捕学生，让他无力推展校务，最终决然离台。返沪后，他居家靠审阅书稿为生。

1949 年新中国成立后，庄长恭很快被聘为中国科学院的筹备委员。1950 年，他被任命为中科院有机化学所第一任所长。建所初期，他广泛延聘人才，调整研究方向，为新中国的有机化学发展创造了条件。戴立信说：“他的很多思想都非常新，一些见解和看法在当时起了重要作用。”其中以二级学科建立的有机所就是证明。

庄长恭总是紧跟新科学技术的步伐。1953 年进入有机所的戴立信曾协助庄长恭搜集有关高分子研究的文献，庄长恭钻研和求真务实的精神给他以很深的印象。他说：“当时，对于有机所开拓的高分子和抗菌素(注：抗生素)两个新领域，他作为所长不断学习，掌握最新科学知识。”此后，有机所高分子组搬往北京，成为了中科院化学所的一支主力。庄长恭又被任命为该所筹备委员会主任委员。

此外，庄长恭还长期担任《中国化学会会志》和《化学学报》的编辑委员。他对中文有机化学名词极为重视，常说这是化学在中国生长的先决问题。现在一些常用的有机化学名词，如吲哚、吡咯等杂环名词都是他的创意。

三、业精于勤　行成于思

庄长恭不仅是一位科学家，也是一位教育家。他当年的学生及共同工作者，如邢其毅、田遇霖、高怡生、黄耀曾、朱任宏等人，后来都成为了领导一个教学单位或研究单位的负责人。

据田遇霖等人回忆，庄长恭备课非常认真，总是反复思考怎样讲才易于学生理解，因此讲课时往往使同学们“像着了魔似的，听得津津有味”，而与他讨论问题时又能让人“真正感到如沐春风”。

庄长恭对科学的热爱潜移默化地影响着学生。田遇霖等在回忆导师的文章中写道，他暑期按例有一个月的假期，有一次，还不到一星期，他又赶回来参与实验。当他设计一个研究路线时，往往会参阅许多文献，甚至通宵不眠。

庄长恭强调科研要有严谨的态度。当他的麦角甾醇结构工作发表后，Windaus 实验室的一位同事认为他的成功是由于运气好，庄长恭答道：“科学研究不是靠运气的，必须有坚强的毅力、严谨的态度、敏锐的观察，才能获得成就。”他常用这件事教育学生。

庄长恭也很重视家庭教育。受父亲庄长恭影响，庄亚辉兄弟三人中有两人选择了化学专业。在庄亚辉印象里，父亲讲得最多的就是“有所不为，始有所为”。

庄亚辉说：“父亲让我在做科研时，选择有创新性的、有意义价值的方向，而且要坐得住冷板凳，要把自己放在一个没有退路的情况下，全心全意地攻克难关。”从走上科研岗位到后来担任中科院生态环境研究中心主任，父亲的话一直印刻在庄亚辉心里。

一次去东北考察，庄长恭不幸染病，此后健康每况愈下。1962 年 2 月 15 日，他在上海与世长辞。

为了纪念庄长恭在基础化学研究方面的贡献，上海市化学化工学会从 1993 年起设立了庄长恭化学化工科技进步奖，激励在基础研究方面有突出贡献的中青年科研人员。2017 年，上海有机所与华东师范大学联合建立了庄长恭研究所。

业精于勤而荒于嬉，行成于思而毁于随。庄长恭曾把韩愈的这句话传给黄耀曾，黄耀曾又传给戴立信这一代，激励着一代又一代人奋进。

资料来源

冯丽妃．庄长恭：中国化学界的“一面旗帜”[EB/OL]．中国科学报，2019-10-25. https://www.cas.cn/xzfc/201910/t20191025_4721493.shtml.

教学建议

本案例可作为《思想道德与法治》(2021年版)“第二章　追求远大理想　坚定崇高信念”的“第三节　在实现中国梦的实践中放飞青春梦想”的教学素材。

奋斗篇

（1949—1978年）

钱学森：人民科学家

钱学森，1911年12月出生于上海，祖籍浙江杭州。1938年7月至1955年8月，钱学森在美国从事空气动力学、固体力学、火箭和导弹等领域的研究。1948年，钱学森为准备回国，退出美国空军科学顾问团，辞去海军军械研究所顾问的职务。但自1950年夏起，他被以莫须有罪名拘捕，遭受无理羁留达5年之久。1955年10月，钱学森冲破重重阻力回到祖国，并立即投入到新中国的建设之中。1991年10月，钱学森被国务院、中央军委授予“国家杰出贡献科学家”荣誉称号。1999年9月，钱学森被中共中央、国务院、中央军委授予“两弹一星功勋奖章”，被誉为“人民科学家”。2009年10月31日，钱学森在北京辞世，享年98岁。

一、对祖国之爱：赤胆忠诚的爱国情怀

1. 潜心研攻，志在兴国，决心学成返国服务

从交通大学毕业后，钱学森怀着一种强烈的报国信念，报考留美公费生，出国留学。在美国学习和工作期间，他的心中始终只有一个愿望：将最先进的科学技术学到手，为中国人争气，为祖国争光。正是因为有这种坚定的爱国情怀、家国梦想作支撑，在美期间，钱学森心系祖国、潜心研攻。硕士毕业后，钱学森认识到“一名技术科学家对于祖国的帮助远大于一名工程师”，于是他将研究方向从航空工程转向航空理论。到回国前，钱学森已经是集应用力学、航空工程、工程控制论等诸多技术科学于一身的世界级大科学家，他在国外的科学研究正处于巅峰状态，声名显赫。对一位科学家而言，回国意味着他必须舍弃自己长期从事的专业研究，这需要巨大的勇气。但钱学森没有丝毫的犹豫，因为从出国留学的那一刻起，他回国的决心就“一刻也没有动摇过”。在献身祖国国防科技事业的历程中，钱学森没有时间做研究、写论文，他将全部精力投入到攻克工程技术难关、建立航天系统工程和培养青年科技人员上。从个人专业发展的角度看，钱学

森做出了学术上的重大牺牲，而对这一切，他始终认为，一个人培养一批人：值。对祖国建设事业的热爱，是他舍弃专业研究、“艰苦奋斗地工作”的精神支柱。无论在当时还是在今天，钱学森都堪称中国知识分子中留学人员的楷模、“海归派”的杰出代表。

2. 献身国防，志在强国，成就“两弹一星”伟业

回国后，钱学森服从国家需要，承担起创建我国航天事业的重任，为中华民族屹立于世界民族之林忘我工作，不懈奋斗。他始终站在世界科技前沿，以自己的远见卓识从战略高度思考我国科学技术发展特别是国防科技发展的重大问题，提出了许多富于创造性、前瞻性的重要学术思想和有重大价值的建议，以渊博的知识和超凡的智慧解决了一系列关键技术难题，成为“两弹一星”事业中一位卓越的技术领导人，为我国导弹航天事业发展作出了许多具有里程碑意义的贡献。在钱学森的带领下，中国国防科研战线形成了“热爱祖国、无私奉献，自力更生、艰苦奋斗，大力协同、勇于登攀”的“两弹一星”精神，成为中华民族勇攀世界科技高峰的动力之源。

二、对科学之爱：严谨求实的科学品质

1. 一直紧跟科技前沿，科学追求永无止境

钱学森数十年如一日紧跟科技发展的前沿，即使到了高龄也从不间断、从不松懈、从不放弃，体现了一位科技工作者炽热的科技情结。钱学森的节假日几乎都是在科学研究中度过的，就连春节这种传统佳节，他也无心欢度，而是推辞各种应酬，抓紧时间投身于科学研究，将所有的精力倾注在祖国的科学发展事业上。从工作岗位上退下来以后，钱学森“没有时间考虑过去，只考虑未来”，他尽情遨游于学术的海洋，同各行各业的工作人员交流思想，探讨学术问题。他一生的研究手稿数万页，剪报数百袋，出版著作数十部，参阅过的书籍数万本，真可谓博大精深，浩如烟海。这些庞大的数字背后体现的是钱学森“活到老，学到老，前进到老”的高贵精神品质，是他科学人生的集中展示。

2. 致力培养科技帅才，唯愿事业后继有人

钱学森一直致力于祖国科技事业的可持续发展。他大力提携专家型帅才，倾力培养领导型将才，使中国国防科技战线涌现出了一大批堪当重任的科学家和领军人才，为我国航天事业不断发展和壮大注入了勃勃生机。在开创中国航天事业的历程中，钱学森不唯资历用人，不唯学历取人，选贤举能，唯才是举。他慧眼

识珠，有胆有识，对有培养潜力、有发展前途、敢于“冒尖”的“苗子”大胆起用并委以重任。在钱学森的提携和扶持下，以孙家栋、王永志为代表的一大批科技人员在年轻时就崭露头角，脱颖而出。他们或成为所从事领域的专家或骨干力量，或走上了中国航天事业的技术领导岗位，成为中国科技界家喻户晓的人物。中国航天界逐步形成了一支年轻化、梯队化、创新型的科技人才队伍。

三、对时代之爱：开拓进取的创新意识

1. 善于攻坚，不断攻克国防科研难关

中国航天界历来具有“特别能吃苦，特别能战斗，特别能攻关”的光荣传统，钱学森就是其中的杰出代表。在主持中国航天技术的研发过程中，钱学森从战略全局的高度谋划我国国防科技发展的重大问题。他创造性地将技术科学思想与国家需求紧密结合，确立了结合我国航天和国防建设需要开展科研的指导原则，以渊博知识和超凡智慧攻克了众多科研难关，为许多重大航天项目的成功实施奠定了理论基础，为我国导弹航天事业发展作出了许多具有里程碑意义的贡献。在研制“两弹一星”的过程中，以钱学森为代表的中国航天军事科技人员，在没有充分资料可查、没有现成模式可依的情况下，白手起家，锐意创新，自力更生，艰苦奋斗，仅用不到十年的时间就成功研制出了中国自己的原子弹、氢弹和导弹，并成功实施了“两弹结合”，在艰苦卓绝的环境中开创了中国的航天事业。

2. 敢于突破，构建现代科学技术体系

钱学森涉猎广泛，视野开阔，在现代科学技术的诸多研究领域纵横驰骋，提出了许多新概念、新思想、新理论和新方法。晚年，钱学森运用博大精深的系统论思想和敏锐的洞察力，广泛吸收现代科学技术各个领域的知识，融会贯通，提出综合集成方法，构建了从基础科学、技术科学到工程技术“三层次论”的现代科学技术体系结构。并将马克思主义哲学摆在最高层次，将其作为人类对客观世界认识的最高概括，这也是钱学森马克思主义哲学观的集中体现。钱学森的现代科学技术体系是一个多维的、开放的、动态的系统，在横向(广度)上拓宽了现代科学技术的学科门类，在纵向(深度)上深化了现代科学技术的层次结构，颠覆了传统的体系划分模式，它的观点、理论与方法具有前瞻性、开创性、战略性和实用性，是现代科学技术体系在认识论与方法论上的一次革命性突破。

总之，钱学森精神是以爱国主义为核心的民族精神和以改革创新为核心的时代精神的高度统一，是求真务实的科学精神与无私奉献的人文精神的高度统

一，具有鲜明的时代性、先进性和示范性。钱学森精神是中华民族的宝贵精神财富，应当成为也定将成为中华民族知识分子的应有之义，成为引领全国人民团结一致，贡献个人力量、凝聚集体智慧、建设自己国家的道德标尺和价值标准。

资料来源

汪长明．爱国、奉献、求真、创新——解读钱学森精神[J]．湖北民族学院学报，2012，30(1)．

教学建议

本案例可作为《思想道德与法治》(2021 年版)“第一章　领悟人生真谛　把握人生方向”的“第三节　创造意义的人生”、“第二章　追求远大理想　坚定崇高信念”的“第三节　在实现中国梦的实践中放飞青春梦想”和“第三章　继承优良传统　弘扬中国精神”的“第二节　做新时代的忠诚爱国者”“第三节　让改革创新成为青春远航的动力”、“第五章　遵守道德规范　锤炼道德品格”的“第一节　社会主义道德的核心与原则”的教学素材。

邓稼先：两弹元勋

邓稼先(1924—1986)，安徽怀宁人，核物理学家，中国科学院学部委员(院士)，“两弹一星功勋奖章”获得者。

1945年毕业于西南联合大学物理系，后在北京大学任教。1948年10月赴美国普渡大学物理系留学，1950年获物理学博士学位，同年回国。历任中国科学院近代物理研究所助研、副研究员，二机部第九研究所理论部主任，核工业部第九研究院副院长、院长，核工业部科技委副主任，国防科工委科技委副主任等职。中共第十二届中央委员。1986年因长期受辐射伤害，身患癌症逝世。

一、求学报国

邓稼先1924年出生于安徽怀宁县一书香门第。翌年，他随母到北京，在担任清华大学、北京大学等校哲学系教授的父亲身边长大。

1945年抗战胜利时，邓稼先从西南联大毕业，在昆明参加了共产党的外围组织“民青”，投身于争取民主、反对国民党卖国独裁统治的斗争中。翌年，他回到北京，受聘担任了北京大学物理系助教，并在学生运动中担任了北京大学教职工联合会主席。抱着学更多的本领以建设新中国之志，于1947年通过了赴美研究生考试，翌年秋进入美国印第安纳州的普渡大学研究生院。由于他学习成绩突出，不足两年便读满学分，并通过了博士论文答辩。此时他只有26岁，人称“娃娃博士”。

1950年8月，邓稼先在美国获得博士学位9天后，便谢绝了恩师和同校好友的挽留，毅然决定回国。10月，邓稼先来到中国科学院近代物理研究所任研究员。此后的8年间，他进行了中国原子核理论的研究。1956年，邓稼先加入了中国共产党。

二、以身许国

当时，世界格局处于“冷战”时期，新中国被欧美国家实行经济封锁，党中央意识到必须依靠自己的力量发展原子弹，提出“自己动手，从头摸起，准备用8年时间搞出原子弹”。1958年8月，邓稼先担任核武器研究所(九所)理论部主任，负责领导核武器的理论设计。他将中子物理、流体力学和高温高压下的物质性质三个方面作为主攻方向，对原子弹的物理过程进行大量模拟计算和分析。对主攻方向的正确选择，为邓稼先以后成功研制原子弹争取了宝贵的时间。

1959年6月，中苏关系交恶。苏联拒绝提供原子弹数学模型和有关技术资料，后来又单方面终止两国签订的国防新技术协定，撤走全部专家，并断言“中国20年也搞不出原子弹”。邓稼先不信邪，他把全部的心血都倾注到原子弹研制工作中，挑起了探索原子弹理论的重任，带领大家刻苦学习理论，靠自己的力量搞尖端科学研究。他冒着酷暑严寒，在试验场度过了整整8年的时间，15次在现场领导核试验，掌握了大量的第一手材料。经过3年的奋战，邓稼先领导完成了中国第一颗原子弹的理论设计方案，为中国核武器研究奠定了基础。

1963年2月，邓稼先参与并指导了核试验前的轰炸模拟试验。原子弹试验成功后，邓稼先率领九院理论部研究原子弹的原班人马，承担了中国第一颗氢弹的理论设计任务。1964年10月，中国成功爆炸了第一颗原子弹，他率领研究人员在试验后迅速进入爆炸现场采样，以证实效果。随后他和于敏等人一起投入对氢弹的研究。最终在原子弹爆炸后的两年零八个月后，氢弹试验成功。与美英法和苏联相比，中国研制氢弹创造了世界上最快的速度。氢弹试验成功，彻底改变了中国在国际上的地位。

1966年，“文化大革命”爆发。由于邓稼先所在的单位是军事管制单位，又受到了周恩来总理的保护，单位在“文化大革命”初期并没有受到波及，邓稼先和其他科学家们可以安心搞科研。1971年，造反派侵袭九院，这些功臣们也受到冲击，邓稼先等人被集中到青海基地遭受批斗，有的造反派要求科学家们把核武器研究关键数据“交代”出来。虽然处境很危险，但邓稼先等科学家坚决不把重要科研成果披露一丝一毫。后来周恩来总理的批示解救了邓稼先等一批科学家，他们才重新投入到科研工作中。

1979年，邓稼先任核工业部第九研究院院长，在一次试验中，他的身体受到辐射影响，但他仍坚持工作，指挥核武器试验。1985年，他因此前的核辐射病倒住院，被确诊为直肠癌。1986年因病逝世，终年62岁。

三、丹心耀国

邓稼先一生功勋卓著，获奖无数。为了中国国防科研事业的发展，他始终站在中国原子武器设计、制造和研究的第一线。他长期担任核试验的领导工作，对工作极端负责。他深知时间紧、任务重，因此无论严寒酷暑都坚持亲临试验场，即使在核武器插雷管、铀球加工等最关键、最危险的时候，他也总是和操作人员一起出现在第一线。

在戈壁荒漠的实验场，工作环境异常恶劣。这期间，中国经历了三年自然灾害，粮食短缺，邓稼先和同事们一边饿着肚子，一边承担着高强度的科研工作。他带领大家克服了常人难以想象的困难，凭着一腔热血和爱国的豪情壮志，创造了奇迹。他以敏锐的眼光将中国的核武器发展快步推进了十年，赶在世界全面禁止核试验之前，达到了实验室模拟水平。他用自己的智慧带领中国，跨过原子弹、氢弹、中子弹、核禁试这四个里程碑，为中国核武器的研制作出了卓越的贡献。

为了神圣的事业，他必须严守秘密。回顾他的一生，和妻儿团聚的日子才不过 6 年的时间。整整 28 年，他过上了隐姓埋名的日子，不再发表学术论文，不再公开作报告，不能出国，甚至不能告诉家人自己的去向。他一直在最危险的岗位上甘当无名英雄，没有人知道他去了哪里，在做什么。即使氢弹试验成功，家人都不知道他是最大的功臣。在“文化大革命”中被批斗时，他也无法诉说自己为国家作出的贡献来为自己辩解，直到他死后，他才慢慢为大家所熟知。国务院原副总理、国防部原部长张爱萍给邓稼先的挽联中写道“君视名利如粪土，许身国威壮河山。哀君早辞世，功勋泽人间”，这正是他一生的真实写照。

资料来源

1. 陈光．大音希声邓稼先[J]．人民公仆，2015(7)．
2. 黄小坚．邓稼先埋名戈壁 28 年[J]．科学大观园，2019(9)．
3. 顾迈男．突破“禁区”采访邓稼先[J]．中国记者，2019(10)．
4. 唐蕊．邓稼先家风：为国奉献简朴生活[J]．中国纪检监察，2016(15)．

教学建议

本案例可作为《思想道德与法治》(2021 年版)“第一章　领悟人生真谛　把握人生方向”的“第三节　在实现中国梦的实践中放飞青春梦想”的教学素材。

钱三强：中国原子弹之父

钱三强(1913—1992)，出生于浙江绍兴，籍贯浙江湖州。1932 年北京大学预科毕业；1936 年清华大学毕业；1940 年获法国国家科学博士学位；1955 年被选聘为中国科学院学部委员(院士)。1992 年 6 月 28 日在北京逝世，享年 79 岁。

钱三强是中国原子能科学事业的创始人，中国“两弹一星”元勋，早年从事原子核物理研究工作，在核物理研究中获得多项重要成果。此外，他在组织推动中国科学院和国家的科学研究及国际合作等方面作出了重要贡献。同时，他还参与筹建中国科学院，主持中国科学院计划局，担任访苏代表团团长，是中国科学院早期发展的核心骨干之一，在新中国科学体制的起源中发挥了重要的作用。

一、“男儿之志，不能只顾近忧”

1947 年初，在法国居里实验室从事科研工作的钱三强，迎来了他科学事业的第一个巅峰。他领导的实验小组发表论文，公布了他们的研究成果：发现原子核裂变的新方式——三分裂、四分裂现象的存在，以及对铀核三分裂原理的解释。《论铀核三分裂的机制》一文，引起了世界核物理学界的高度关注。

就在居里实验室和法兰西学院的同事们都以为来自中国的“钱”一定会继续在法国干下去时，钱三强心里却有另一番考量：“我和泽慧(何泽慧，物理学家、钱三强妻子)都很清楚，继续留在巴黎，对自己的科学工作当然是十分有利的；回到贫穷落后、战火纷飞的中国，恐怕很难在科学实验上有所作为。不过我们清楚的是：虽然科学没有国界，但科学家都是有祖国的。正因为祖国贫穷落后，才更需要科学工作者努力去改变她的面貌。我们当年背井离乡、远涉重洋，目的就是为了学到先进的科学技术回去报效祖国。我们怎能改变自己的初衷呢？”

钱三强出国前的画面还历历在目。那是 1937 年，卢沟桥事变爆发，钱父由于忧愤国事，高血压骤然加重，吉凶难卜。这让赴法留学在即的钱三强开始踌躇还要不要去，该不该去。

“这次出国，是极难得的机会。你学的东西，将来对国家是有用的，报效祖国，造福社会，路程还远得很哩！男儿之志，不能只顾近忧啊！”父亲强忍痛苦和离愁的劝导，言犹在耳。

二、建设中国核事业

回国后，钱三强应邀到清华大学物理系任教，并兼任北平研究院原子学研究所所长，满心期待地打算组建北平联合原子核物理研究中心，这是他回国前一早就在书信中商议好的计划。然而，由于北平研究院和清华大学等院校各自为政，再加上美国的干涉，组建计划无疾而终。

在这之后，面对战乱造成的纷杂局面，钱三强只能一边教书，一边等待机会。1949 年，是中国历史上一个极不平凡的年头，北平解放，他兴奋地骑着自行车赶到长安街汇入欢庆的人群。

1949 年 7 月的“科筹会”上，钱三强成了活跃分子，主张以苏联、法国科学院为雏形，设立中国自己的“国家科学院”。几番波折下，同年 11 月中国科学院成立。钱三强参与起草了《建立人民科学院草案》，后来他还率团前往苏联考察科学，将法国和苏联的烙印深深地打在了中国科学院的体制和发展模式上。竺可桢评价道：“钱实为科学院最初组织时之灵魂也。”

建院伊始，钱三强和竺可桢进行了两项最紧迫的打基础工作：一是接收中央研究院、北平研究院等旧有研究机构，并提出调整组建方案；二是调查全国范围内自然科学研究机构和现有专家情况，了解其所长，以便发挥作用。这是一项摸清“家底”的紧迫任务，对国家和人才至关重要。关于钱三强参与的这项工作，时任中宣部副部长的龚育之评价说：“中国科学院工作的‘制礼作乐’，三强同志与有力焉。”

但让一位科学家，特别是已取得成就的科学家，放弃研究事业“转行”科学组织管理，这显然是难以接受的。钱三强曾有一阵子很迷茫，他请求调职，还特地举荐了合适的接任者，但被竺可桢以“感情上理解，实际暂不允许”的答复，一一拒绝。

当年的 12 月 3 日，调职失败的钱三强给远在法国的老师写了一封信，信中提到他对从事科学组织和青年管理工作的顾虑以及对自己能否回归科学研究事业的担心。他还写道，自己在做一件为了人民能获得最终胜利的大事，“所有的进步人士都被吸收到国家各个组织的重建工作中，全国有很多爱国同胞为此做出了牺牲，如果我能够用我一生的某个时段来参加国家的重建工作，我这也是‘为了胜利而牺牲’”。

在个人胜利与集体胜利之间，钱三强坚定地选择了后者。

三、让蘑菇云腾空而起

1955 年 1 月，中共中央做出发展原子能的决定，周恩来总理在中南海的西花厅约见钱三强，历数了过去一年里国际上的各类争端，最后绕到一件事情上：核威胁正在逼近中国。“现在到了考虑发展原子能的时候了。这件事迟早要做。”

同年 4 月，钱三强同刘杰、赵忠尧等人组成的中国政府代表团赴莫斯科同苏联方面商谈并签订了和平利用原子能协定。在苏联的帮助下，我国建成了反应堆和加速器。然而到了研制原子弹的关键时刻，1959 年 6 月苏联政府却单方面撕毁协议，撤走专家，使中国的原子能事业陷入困境。

233 名苏联专家全部撤离，一时间阴云满天，讽刺的人毫不遮掩，他们认为中国再有 20 年也搞不出原子弹。

钱三强尝到了来自各方的恶意，他更清楚这一刻对于中国原子核科学事业意味着什么——是破釜沉舟，更是背水一战。“前面有道道难关，而只要一道攻克不下，千军万马就会搁浅。但是，历史的进步是客观存在的。中国已经改朝换代了。尊严和骨气，再也不是埋在地层深处的矿物。”

在通向中国原子核事业的这条道路上，一道坎拦着就迈过去，一片河挡着就越过去。1959 年至 1965 年，原子能研究所输送和培训了 4781 名科学技术人员。在钱三强的推荐下，许多科学家走上研制原子弹的关键岗位，邓稼先、朱光亚、程开甲、于敏、胡仁宇、周光召……由于时局和社会关系复杂，让合适的人去往合适的位置，并非易事。当时，周光召很难实现工作调动，但最后经钱三强的大力推荐，他被调到了核武器研究所，成为原子弹理论突破的重大贡献者。钱三强不止一次说过：“要顾全大局……舍得把最好、最顶用的人用到最需要、最关键的地方去，不分是你的还是我的。”

举国之栋梁，合力攻坚。1964 年 10 月 16 日，中国西部上空升腾起第一朵蘑菇云。但那时候有些外国人还不以为然，认为那只不过是一个低水平的玩意儿，他们收集大气漂浮物，想要用分析结果“打脸”中国，却得到了惊人的数据：中国的原子弹成功了，震惊世界的成功。时隔 2 年零 8 个月后，中国的第一颗氢弹也研制成功，中国成为世界上从原子弹到氢弹发展最快的国家。

后来有记者写了一篇关于钱三强的文章，阐述他对中国原子能事业的伟大贡献。钱三强托人郑重地告诉那位记者："有些对我过奖了，'过'则不'实'。"

他更愿意以"卵石""沙粒"自居："我作为一个老科技工作者，为能把自己化作卵石、化作沙粒，铺垫在千军万马去夺取胜利的征途上，而感到高兴、欣慰!"

资料来源

1. 葛能全．魂牵心系原子梦：钱三强传[M]．北京：中国科学技术出版社，2013.

2. 周继武，杨新之．请历史记住他们——中国科学家与"两弹一星"[M]．广州：暨南大学出版社，1999.

教学建议

本案例可作为《思想道德与法治》(2021 年版)"第二章　追求远大理想　坚定崇高信念"的"第二节　坚定信仰信念信心"、"第四章　明确价值要求　践行价值准则"的"第一节　全体人民共同的价值追求"教学素材。

钱伟长：中国近代力学之父

钱伟长(1912—2010)，江苏无锡人，著名力学家、应用数学家和教育家。中国近代力学与应用数学的奠基人之一。新中国成立后，他历任中国科学院院士，中国人民政治协商会议第六届、七届、八届和九届全国委员会副主席，民盟中央副主席、名誉主席等诸多职务。2010 年 7 月 30 日，因病逝于上海，享年 98 岁。

一、从“偏科生”到“万能科学家”

1912 年 10 月 9 日，钱伟长出生于江苏省无锡县鸿声里七房桥村的一个诗书之家。他的祖父和父亲都是乡村教师，四叔则是国学大师钱穆。也正是后者以“建安七子”中徐干的字为侄儿取名“伟长”，寄托了长辈们对于这个孩子的无限期望。1931 年 6 月，钱伟长一口气参加了清华大学、交通大学、中央大学、武汉大学和浙江大学的入学考试，并被这 5 所名校同时录取。他听从四叔钱穆的建议，最终选择清华。

彼时，钱伟长是个不折不扣的偏科生，这位未来闻名世界的力学家竟是凭借历史和国文的两个满分才得以走进清华。在那场考试中，他的数学、物理、化学和英文总共才考了 25 分。而他人生的转折点正是他进入历史系的第二天——1931 年 9 月 18 日，“九一八事变”爆发了。

为了改变中国积贫积弱、任人宰割的现状，钱伟长毅然决定弃文从理，立志要造出能抗衡日本的飞机、大炮。

1939 年，钱伟长考取了庚子赔款的留英公费生，但因二战爆发，遂辗转于次年进入加拿大多伦多大学就读，主攻弹性力学。1942 年，钱伟长获得博士学位。在导师的推荐下，他来到美国加州理工学院喷射推进研究所担任研究工程师，与钱学森一起从事航空航天领域的研究工作，并与后者的导师冯 · 卡门于 1946 年合作发表了国际弹性力学理论的经典之作《变扭率的扭转》。

1946年5月，钱伟长以探亲为由回到祖国，任清华大学机械工程系教授。10年后，钱伟长和钱学森合作创办了中国科学院力学研究所和自动化研究所，并出任清华大学副校长。次年，他因反对清华大学照搬苏联模式失去上课的机会，只能埋头科研。由于他不论什么领域都去研究，研究之后都能有所收获，因此被人嘲讽为“万能科学家”。然而他不以为意，仍旧把国家的需要放在首位。

1983年，71岁的钱伟长被任命为上海工业大学校长。1994年，该校同原上海大学、原上海科学技术大学和原上海科技高等专科学校合并，组成新的上海大学。他以82岁的高龄接任新校校长。他曾说：“国家需要我工作到什么时候，我就工作到什么时候。”而他也的确遵守了这个诺言，为中国的科教事业殚精竭虑、呕心沥血，直至生命的最后一刻。

二、从“弃文学理”到“文理相通”

钱伟长的人生历程是“弃文从理”的传奇，但他的教育经历却处处实践着“文理相通”。作为一位科学家，他的科研成果直观地体现在那些以他名字命名的方程上；而作为一位教育家，他同样有一个著名的“拆墙”理论。这一理论是他担任上海工业大学校长时提出的四道墙——学校和社会之间的墙，校内各部门、各学科之间的墙，教育与科研之间的墙，教与学之间的墙。

对于教学环节，他还提出经过研究生培养的年轻老师首先该开专题课，开与他研究领域相关的课程；成为副教授以后可以开专业课；资深的老教授因为知识面的拓宽，工作及授课经验的丰富，所以更应开基础课。

在具体的教学实践上，最令人瞩目的恐怕是他在上海大学推行的以学分制、选课制和短学期制为核心的教学管理模式。长期以来，我国实行的学时制、学年制、班级授课制是计划经济体制的产物，其诸多弊端随改革开放的深入也逐步显现出来。1984年，钱伟长赴美访问麻省理工学院，归国后开始在原上海工业大学倡导学分制，并于1993年5月正式实行，拉开了建立新“三制”的序幕。

在科学家、政协副主席、大学校长、教授等诸多称呼中，钱伟长最喜欢的是校长。他甚至拿着比例尺，亲自为上海大学新校区的规划绘就草图。他将各个学院的教学楼打通，方便学生在课间更换教室。他坚持建造畔溪湖，给予了埋头苦读的学子们一块精神栖息地。哪怕是修建厕所这样微小的细节，都体现了这位老校长对学生的体贴与关怀——他从科学角度考虑，坚持女厕所的面积要大于男厕所，而事实也的确证明了他的这一远见所具备的合理性。

自任校长起，每年 7 月，钱伟长都冒着酷暑奔走于上海大学的 3 个校区之间，参加本科生和研究生的毕业典礼。在每一个校区，他都会花上 2 个小时来与每一个班级合拍毕业照。他说："这是校长的职责，校长就应该亲自把自己的学生送走，送到国家的各个岗位上去！"

三、"国家的需要就是我的专业"

"培养的学生首先应该是一个全面的人，是一个爱国者，一个辩证唯物主义者，一个有文化艺术修养、道德品质高尚、心灵美好的人；其次，才是一个拥有学科、专业知识的人，一个未来的工程师、专门家。"这是钱伟长的育人理念，是他的人才观，亦是他的人生观。

如今，人们在提起"钱伟长"这个名字时不会忘记，成为享誉世界的科学家之前，他首先是一个爱国者。19 岁，他弃文从理，走上"科学救国之路"。34 岁，他放弃国外如日中天的事业，回到祖国，在清华做了一名普通教授。为了维持生计，他去北京大学和燕京大学的工学院兼课。然而，即使他整日往返奔波，却仍旧入不敷出。1948 年，尽管在国内的生活已经艰难到不得不向友人借贷的程度，但他还是放弃回到美国加州理工学院喷射推进研究所复职。因为在申办签证的时候，申请表的最后一栏是"若中美交战，你是否忠于美国？"这位饱含爱国热情的科学家毫不犹豫地填了"NO"。

新中国成立后，钱伟长更是多次表示："我没有专业，国家的需要就是我的专业。"仅在"文革"期间，他就曾解决过许多不同专业的技术问题。自 1988 年起，已是耄耋之年的他先后出任中国和平统一促进会会长和中国海外交流协会会长，为香港、澳门的回归以及祖国的和平统一四处奔走。

《钱氏家训》有言："利在一身勿谋也，利在天下必谋之"，钱伟长用一生实践了这句话，他也因此在科学、教育和政治的诸多领域中取得了常人无法企及的成就。2010 年 8 月 7 日，他的遗体告别仪式在上海龙华殡仪馆举行，灵堂门口悬挂了一副对联"伟业崇教化为国为民先忧后乐高风亮节永垂范，长风焕文章立德立功自强不息嘉言懿行益后人"。对联以"伟长"二字做引，概括了这个名字所代表的光辉的一生。

资料来源

傅晟．钱伟长：中国近代“力学之父”[J]．教育与职业，2010(25)．

教学建议

本案例可作为《思想道德与法治》(2021 年版)“第一章　领悟人生真谛　把握人生方向”的“第三节　创造意义的人生”、“第二章　追求远大理想　坚定崇高信念”的“第三节　在实现中国梦的实践中放飞青春梦想”、“第三章　继承优良传统　弘扬中国精神”的“第二节　做新时代的忠诚爱国者”、“第五章　遵守道德规范　锤炼道德品格”的“第一节　社会主义道德的核心与原则”的教学素材。

陆婉珍：奉献于化工事业的巾帼英豪

陆婉珍(1924—2015)，出生于天津，原籍上海。分析化学家，中国科学院院士。1946年毕业于重庆中央大学化工系，1949年获得美国伊利诺伊大学硕士学位，1951年又获得了美国俄亥俄州立大学博士学位，1952至1953年在美国西北大学从事博士后工作。1956年，回国报效祖国，在石油工业部炼制研究所(即现在的中国石化石油化工科学研究院)工作。

陆婉珍建立了从天然气到渣油的整套分析方法，为科研生产提供了大量数据，并多次参与解决了生产中出现的问题。她主持评价了中国原油资源，并组织汇编了《中国原油的评价》，为原油合理加工提供了科学依据。她为解决石油及复杂气体分析中存在的困难，尤其是在气相色谱和液相色谱的开发方法上，首先成功开发出弹性石英毛细管色谱柱，为这项技术立足国内作出了重要贡献。

一、以解决实际问题为指导思想

陆婉珍表示，解决具体问题是她工作中最大的快乐。作为一名科技工作者，她的使命就是“要解决实际问题”。

1962年，陆婉珍对当时喷气燃料生产烧蚀问题的机理进行了研究，为后来在高温下掌握烃类对镍、铁金属的腐蚀机理及预防措施奠定了基础。1974年，为了解决石油分析中经常遇到的微量硫、氮及卤素的分析，她提出了微库仑法及仪器的研制，并在各地进行推广，该成果后来对天然气的加工、重整工艺及催化裂化等工艺原料的及时监控都起到了指导作用。

60年代，陆婉珍开始进行核磁共振在石油及其他助剂的分析研究工作，她曾多次为炼油过程及产品质量控制问题提出解决方案，如第一代钝化剂的研制及水处理剂的研制，都是在她的领导下根据核磁共振分析结果逐渐开展并完成的。中国水资源缺乏，炼厂冷却水用量极大，水处理技术一直为石化工业所重视。陆婉珍对水处理技术做了很多改进，她针对各地不同的水质进行处理，大大减少了用水量。1991年，陆婉珍曾应用色谱法及质谱法，对中国长期存在的润滑油抗腐蚀性不佳的问题进行了组成分析，断定缺少某些硫化物是造成上述性能缺陷的主要原因，并首次阐明了原油组成与特性间的关系。

陆婉珍长期领导中国原油的评价工作，于1986年完成了《中国原油的评价》汇编共8册，之后又不断补充新油田的新数据以及国外原油的数据。后来石油化工科学研究院在此数据的基础上编制了原油评价数据库。

1994年陆婉珍首先在石化院博士后流动站开展了非晶态镍加氢催化剂的研究，找到了可行的制备方案，并与北京科技大学共同对该催化剂进行了深入的物化表征工作。1995年陆婉珍积极瞄准国际上快速发展的红外光谱技术，组织开展了以CCD为检测器的近红外光谱仪的研制，该仪器属中国最早批量研制成功的近红外光谱仪。

陆婉珍长期从事分析工作，能精准把握各种新型分析仪器的发展、原理及应用，是分析领域难得的通才。她同时又十分注意深入研究与石油化工有密切关系的几种分析技术，如气相色谱、核磁共振、近红外光谱等，使之在中国立足并有所创新。她曾先后培养了30多名研究生，这些研究生所从事的课题大都属于石油分析领域。她希望通过这些研究工作培养他们掌握知识和运用知识的能力。为了使分析工作能做到有的放矢，她要求他们熟悉各个相关的学科，如石油化学、炼油工艺、数据统计、精密仪器等。

二、她是一个领袖

科学家和科学技术人员的区别在哪里？在石油化工科学研究院这个集中了中国石化一流科技人才并拥有一批全国知名学者的科技院所，一提起陆婉珍，有人这样评价，“她是一个领袖。”在中国，运用计算机技术建立实验室信息化管理平台的，该院是第一个。而力主建立这一平台的，是陆婉珍。

20世纪80年代，随着科研和生产技术的不断发展，对分析测试的要求在样品数量、分析周期、分析项目和数据准确性等方面都有了更高的标准。国际上相关实验室已开始朝网络化管理的方向发展。陆婉珍敏锐地意识到了这一问题，积极呼吁，“在信息时代，一个实验室的管理不能停留在手工管理和纸袋储存数据的层次上，这太落后了”。然而，没有人看好。也难怪，80年代，计算机在中国还远未普及。陆婉珍认准了的事，就一定要做好，不管有多大的困难。

跟领导谈，争取支持；组织人员，开始实验。一个集样品管理、资源管理、事务管理、网络管理、数据管理、报表管理等诸多模块为一体的完整的实验室综合管理和产品质量监控体系在她的努力下终于建立了起来。

1995 年，陆婉珍将工作的重心转向了近红外光谱分析的研究，该技术省时、省钱又省人力。国内普遍采用的传统分析法，包括取样、检验、出数据多个步骤，采样一般四个小时一次，检验要几个小时。而在线分析，是将探头插入管线在线监测，快速反应质量，随时都可以出数据。离线比在线，同样的结果要滞后好几个小时，因而普及在线监测是未来的趋势。陆婉珍看准了这一趋势，从外国引进了一台实验室用的近红外光谱仪。在争取到厂家支持后，她们在四个厂家同时开展技术研究与实验，建立了由硬件、软件到实际应用的全套近红外分析技术，并出版了《现代近红外光谱分析技术》一书，为这一技术的进一步发展奠定了基础。“我一定要在有生之年集中精力做好这件事，我很有信心”陆婉珍说。这一技术的广泛应用，是一场分析化学的革命。领导着这场革命的，是陆婉珍。随着年龄的增长，陆婉珍说：“我觉得体力不如从前了，后面的人得赶快跟上来。设备可以买进来，人才是买不来的。”

陆婉珍所领导的分析中心，每年为各方面提供 10 万以上的数据，为化工生产解决无数难题。大家称他们是“石油化工的眼睛”。但他们是辅助行业，很少得到高级别的奖励。对此她常以淡泊豁达的态度处之，“不获奖不代表没有价值”她说，“分工不同，人怕的是没有用”。她常劝一些焦躁的年轻人，“科学成绩是常年的累加，而不是一朝一夕的辉煌”。这大概就是对她为中国石油化工事业不懈努力、奋斗一生而取得的无数成就的最好总结。

资料来源

柴玉田．毕生奉献于祖国石油化学工业的巾帼英豪——记中国科学院院士陆婉珍[J]．化工管理，2014(22)．

教学建议

本案例可作为《思想道德与法治》(2021 年版)“第一章　领悟人生真谛　把握人生方向”的“第一节　人生观是对人生的总看法”、“第二章　追求远大理想　坚定崇高理念”的“第二节　坚定信仰信念信心”、“第四章　明确价值要求　践行价值准则”的“第三节　积极践行社会主义核心价值观”的教学素材。

王淦昌：永不停顿的开拓者

王淦昌(1907—1998)，中国科学院院士，著名的核物理学家，“两弹一星功勋奖章”获得者，为中国的核武器研制以及核电站建设做出了突出贡献，是一位实验与理论兼长的物理学家。王淦昌是在旧中国成长起来的科学家，他亲身感受到国家衰落、受人欺凌的屈辱，因而他一生都充满家国情怀，始终把国家利益放在首位。也正因为如此，他在抗战时期把自己所有的积蓄捐献给国民政府；几十年后，他又隐姓埋名投身核武器的研制。王淦昌成就斐然，富有正义感和社会责任感，他的同事、学生、好友，无不对其交口赞誉。

一、求学之路

1925 年，王淦昌考入清华大学，成为清华大学新学制第一届大学生。刚入清华一年级的王淦昌进入化学系，就被化学实验深深地吸引，甚至到了废寝忘食的地步。升入二年级，由于受到物理系主任叶企孙的影响，他由化学系转入物理系学习，并把物理作为一生的职业。

1930 年夏，在叶企孙、吴有训的鼓励下，王淦昌考取了江苏省官费留学研究生，赴德国柏林大学威廉皇家化学研究所学习。1930—1934 年，王淦昌在德留学期间，与世界级科学家进行了零距离接触，他曾听了玻恩、薛定谔、德拜等科学家的课程和讲座，开阔了眼界，学习到了物理学新思想、新方法，了解到了物理学最前沿的知识。

1933 年底，王淦昌顺利地通过了博士答辩，于次年春天获得柏林大学博士学位。

1934 年 1 月，王淦昌学成回国。回国前，他到英国、法国、荷兰、意大利旅游访问，并见到了卢瑟福、查德威克、艾利斯等著名科学家。4 月，王淦昌回到了上海。当时，有人劝说王淦昌留在国外，王淦昌回答说：“现在我的祖国正在遭受灾难，我要回国去，为她服务。”这是他真实的心声。为了国家的富强，他一生都在为此奋斗。

二、科教并举

1934年，经叶企孙推荐，从德国归来的王淦昌进入山东大学物理系任教授，彼时他年仅27岁，是山东大学最年轻的教授。由于王淦昌对物理学前沿理论非常熟悉，学生都很爱听他的课。1936年，出于对山东大学校长开除抗日游行学生行为的不满，王淦昌应浙江大学竺可桢校长的邀请赴浙大物理系任教。他在浙大一待就是14年，直到新中国成立，进入中国科学院工作。在浙大，王淦昌广博精深的学识，天真、诚恳、助人的性格，受到师生的喜爱。

王淦昌在浙大的经历，可以说是筚路蓝缕、百折不挠。从1937至1941年的五年里，由于抗日战争的缘故，浙大六次迁移，历经江西、湖南、广西，最终落脚贵州湄潭。在艰苦的环境中，浙大物理系依然培养出了许多优秀的物理学家，如程开甲、钱人元、吕敏、胡济民等，诺贝尔物理学奖获得者李政道也是王淦昌的学生。

在繁重的教学任务之余，王淦昌还克服各种困难进行科学研究，并且取得了令人瞩目的成就。由于交通不便，学术期刊时常半年才能寄来一次。每当有新的期刊到达学校，王淦昌总是如饥似渴地全部阅读。由于缺乏必要的实验条件，王淦昌就分析、判断和归纳别人的实验方法、数据和结论，提出自己的主张，他将其称之为“搭桥”。他的“搭桥”工作卓有成效。1930年泡利(W. E. Pauli，1900—1958)提出中微子假设，王淦昌赞成泡利的主张，但由于中微子质量非常小，实验一直没有探测到它的存在。1940年，王淦昌通过期刊了解到克兰和哈尔彭已经通过云室实验，得到了倾向中微子存在的证据。但由于反冲原子的电离效应过小，王淦昌开始思考另一种不同的探测方法。经过反复思索，王淦昌在1941年写了一篇名为《关于探测中微子的一个建议》的文章，他将文章投给美国《物理评论》，1942年1月，文章在该刊发表。1942年6月，《物理评论》就发表了阿伦按照王淦昌的建议所做的实验。1943年，美国《现代物理评论》把王淦昌-阿伦实验列为近几年物理学重大成就之一。

王淦昌早期的科研贡献并不是在条件优裕的实验室内完成的，而是在实验设备缺乏、科学文献不足等极端困难的环境中完成的。从王淦昌身上，可以看到那个时代中国优秀科学家脚踏实地、执志若金的奋斗精神。

三、核武器研制

新中国成立后，王淦昌从浙江大学调到中国科学院工作，先后担任研究员、近代物理所副所长等职务。1956 年 9 月，王淦昌代表中国去莫斯科参加杜布纳联合原子核研究所成立大会。之后，他就留在了联合原子核研究所工作，还担任了该所副所长一职，直到 1960 年回国。在杜布纳联合原子核研究所，他领导研究人员发现了反西格玛负超子，为中国科学家赢得了荣誉。回国前，王淦昌把在苏联的工资悉数捐献给国家。

1961 年，二机部部长刘杰、副部长钱三强找王淦昌谈话，传达了党中央关于研制原子弹的决定，并请王淦昌到二机部九局参加原子弹的研制工作。由于涉及国家核心机密，需要王淦昌隐姓埋名，断绝一切海外关系、停止一切学术交流。王淦昌回忆说：“我有很多话要说，但当时我只说了一句话‘我愿以身许国’。”一切的情感和责任都融进了这短短的六个字里面。从此以后，王淦昌化名“王京”。

原子弹研制对我国科技人员是个新课题，要求他们攻克无数技术难关。一到九院，王淦昌就马上投入到工作中，开始爆轰实验。对于爆轰物理实验研究各方面的工作，王淦昌都极端负责。他不满足于听听汇报，总是深入到工作场所查看询问，并亲自动手操作进行实验测试。最终，通过上千次爆轰试验，他们研制出了能产生合乎要求的波形和冲击波速度的聚焦元件。随着工作的进展，北京的实验室和工地的条件已经满足不了工作的需要，王淦昌又转移到大西北的核武器研制基地 221 厂。这里海拔 3200 米以上，风沙大，高寒缺氧。这些困难并没有吓倒王淦昌，他甚至比以前更忙了。即使遇到缺氧反应，他也接上氧气袋继续坚持工作，从不肯懈怠一丝一毫。

1964 年 10 月 16 日，我国第一颗原子弹爆炸成功，这里面倾注了王淦昌等无数科研人员、技术人员的心血和汗水。为了研制核武器，王淦昌隐姓埋名 17 年，以实际行动践行了“以身许国”的诺言。

献身、创新、求实、协作的精神和理念贯穿于王淦昌一生之中，铸就其一代大师的风范。

资料来源

姚立澄．我愿以身许国——纪念王淦昌先生诞辰 110 周年[J]. 民主与科学，2017(3).

教学建议

本案例可作为《思想道德与法治》(2021 年版)“第一章　领悟人生真谛　把握人生方向”的“第一节　人生观是对人生的总看法”、“第二章　追求远大理想　坚定崇高信念”的“第二节　坚定信仰信念信心”、“第三章　继承优良传统　弘扬中国精神”的“第二节　做新时代的忠诚爱国者”的教学素材。

吴大猷：中国物理学之父

吴大猷(1907—2000)，著名物理学家、教育家，1907年9月29日出生于广东高要，2000年3月4日在台北病逝，享年93岁。

吴大猷1929年毕业于天津南开大学，在母校任教两年后，于1931年赴美国密歇根大学深造，获得硕士、博士学位。1934年秋回国任北京大学物理系教授，主讲理论物理、经典力学和量子力学等课程，并开始在大学中开展科研工作，推动了光谱学的研究。1939年他综合其研究成果，撰写了专著《多原子分子的结构及振动光谱》，作为庆祝北京大学建校40周年的纪念。抗日战争爆发后，他辗转到成都，在四川大学短期任教后前往昆明，1938年夏始任西南联大物理学系教授。在西南联大任教期间，吴先生讲授的近代物理学最为出色。尽管战争年代条件恶劣，他仍然坚持科研工作。吴先生十分关心和培养年轻人，他认真指导青年教师和研究生，培养了一大批物理学人才，华裔科学家中首次诺贝尔物理学奖获得者李政道和杨振宁博士就是其中的杰出代表。

1946年春，吴大猷先生应当时政府的邀请，赴美国考察战后科学发展的情况，并计划筹建科研机构，随行人员有著名物理学家朱光亚院士和李政道博士。1947年至1949年间，吴先生先后担任美国密西根大学客座教授、哥伦比亚大学研究员、纽约大学客座教授。应加拿大国家研究院的邀请，1949年秋吴先生去该院工作，领导理论物理组，每周组织一次有国际著名学者参加的专题讨论，并同日本物理学家合作将他的研究成果写成 The Quantum Theory of Scattering 一书。1963年，吴大猷先生到美国布鲁克林理工学院任教，1965年转任纽约州立大学(布法罗分校)教授、物理学与天文学系主任。在他任职的十几年间，培养了包括不少中国学生在内的一大批人才。因此，该系的同事组织力量，编辑出版了 The Ta-You Wu Festschrift：Science of Matter(吴大猷纪念文集：物质科学)一书作为庆贺吴先生的70寿辰的礼物。1965年后，吴先生常到台湾讲学，1967年起担任台湾“科学指导委员会主任委员”，担负策划及推动科学发展的重任。1975年吴先生将历年来的讲义整理成《理论物理》在台湾和大陆出版。1984 年初，吴先生任中国台湾“中央研究院”院长。

吴大猷先生毕生献身科学研究和教育事业，为中国科学发展做出了重大贡献；吴先生著有学术研究论文百余篇和 10 多部专著，在学术上取得了世界级的成就，是中国近代物理学的一代大宗师，在世界物理学界享有盛誉。吴先生为人正直、诚恳、坦诚、热情、治学严谨，最后念念不忘而尚未完成的工作是缩写一部中国物理发展史。他在重病中仍叮嘱如何安排他赴北京，再到北京大学物理系去搜集资料，流露出他一生敬业执着的精神。

杨振宁、李政道是吴大猷的学生。1957 年冬天，当两人分别从广播得知自己获得诺贝尔奖时，几乎同时给吴大猷写了信，师生之缘可见一斑。学术界常有人由此陈述吴大猷在人才培养方面的功绩，杨振宁、李政道也多次表示，没有吴大猷，他们就没有今天在物理学上的成就和表现。面对这段逾半个世纪的师生情，吴大猷自己却解释说：“近年来，李、杨成就卓然，国人常提及二人为我学生，并以李与我的机遇传为美谈，实则我不过适逢其会，在那时遇上他们而已。譬如两粒钻石，不管放在哪里，终还是钻石。”尽管吴大猷对此十分谦虚，然而 30 多年来，他对台湾科学与教育发展的贡献，对年轻学子的教导与启发，犹如一颗闪闪发光的珍宝，在他那从此一去不复返的年代中，发出了独特的光谱。

吴大猷先生爱祖国，爱民族。在当时台湾和大陆之间往来不多的情况下，他在阔别了 46 年后，于 1992 年 5 月首次回到大陆，应邀参加在北京举行的“中国当代物理学家联谊会”，与中国当代著名物理学家严济慈、周培源、赵忠尧、朱光亚、王淦昌、汪德昭以及华裔物理学家李政道、杨振宁、吴建雄、任之恭等一道受到了党和国家领导人江泽民、杨尚昆、李鹏、宋平的亲切接见。

吴大猷先生十分关心两岸的高能物理交流，尽管当时身体不是很好，他还是坚持参观了中国科学院高能物理研究所的正负电子对撞机。他对中国科学家和工程师成功建造了这项大科学工程从而在国际高能物理研究中占领了一席之地而十分激动，赞叹不已。从那之后，高能所与台湾高能物理界的学术交流明显增加。吴先生还在李政道、杨振宁、陈省身教授等的陪同下，访问了北京大学和南开大学，被北京大学授予名誉教授称号，被南开大学授予名誉博士学位。1992 年 7 月 13 日，他被聘为西南联大北京校友会名誉会长。

吴大猷先生垂暮之年仍以多病之躯回祖国大陆访问。1998 年 11 月，他回到已离别 64 年的家乡探亲、访友、讲学，给家乡人民留下极深刻的印象。吴先生关心国家统一，致力于民族富强，并且为海峡两岸科技学术交流做出了杰出贡献，为两岸同胞所赞誉，表现了一位正直的爱国科学家的赤诚心怀。

李政道博士在陪同吴先生访问北京大学时，十分动情地回顾了吴大猷先生在西南联大工作的一些情况，并即兴赋诗一首：

吴师清高如云如山，北大执学已逾半世。

名誉成就众所敬仰，教授弟子全球皆是。

吴先生逝世后，国家主席江泽民发唁电给吴大猷先生亲属，对吴先生的逝世表示哀悼。吴大猷先生是中国现代科学发展的开路巨子，他的学术思想是中国学术史上的宝贵财富。他的逝世是中国学术界，也是世界科学界的极重大损失。

资料来源

1. 陈和生．深切缅怀吴大猷先生[J]. 现代物理知识，2000(4).
2. 王涛．台湾著名物理学家——吴大猷[J]. 现代台湾研究，2000(2).

教学建议

本案例可作为《思想道德与法治》(2021 年版)“第一章　领悟人生真谛　把握人生方向”的“第三节　创造有意义的人生”、“第二章　追求远大理想　坚定崇高信念”的“第二节　坚定信仰信念信心”、“第三章　继承优良传统　弘扬中国精神”的“第一节　中国精神是兴国强国之魂”的教学素材。

赵九章：地球物理科学泰斗

赵九章(1907—1968)，著名的科学家、教育家，中国近代气象学的奠基人之一、地球物理学的开拓者、空间物理和空间探测的创始人，杰出的科研组织家和卓越的国际活动家。

一、天行健，君子以自强不息

1907 年 10 月 15 日赵九章出生在河南开封一个原籍浙江吴兴的中医家里。在人生坎坷的道路上他发奋读书，从幼年起便以“天行健，君子以自强不息”为座右铭。1930 年考进清华大学物理系。1933 年毕业后留校做了一年助教，1934 年考取清华公费留学。

出国前，他在气象研究所从事气象研究工作，在竺可桢所长的指导下研习气象业务。他利用高空探测资料，只半年时间就写出了《中国东部空气团之分析》。这是他的第一篇论文，也是我国分析东亚气团的第一篇论文。

1935 年 7 月，赵九章到德国柏林大学研习动力气象、高空气象和海洋学等专业。不久后他发表了《信风带主流间的热力学》，该论文是把数学、物理和流体力学的基本原理引用到气象学中的初次尝试，引起了国际气象学界的重视。竺可桢对该论文给予了高度评价。他认为该文是“新中国成立以前理论气象研究方面最重要的收获”。

二、中国大气物理学的开创者

1938 年秋，在取得柏林大学博士学位后，赵九章怀着报效祖国的愿望回到昆明。他在西南联大先后开设了理论气象学、大气物理学、高空气象学等课程，并编写出我国第一部《动力气象学》讲义。讲课时，他以清晰的物理概念、严密的数学推导代替了以往常见的描述性的讲授方法，使听课的学生耳目一新，吸引了许多学物理的学生转到他的课堂里来，从而给我国培养出第一批大气物理学家。

赵九章是我国第一位把物理数学引进气象学中的学者。他用求解数学物理方程的方法讨论摩擦中风随高度变化的规律，对大气长波进行了深入研究。他首先发展了罗斯贝的大气长波理论。1944 年他出任气象研究所代所长后，同他的学生顾震潮合作发表了《蒸发方程及其新解》，指导朱岗昆撰写了《东亚的大烤涡能运动》。竺可桢对他这一研究十分赞赏，在日记中写道：“物理为气象之基本训练，日后进步非从物理着手不行，故赵代所长主持，将来希望自无限量。”

新中国成立之后，为了发展气象事业，赵九章以对新中国的自身感受写信给国外的学生和朋友，动员他们回来参加祖国的建设事业。

1950 年 4 月地球物理研究所正式成立，赵九章担任所长并分管气象部分。为了发展气象台站急需的水银气压计，他带领年轻科技人员亲自动手，反复研究试验，做出样机交给气象局批量生产。为了满足军事和经济建设的需要，他主动同涂长望先生商定组织联合天气预报中心和联合资料中心，并毫无保留地从所内选送一批优秀的研究人员参加这两个中心的领导和实际工作。后来，这两个中心在建立天气预报业务尤其是灾害性天气预报业务中发挥了重要作用，还在建立城市单站资料、制定区域规划方面做出了很大贡献。

赵九章十分注意国际学术动向。50 年代初，西方一些先进国家利用电子计算机进行数值天气预报。那时，我国虽无电子计算机，但他还是支持顾震潮采用解微分方程图解的方法研究数值预报。50 年代中期，他做出了第一个能预报 24 小时和 48 小时寒潮路径的实例，从而为后来开展数值天气预报奠定了基础。

三、上穷碧落下黄泉

赵九章不断突破原有的专业领域，开辟了“大地球物理科学”。他曾用“上穷碧落下黄泉”形象地概括地球物理科学研究领域。新中国成立后，地球物理研究所已有气象、地震、地磁、物探 4 个部分，人数虽不多，但已组成我国地球物理的生长点。

50 年代中期，他主持制定了固体地球物理 12 年发展规划。他认为地球物理要走物理化、工程化、新技术化的道路。

他并不是一个只注重理论而不顾实际的科学家。他对科学为国民经济和国防建设服务给予了极大关注，并坚持身体力行。例如组织建设场地的地震烈度鉴定，加强农业气象工作、小气候的实地观测研究，开展海浪的波谱研究，开展核爆炸侦察等，都花费了他大量心血。

地球物理所原来只是一个几十人的小所，经过他20年的苦心经营，到1960年，已扩展为包括大气物理、固体地球物理、空间物理和空间探测等专业的综合性千人大所。

四、现代的伯乐和仲尼

古代的伯乐以识千里马而扬名四海，仲尼以弟子三千，培育出七十二贤人而名垂千古。赵九章却兼而有之。

他不仅为我国科学事业的开拓和发展做出了卓越贡献，而且在一生中不遗余力地发现和培育了一代又一代优秀的科学人才。早在30年代末40年代初，在清华、联大和气象研究所时期就培养出以叶笃正、顾震潮为代表的第一代杰出的大气物理学家；40年代末50年代初，在开辟海浪研究中培育了以孙超为代表的科学尖子；50年代中期，发现和造就了以周秀骥、巢纪平为代表的科学精英；50年代末60年代初，在磁暴理论研究集体内培养出以徐荣栏为代表的才华出众的空间物理学者；60年代中期，在中国科技大学地球物理系发现和培育了像胡友秋那样的难得人才。

他选用和培养人才是不拘一格的，在他的倡导下，当时地球物理所有相当数量的无大学本科学历的年轻人，经过培养和实际锻炼成为科技界的骨干。他不拘一格选用人才还表现在，不但重视学生的成绩，还更重视其科学实践的才能。他鼓励发表不同意见，尤其赞赏能在学术见解上驳倒他的年轻人。他十分关心、爱护他的学生和下属，特别是对有才华的人，他会更加给予特殊培养和照顾。

他培育的学生已一代代成长、成才。他们正在为赵九章先生开拓的事业而继续奋斗。

正是因为有赵九章等老一辈科学家的坚持和努力，才有今天的卫星事业的巨大成功。共和国的历史不会忘记他在开创、推进、领导、规划我国卫星研究中的卓越功绩。中国的卫星事业不会忘记他的杰出奉献。赵九章将永远成为我国卫星事业的一座丰碑。

资料来源

1. 陈洪鹗．中国当代地球物理学的开拓者——赵九章[J]．国际地震动态，1992(1)．

2. 刘银华．赵九章和中国的卫星事业[J]．黑龙江史志，2009(12)．

教学建议

本案例可作为《思想道德与法治》(2021 年版)“第一章　领悟人生真谛　把握人生方向”的“第一节　正确的人生观”、“第二章　追求远大理想　坚定崇高信念”的“第二节　坚定信仰信念信心”和“第三章　继承优良传统　弘扬中国精神”的“第三节　让改革创新成为青春远航的动力”、“第五章　遵守道德规范锤炼道德品格”的“第三节　投身崇德向善的道德实践”的教学素材。

陆熙炎：业精于勤的探索者

陆熙炎，男，1928年8月29日出生于江苏省苏州市。1951年8月毕业于浙江大学化学系。1951年8月至1985年，任中国科学院上海有机化学研究所研究实习员、助理研究员、副研究员。1985年起，任中国科学院上海有机化学研究所研究员。1991年当选为中国科学院学部委员(院士)。1991年至1995年，任《化学学报》副主编、主编。1997年任《Tetrahedron》顾问编委。

50年代初，陆熙炎从浙江大学毕业后进入有机所，在汪猷教授的领导下，从事抗生素和糖类等天然产物的合成研究。在国内，是他首次从低浓度的发酵液中分离出盐酸链霉素氯化钙复盐结晶，为中国的抗生素工业作出了贡献；同时，他还是中国较早从事碳水化合物研究的工作者之一。在50年代末60年代初，他根据国家研制原子弹的需要，从研究氨基酸化学转到研制萃取剂，与其他科技人员一起成功合成了萃取剂P-204，并将其投入生产，用于从磷矿中提取铀及稀土元素，填补了国家空白，也为我国原子弹的试制成功作出积极贡献。同时，他对酸性磷酸酯萃取剂P-507的合成方法、分析方法做出了系统研究，萃取剂研究成果于1982年获国家自然科学二等奖。他参与研制了军用光学仪器防霉剂，其成果于1983年获国家发明二等奖。

50年代至70年代，他经历了多次科研岗位的调动，开展过不同类型课题的研究，积累了宝贵的实践经验；又由于他勤学习、严要求，始终重视有机化学文献资料的查阅，跟踪和熟悉有机化学学科发展趋势，获得了丰富的有机化学学科知识，成为优秀的学科带头人。从70年代开始，国际上崛起了一门新兴交叉学科——旨在有机合成的金属有机化学(OMCOS)。陆熙炎敏锐地观察到这将是一个大有发展前途的学科，遂毅然转入这一领域。

从80年代开始，陆熙炎开始从事金属有机化学研究。他凭借扎实的有机化学理论功底和精通英语、日语的优势，瞄准金属有机化学学科前沿和热点课题，精心设计和巧妙指导课题组成员从金属有机化合物的基元反应入手发展新的有机合成反应，发现了许多有学术意义和应用前景的反应。因此，1991 年他被选为中国科学院院士，其科研成果“过渡金属催化的有机合成方法学”于 1992 年获中国科学院自然科学一等奖。

出成果的同时出人才是陆熙炎院士科研跟踪的特色。他通过严格指导研究生做学位论文的研究发现新的反应，促使研究生成才。他的工作室就设在研究生实验室旁边，他经常找研究生谈话，了解工作情况，一起讨论每一步反应。他对实验室进展的每一环节、关键数据都严格审核。他曾因为一个化合物旋光数据与文献报道有出入而要研究生进行反复验证，研究结果未曾多方考证决不轻易下结论。他不仅严厉批评实验室工作马虎者，也鼓励年轻人要善于抓住苗头，大胆提出分子设计模式、进行实验探索以发现新反应。他要研究生每月以月报形式汇报工作进展，用表格登记新发现的化合物。在陆熙炎的倡导下，课题组长期坚持每周一次的学术讨论会制度。为了不影响研究生的实验工作，讨论会经常放在休息日进行，他放弃休息赶到所里参与指导讨论。陆熙炎培养的 12 名博士、12 名硕士，其学位论文均得到较高的评价，其中有三位博士分别于 1990 年、1995 年、1996 年获得中科院院长奖学金特别奖；他的学生马大为博士、麻生明博士已成为了新一代学科带头人。作为研究生导师的陆熙炎还于 1990 年和 1996 年两次被评为中科院优秀研究生导师。

陆熙炎院士长期从事金属有机化学的基础研究，组织和领导了国家自然科学基金委的重大项目“金属有机化学的反应化学”的研究工作。他开展的国家自然科学基金重大项目子课题“以炔烃衍生物为原料的合成方法学研究”，于 1997 年获中国科学院自然科学一等奖。围绕这项工作，陆熙炎在国外著名学术刊物上共发表研究论文 66 篇，并曾 6 次在国际学术会议做大会报告和邀请报告。他的论文被国内外科学家大量引用。其中贫电子炔烃的氢卤化反应因其具有原料易得、反应条件温和和立体选择性好等优点，已被国际著名工具书“Organic Synthesis (有机合成)”作为标准方法所采用。中科院科技成果评审专家组评价称“本项目研究成果已达到国际领先水平，发展了有机合成方法学，丰富了金属有机化学的范畴，推动了学科的发展”。

陆熙炎不仅自己服从国家需要开展科研工作，还经常教导年轻人这样去做。他多次在座谈会上用自己的经历和感受对青年进行爱国主义教育。身为上海有机化学所学术委员会和学位委员会委员，他不仅关心有机所的发展，还关心研究生的培养。此外，陆熙炎还带领课题组为在国际学术前沿争得一席之地而努力拼搏。他的这种爱国、敬业精神是令人钦佩的。

资料来源

壮心不已攻关不止——记“以烯烃或炔烃衍生物为原料的合成方法学研究”项目完成人陆熙炎院士[J]. 中国科技奖励，2000(4).

教学建议

本案例可作为《思想道德与法治》(2021 年版)“第一章　领悟人生真谛　把握人生方向”的“第二节　正确的人生观”、“第二章　追求远大理想　坚定崇高信念”的“第三节　坚定信仰信念信心”、“第三章　继承优良传统　弘扬中国精神”的“第二节　做新时代的忠诚爱国者”、“第四章　明确价值要求　践行价值标准”的“第一节　全体人民共同的价值追求”的教学素材。

王崇伦：永远创新的劳模

王崇伦（1927—2002），出生于辽宁省辽阳县沙河区（1945年后划归鞍山管辖）北头街村。全国著名劳动模范。曾任鞍钢工会主席，中华全国总工会副主席，哈尔滨市委副书记。

王崇伦出身贫苦，东北解放前在昭和制钢所当徒工。东北解放后，进入鞍钢参加工作，1952年加入中国共产党。历任车间副主任、鞍钢双革办公室副主任、鞍钢工会筹备组主任等职。王崇伦是一五计划时期出现的革新能手，被誉为“走在时间前面的人”。

一、走在时间前面

1949年8月，王崇伦经亲属介绍进入鞍钢轧辊厂，重操旧业当刨工，成为新中国鞍钢职工队伍中为数不多的年轻高级技工之一。时年22岁的王崇伦，亲身经历了从旧社会奴隶到新社会主人的天翻地覆的巨大变化，怀着强烈的报恩思想，他忘我劳动、积极向上。3个月后，王崇伦加入了共青团，光荣地成为鞍钢解放后第一批入团的青年职工。

1951年6月，由于工作的需要，王崇伦调至鞍钢机修总厂四机修厂工具车间。机修总厂设备齐全，王崇伦走进了一个施展自己才华的广阔天地。

1952年，王崇伦所在的工具车间承担为中国人民志愿军加工飞机副油箱拉杆的特殊任务。王崇伦设计并制造出利用刨床加工拉杆的特殊卡具，比开始用铣床加工提高工效24倍。这年金秋，王崇伦光荣地加入了中国共产党。在随后的一年中，他相继革新成功7种工具、卡具，成了全厂有名的技术革新闯将。

1953年，我国开始实施第一个五年计划，鞍钢的生产建设突飞猛进。就在这时，鞍钢矿山生产一线告急：大批凿岩机因缺少备件卡动器而被迫停止作业。试制卡动器的特殊任务最终落在王崇伦所在的工具车间。试制刚刚开始，就遇到了“拦路虎”。第一道工序的车床加工只需45分钟就能加工一个工件，而第二道工序插床加工一个却要两个半小时。全车间只有一台插床，厂长、车间主任都在为插床的低效急得团团转。王崇伦便默默地搞起了攻关。

半个月后，双颊凹陷的王崇伦把特殊工具胎的图纸展现在车间领导面前。

在车间领导的大力支持下，几天之后，一个长达 500 毫米，直径 200 毫米的工具胎安置在王崇伦的刨床上。试车这天，数百人前来观看。当第一批工件加工完毕之时，计时人宣布：加工一个卡动器耗时仅 45 分钟。更让在场人震惊的是，以往加工凿岩机的 40 多个零件，每加工一种零件都得制作一套专用的卡具，而这一工具胎竟能全部取而代之。经过集思广益，王崇伦创造的这一独特工具胎被命名为“万能工具胎”。

之后王崇伦继续攻关夺隘，加工卡动器的纪录连连取得新突破，由 45 分钟最后提高到 19 分钟，相当于最初效率的 6 至 7 倍。凭着万能工具胎，他在同时间赛跑中不断创出奇迹。1953 年，他完成了 4 年又 17 天的工作量，被评为鞍山市工业特等劳动模范，被誉为“走在时间前面的人”。这年，他只有 26 岁。

二、技术革新的旗手

1954 年初，全国工业战线相继涌现出的一批有影响力的技术革新能手，应中华全国总工会的邀请，聚会首都北京，座谈讨论如何为实现第一个五年计划做出更新贡献，王崇伦提出了联名向中华全国总工会建议在全国开展技术革新运动的想法。不久，由王崇伦执笔的 7 人联名建议信送到了全国总工会主席的手中。

中华全国总工会对这封具有特殊价值的建议信进行了专题研究，并于同年 4 月下发了《关于在全国范围内开展技术革新运动的决定》。此后，一个群众性的技术革新运动在长城内外大江南北蓬勃兴起。当年 9 月，王崇伦光荣当选第一届全国人民代表大会代表。

1956 年，王崇伦被授予全国先进生产者。1959 年初，王崇伦找到老英雄孟泰提出组织全鞍钢能工巧匠开展大规模技术协作活动的设想。两位忘年交的劳动模范一拍即合。经过两人的精心筹划，年底，鞍钢拥有了一支以劳动模范、先进人物为骨干的技术协作队伍，人数达 1500 多。

1959 年 4 月，王崇伦当选第二届全国人民代表大会代表。同年，王崇伦应邀参加辽宁省机械工业先进技术表演观摩队，先后到沈阳、丹东、本溪 3 市 23 个企业进行技术交流。王崇伦利用交流空隙时间为 12 家企业解决了 15 项技术难题，各单位纷纷致信鞍山市、鞍钢，盛赞王崇伦的高尚精神和高超技艺。

60年代初，我国遭受连续3年自然灾害，苏联政府撕毁合同，撤走专家，停止对我国供应大型轧钢机轧辊。鞍钢各轧钢厂面临停产的威胁。在这严峻的关头，王崇伦与孟泰主动请缨承担组织研制大轧辊的攻关任务。在他俩的领导下，500多名由干部、工程技术人员、能工巧匠组成的技协积极分子众志成城，从炼铁、炼钢到铸造形成一条龙跨厂际联合攻关。历时一年，先后突破十几项重要技术难题，终于试制成功大型轧辊，填补了我国冶金史上的一项空白。

1973年初，王崇伦参加辽宁省先进刀具技术推广队，先后到全省40多个工矿企业推广先进技术。当年，王崇伦作为中国社会知名人士代表团成员访问日本。

1977年3月，王崇伦担任鞍钢7号高炉(炉容2580立方米)改建工程会战总指挥，改建工程当年胜利竣工，创造了我国炼铁高炉建设史上的一个奇迹。

1977年9月至1978年5月，王崇伦在中共中央党校学习。在学习期间，王崇伦系统地受到了党的基本理论教育，为人民服务的宗旨观更加坚实。1978年，王崇伦任全国总工会副主席，离开了他眷恋的火热的鞍钢，把家安顿在全总干校。那时全国各地尚未有驻京办事机构，王崇伦和他的家人对出差到京的各地人员，凡遇有困难相求的一概热情相助，人们亲切地戏称王崇伦的家是“义务接待站”。

1980年，王崇伦在带职担任哈尔滨市委副书记期间，解决了全市豆腐的供应问题，还相继解决了冬季鲜菜和鸡蛋供不应求的难题。邓小平称赞王崇伦“抓豆腐抓得对，抓得好，我们应该有更多的这样解决市民生计的好干部。”

资料来源

1.《红色钢城　百年印记》(云展厅)—王崇伦[EB/OL].(2021-07-06)[2022-03-18].http://www.csteelnews.com/special/1230/202106305/202107/t20210702_51949.html.

2. 王崇伦：走在时间前面的人[EB/OL].(2009-09-23)[2022-03-18].https://www.fx361.com/page/2019/1225/6229806.shtml.

教学建议

本案例可作为《思想道德与法治》(2021年版)“第三章　继承优良传统　弘扬中国精神”的“第三节　让改革创新成为青春远航的动力”的教学素材。

钱之光：新中国纺织工业奠基人

钱之光(1900—1994)，浙江诸暨人。早年接触进步思想，结识了中国共产党早期活动家张秋人、宣中华等人，在这些人的影响下，他立志投身革命，并于1927年2月加入中国共产党。历任新中国纺织工业部副部长、党组书记，轻工业部部长、党组书记，国务院顾问，主持纺织工业部工作，领导全国纺织工业32年。

在革命战争年代，钱之光为革命战争的胜利和新中国的建立立下了不朽的功勋。新中国建立后，他在领导我国纺织工业发展的过程中，以远见的卓识和求真务实的精神，率领纺织工业广大干部职工，自力更生、艰苦创业，为开辟我国纺织工业的发展道路作出了重大贡献，成为新中国纺织工业的奠基人。

一、广招贤才，委以重任

纺织工业部建部之初，需要一大批领导干部和科技业务骨干。1950年3月，纺织工业部召开全国公营纺织厂厂长会议，钱之光通过会议了解了各地纺管局的干部配备情况后，通过中央组织部，从各地纺管局中抽调了几位局级干部来部担任生产、计划、技术、基本建设各司局的领导，并从各地抽调了一批技术业务干部，来充实各司局的干部队伍。

新中国成立初期，为了解决纺织系统人才严重不足的问题，钱之光把华东地区原有的纺织院校合并，创办了华东纺织工学院，委派张方佐兼任该院院长，并聘请知名教授、纺织化学家钱宝钧担任教务长。1956年，钱之光又把张方佐调来北京，筹建直属纺织工业部的纺织科学研究院。张方佐到北京后，运用他个人的声望和影响，从上海等老基地调集知名专家和技术骨干30多人，和该院的其他领导人一起，很快完成了纺织研究院的筹建工作。

在纺织工业部的日常生产技术工作中，钱之光对于从几个老纺织工业基地抽调来部的资深纺织专家如黄云骙、杜燕孙、吴士锴等，都十分器重。他还热情支持中国纺织工程学会等学术团体开展活动，通过这些活动来团结广大科技人员、调动他们的工作积极性。有些革命老干部，虽然没有工程技术的学历，但在工作中能够刻苦学习业务技术知识，很快变外行为内行，同样受到了钱之光的重用。

到20世纪50年代中期，纺织工业部及其所属机构的技术骨干基本配备完成。钱之光对于这样一支经过多年考察、选调逐步组合而成的班底十分珍视。其中当有些成员在此后的政治运动中因受到不应有的冲击而影响了工作积极性时，钱之光总是在运动高潮过去后仍然给他们布置适当的任务，使他们从中感受到组织的关怀和领导的信任，继续兢兢业业地安心工作。“文化大革命”中期中央国家机关干部下放时，钱之光认为，“坛坛罐罐”丢了好补，人才散了难觅。为了保住这支队伍，他建议并经国家计委批准，于1968年在湖北、湖南筹建了一个纺织厂、一个纺织机械厂，再加上此前已经批准列入计划的化纤厂，把纺织工业部和所属科研院、设计院的人员集中下放到这三个工厂。粉碎“四人帮”后，“一部两院”恢复工作，钱之光又把下放的干部分批调回使用，工作得以迅速展开，这充分证实了钱之光的爱才远见。

二、创办重点高等院校，加速培养科技人才

20世纪50年代初，化纤工业在一些发达国家已经有相当的规模，但在我国还只是刚刚起步。钱宝钧认为我国发展化学纤维必须从培养人才入手。1954年上半年，他和该校的另一位教授方柏容联名上书纺织工业部，建议在该校设置化学纤维专业。当时，钱之光已经着手开始抓化学纤维工业的发展，并在1953年就向中央提出了发展化学纤维工业的报告。因此，钱宝钧等人的建议很快得到纺织部的批准，学校在当年夏季就招收了第一批学生。

为了推动纺织科学技术研究工作的开展，钱之光在1952年就安排早年曾在上海筹建我国第一所棉纺织染实验馆的纺织技术专家、教育家任理卿筹划建设纺织工业部署纺织实验馆。与此同时，华东纺织管理局在上海安乐人造丝厂旧址筹建了华东纺织研究所，主要从事纤维材料性能和棉纺大牵伸的研究，并为各厂的成品、半成品提供质量检测服务。钱之光感觉人力的投入还是不够。1955年9月，他率中国纺织代表团赴苏联考察，又特意让张方佐陪同，着重考察苏联纺织系统的科学研究工作，回国后就把纺织实验馆扩大。1956年3月纺织科学研究院在北京成立，钱之光请张方佐出任院长，并调东北纺织管理局副局长谢红胜任党委书记、副院长。

三、两袖清风，身居高位依然严于律己

新中国成立后，已是党的高级干部的钱之光，依然保持着严于律己、克己奉公的好作风。他外出调查研究、考察、蹲点，都是轻车简从，从不铺张浪费。一些地方领导来京汇报工作，到了饭点，他都是让秘书通知食堂准备饭菜热情招待，而费用都由他自己支付。长期担任纺织部和轻工业部部长的钱之光，甚至从来没有用过轻纺工业的新产品和“样品”，办公室和寓所的沙发几十年从未更换。他经常谆谆告诫干部和职工要廉洁奉公，保持艰苦奋斗、勤俭节约的优良传统。在他的熏陶和带动下，长期以来，纺织工业系统从下到上形成了廉正朴实的良好风气。

他对子女要求十分严格，绝不搞特殊化。1969 年 8 月，他的爱人下放到北大荒干校，他身边只有次子钱世和、儿媳王招玲和孙子、孙女。当时，钱世和病重卧床，孙子、孙女年幼均需照顾，钱之光却并没有利用部长的权力给亲人谋求特殊照顾。

钱之光一贯严于律己，得到周恩来等中央领导人的高度评价。在 1971 年的一次会议上，周恩来批评了党内外出现的不正之风，并激动地对大家说：“在座跟我最熟悉的是钱之光同志。我跟钱之光相处三十多年了，他有一个很大的优点，就是从来没有找我帮助他办一件私人的事情。”

钱之光十分重视科学技术的发展，还培养了一大批科学技术人才。在他逝世后，他的夫人刘昂（原周总理办公室副主任、一机部副部长）欲建立“钱之光科技教育基金会”，定期奖励为纺织科教事业做出贡献的科教人士和莘莘学子，以鼓励后人，进一步推进纺织科教事业的发展。但钱老一生清廉，并无储蓄。于是她请陈锦华商请钱老生前主持建设的上海、天津、辽阳、四川、仪征五个大型石化企业募集资金，才终于把基金会建立起来。这个基金会，至今对我国纺织科技教育事业的发展发挥着有力的推动和促进作用，它更是对钱之光这位新中国纺织工业奠基人的最好纪念。

在革命战争年代，面对极其复杂危险的斗争环境，钱之光同志胸怀无比坚定的共产主义理想信念，为革命的胜利和新中国的建立作出了杰出贡献。他在近 70 年的革命生涯中，始终坚持原则、无私奉献、克己奉公、清正廉洁，为了革命事业，舍小家为大家，真正体现了一名共产党人的高尚品德和革命情操。

资料来源

1. 马瑞．纪念钱之光诞辰 120 周年[N]．中国纺织报，2020-12-21.
2.《钱之光传》编写组．钱之光传[M]．北京：中共党史出版社，2011.

教学建议

本案例可作为《思想道德与法治》(2021 年版)“第二章　追求远大理想　坚定崇高信念”的“第二节　坚定信仰信念信心”的教学素材。

柳大纲：中国分子光谱研究先驱者、盐湖化学的奠基人

柳大纲(1904—1991)，江苏仪征人，化学家，中国科学院院士。1929年受聘于中央研究院化学研究所，历任助理研究员、副研究员、研究员。1946年中央研究院选送他赴美留学。1948年获美国罗切斯特大学博士学位，1949年回国。早年从事分子光谱研究，判定双氰分子处于两种共振状态，是中国化学家中最早研究光谱者之一。参与解决核燃料前、后处理中的化学问题，有诸多贡献。开拓了中国盐湖资源及其化学基础的研究，组织综合队伍考察，并组建了青海盐湖研究所。勘测研究发现了察尔汗盐湖区富藏钾镁资源、柴旦盐湖区柱硼镁石资源以及柴达木盆地若干点的锂资源等，提出了从盐湖卤水分离制钾和直接提取硼锂资源的有效工艺，为盐湖开发和西北地区建设作出了贡献。

20世纪30年代初期，柳大纲曾对我国著名的古代和现代陶瓷，以及玻璃原料做过较系统的化学研究，为弘扬中华文明、开展陶瓷研究与优质化学玻璃制造提供了有价值的依据。

1950年，柳大纲在中国科学院上海物理化学研究所任研究员。1952年该所迁至吉林省长春市，柳大纲被任命为副所长。在这期间，柳大纲领导一个研究组，开展了试制以硫化锌、镉为基底的X射线荧光材料的研究，并对当时苏联也刚起步的新型发光材料——卤磷酸钙日光灯荧光料进行了研究。他们系统地考察了荧光料发光性质对其组成和制备条件的依赖关系，揭示出荧光光谱分布与掺杂锑、锰相关的规律，从而实现了按荧光色泽和色温要求定向合成所需的荧光料，并在南京灯泡厂成功试制荧光灯管。1953年底，他们将全套技术资源移交南京灯泡厂，为发展我国日光灯工业作出了重要贡献。其后，他们接受国家下达的土壤矽化加固研究任务，柳大纲受命负责组织建工部、水利科学院、中国科学院以及生产部门进行协作。该技术后来在唐山林西煤矿风井流沙层加固和佳木斯糖厂厂房地基加固工程上得到了应用。

1954年，柳大纲调任中国科学院院部学术秘书处任学术秘书。1956年，中国科学院化学研究所成立，柳大纲又调到化学所任研究员，并先后担任副所长、所长、名誉所长。在化学研究所，除处理一些领导工作之外，他仍坚持在科研第一线，指导研究了核燃料前处理和后处理中的一些化学问题。他深入考察铀-氟体系中的化学反应过程、中间物形成条件，又指导了流化床氟化物挥发法处理浓缩铀铝合金元件的研究。1960年前后，他还领导了稀土化合物制备及性质的研究，为促进我国稀土资源的利用作出了贡献。以上三项研究工作："四氟化铀氟化动力学""流化床氟化物挥发法处理铀铝合金元件""稀土化合物的制备及性质的研究"，均获得了1978年中国科学院重大成果奖。

柳大纲对我国盐湖的研究极为重视，在化学研究所工作的同时，他于1957年至1963年兼任中国科学院综合考察委员会中国盐湖调查队队长，对我国盐湖进行了系统的调查研究。此后，自1965年起，长期兼任了新建的中国科学院青海盐湖研究所所长、名誉所长。

早在20世纪40年代，柳大纲就曾从事过制盐化学研究。他深知我国缺乏可溶性钾矿资源，为探寻钾盐资源，他于50年代初就搜集我国盐湖与地下卤水资料，1953—1956年，他先后派人对运城盐池、青海茶卡以及柯柯盐湖作了探索性考察。在我国第一个五年计划的中期，他组织和领导了由中国科学院化学研究所以及地质、化工、高校、轻工盐业等部门的科技人员组建的中国科学院中国盐湖科学调查队，开展了对青海柴达木盆地盐湖资源的调查。他曾先后六次进入柴达木盆地，并指导一批青年化学家开展盐湖化学的研究，对盐湖化学的发展作出巨大贡献。

1963年国家科委成立盐湖专业组，制订盐湖科学十年规划。柳大纲提出分别在三个盐湖建立三个工厂的构想，即在察尔汗建一个年产10万吨钾肥的工厂；在柯柯湖建立年产250万吨食盐的工厂；在大柴旦湖建立生产硼盐、锂盐的示范车间。围绕这一构想，他还提出一整套的研究工作方案。为实现此规划，国家科委责成地质部、化工部和中国科学院分别成立三个研究所。后又将化工部与中国科学院成立的研究所合并为中国科学院青海盐湖研究所，柳大纲任所长。该所已成为我国盐湖科研的主要机构，遵循柳大纲的建所指导思想与规划，在青藏盐湖调查、盐湖水化学、盐类资源综合利用、稀散元素分离提取、水盐体系相平衡、浓盐溶液化学和盐卤分析化学等方面完成了大量研究工作，取得了丰硕成果，为我国盐湖资源开发利用奠定了坚实基础，为进行大规模钾肥生产作出了重要贡献。

柳大纲曾任中国化学会第二十届副理事长。1984 年任中国化学会应用化学委员会主任委员，1985 年后任名誉主任委员。1983—1990 年任中国化学会青年化学奖评选委员会主任委员。直至逝世前，他一直都在兢兢业业地工作，他以自己的实际行动深刻诠释了“鞠躬尽瘁，死而后已”的涵义。

资料来源

1. 柳大纲：一生常耻为身谋[EB/OL].(2019-10-15).https://news.sciencenet.cn/sbhtmlnews/2019/10/350197.shtm.

2. 九三学社中央宣传部：柳大纲[EB/OL].(2018-08-23).http://www.93.gov.cn/syfc-lyys-zgkxyys-yg/221104.html.

教学建议

本案例可作为《思想道德与法治》(2021 年版)“第一章　领悟人生真谛　把握人生方向”的“第二节　正确的人生观”、“第三节　创造有意义的人生”的教学素材。

时钧：化工高等教育一代宗师

时钧(1912—2005)，江苏常熟人，化学工程学家、教育家，中国科学院学部委员(院士)。1934年毕业于清华大学化学系，同年报考清华第二届公费留学生，被录取，发榜时规定学习造纸工程。1935年8月赴美留学，在缅因大学攻读两学期，1936年5月获造纸专业工学硕士学位，随后赴麻省理工学院专攻化学工程。

七七事变后，时钧婉言谢绝了麻省理工学院化工系主任怀德曼(Whitman)教授的盛情挽留，于1938年5月回到灾难深重的祖国，6月抵达汉口，经清华同学推荐，在国民政府军政部化学兵队任教官。不久，日军进攻武汉，时钧由长沙长途跋涉，经湘西、贵州，于1939年2月到达重庆，从此开始了他一生的执教生涯。年仅27岁的时钧，先后受聘在中央工专、中央大学、重庆大学、兵工大学及动力油料厂研究生班任教，主讲物理化学、化工计算、化工原理等多门课程。他才华横溢、学识渊博。授课时，广征博引、条理分明、深入浅出，深受学生的敬重和爱戴，被誉为“娃娃教授”。

抗日战争胜利后，1946年8月时钧回到南京，任中央大学教授、化工系系主任，同时兼任重庆大学化工系教授和系主任。1952年，新中国高等院校调整，时钧任南京工学院化工系教授、系主任，同时受命创建我国第一个硅酸盐专业。他率领化工系全体同志通力合作，以苏联教学计划为蓝本，大胆实践，勇于创新，培养出了我国水泥专业的大学本科毕业生和研究生，为社会主义建设事业输送了大量专业技术人才。1956年秋，时钧与汪德熙、汪家鼎等教授联名上书高教部，建议在化工系设立化学工程专业。1957年初，高教部同意试办。同年4月底，高教部在北京召集有关会议，制订化学工程专业教学计划，时钧任组长。当年暑假，天津大学和华东化工学院开始招生。“文化大革命”给高等教育造成了巨大创伤，化学工程专业也未能幸免。从1979年起，时钧着手重建南京化工学院化学工程系，担负系主任的职务。在他的主持带领下，建立了化学工程博士点，并建成了具有一定规模的化学工程研究所。

时钧非常注重科学研究。早在清华大学读书的时候，他便在《清华大学学报》和《中国化学会杂志》上发表过有关探讨制备有色烟幕的规律和有关有机定性分析的3篇论文。他在缅因大学的硕士论文《关于机械木浆的筛分和性能的关系》，由导师分成两篇论文发表在美国造纸专业杂志上。1957年，由他指导的研究生论文《关于高铝水泥原料粒度与烧成温度的关系》发表在《硅酸盐学报》创刊号上。自1974年起，时钧参加了国产填料(以拉西环为主)的性能评定试验，并发表了4篇论文。对于几种填料的试验全过程，如试验方案的确定，装置的设计安装，数据的测定、整理和关联，计算公式的应用，以及试验报告的撰写等，都是在他的亲自主持下进行的。有关试验方法的一些内容，如试验体系的选择原则、数据的处理及表达方法等，后来一直被国内有关方面所引用。

时均曾获得多项国家和省部级科技进步奖，并荣获化工部“全国化工有重大贡献的优秀专家”称号。1998年，又获何梁何利科技进步奖，还主持完成新版《化学工程手册》以及《大百科全书》化工卷的编撰工作。时钧是第六、七届全国政协委员，化学工程一级教授，南京化工学院化学工程系名誉系主任。同时，他曾兼任国家自然科学基金委员会化学学科评议组成员、化工组组长，中国石化总公司技术经济顾问委员会委员，化学工程国家重点实验室学术委员会主任，《化工学报》副主编，《中国化学工程学报》(英文)编委会委员等学术职务。

时钧执教60多年，培养了大批高水平的科技人才，其中两院院士14名，硕士、博士70多名。去世后，为传承和弘扬时老精神，南工大修建“时钧园”、塑像立碑，为后人瞻仰。

“一代宗师功开中国化工教育之纪元，学界泰斗德为举世同仁后生所仰止。”时钧院士驾鹤西去后，为其送行的人写下了这一副挽联。

资料来源

1. 时钧：中国科学院学部委员(院士)、化学工程学家、教育家[EB/OL].(2010-08-24). http://www.93.gov.cn/syfc-ysfc/217740.html.

2. “时钧精神”对南工大的文化感召效应[EB/OL].(2012-12-29). http://www.wenming.cn/wmzh_pd/rw/srss/201212/t20121229_1008149.shtml.

教学建议：

本案例可作为《思想道德与法治》(2021年版)“第二章　追求远大理想　坚定崇高信念”的“第二节　坚定信仰信念信心”的教学素材。

孟泰：钢铁战线老英雄

孟泰(1898—1967)，原名孟瑞祥、孟宪钢，出生于河北丰润县。曾任鞍钢炼铁厂副厂长、鞍钢工会副主席。他是新中国成立后的第一代全国著名劳动模范，曾先后8次受到毛泽东的接见。“高炉卫士”、劳动英雄，是孟泰留给世人最鲜明的形象。

孟泰一心跟党走，在鞍钢恢复生产过程中立下了卓越功勋。1948年年底，辽沈战役胜利结束，孟泰回到鞍山。当时的鞍钢由于屡遭战争的破坏，已是一片废墟，恢复建设面临既缺乏器材也没有资金的窘境。他积极响应党中央要求鞍钢尽快恢复生产的号召，冒着风雪，跑遍十里厂区寻找器材。他不仅自己没日没夜地干，还动员炼铁厂的十几名工友一起干，在几个月内收集了上千种材料、上万个零件，建起了“孟泰仓库”。在孟泰的带领下，鞍钢职工掀起了献交器材的热潮，为恢复生产创造了有利条件。1949年7月9日，鞍钢召开庆祝开工大会，他在会上被授予“一等功臣”称号。

一、毛主席高兴地说：“钢铁战线的老英雄，我们欢迎你，祝贺你！”

1950年，美帝国主义发动了侵朝战争，出动飞机轰炸安东，骚扰辽东半岛。鞍钢采取了疏散妇女儿童和部分物资、组织护厂、防止空袭等一系列应急措施。孟泰主动当起了护厂队员，他把行李卷扛到了高炉上，放在一间空铁皮房间里，又买来一小袋米和几斤小鱼，就算安了“家”。几次空袭警报响起，孟泰都立马拎起大管钳，飞跑到高炉总水门旁。腰间别着手枪的党委书记和厂长带纠察队巡逻到路上，看见身材高大的孟泰威风凛凛地守卫在那里，交口称赞。

1950年8月中旬的一天早晨，4号高炉传出猛烈的爆炸声。正在收拾工具的孟泰箭步跑向炉台。在水蒸气弥漫、炉台伸手不见五指、爆炸声连续不断的情况下，孟泰迅速探明了爆炸是由于炉皮烧穿，铁水与顺炉皮下流的冷却水相遇而产生的。孟泰带领抢险的工友，果断地用铁板将水流引离炉皮，并在极短的时间内沉着冷静地采取一系列处理措施，成功地避免了一场炉毁人亡的恶性事故。

这年初冬的一个夜晚，气温骤然下降，孟泰想到高炉的防寒设备没有完全安装好，很不放心，于是连夜赶到厂里。值班人员正为冷却水突然降压而焦灼不安地进行各个环节的检查。孟泰凭着丰富的经验，迅速查明是水道中的总水门堵塞造成了冷却水降压。如不及时排除故障，高炉冷却系统就会被烧坏，炼铁生产就会被迫中断。面对火急的险情，孟泰打碎水道表面的冰层，跳入其中，俯身抠除堵在总水门口上的杂物，高炉冷却水恢复了畅通。当工友们把孟泰从冰水中托上来时，他已冻得浑身颤抖，嘴唇发紫。

1951年深秋，孟泰因着风寒被送进了医院。几天后，孟泰觉得身体稍有好转便悄悄跑回高炉平台忙碌起来。医护人员四处挂电话，才知他已回到铁厂。孟泰几次生病住院都是如此自行出院。他风趣地说："在医院我的病一天能好二分，回到厂子一天能好三分。"

1952年国庆节之夜，3号高炉二段炉皮被烧穿，数米长的火焰蹿出炉外，裂口越烧越大。主动赶到设备室值班的孟泰立即赶到3号高炉平台。他临危不乱，在查明险情后，果断决定"不休风，用耐火泥封堵裂口"。孟泰顶着烈焰将几条浸了水的麻袋堵在炉皮裂口处，然后指挥几十人迅速将耐火泥球掷向裂口，转眼之间在炉外形成了一层坚固的保护层。高炉又恢复了往日的功能。一次次抢险之后，铁厂的工人敬佩地称呼孟泰为"老英雄"。

1950年9月25日，孟泰赴京出席全国工农兵劳动模范代表大会。在北京饭店的庆功宴会上，孟泰激动地握住毛主席的手，向领袖报告"我是东北鞍钢的孟泰"。毛主席高兴地说："钢铁战线的老英雄，我们欢迎你，祝贺你！"

二、同行们称他为"高炉神仙"

几十年与高炉循环水打交道的孟泰，对如蛛网般的1000多根冷却水管线记得熟烂于心，达到了了如指掌的程度。他总结归纳了一套"眼睛要看到，耳朵要听到，手要摸到，水要掂到"的"四到"工作经验。这"四到"被人们称之为"孟泰操作法"。这其中"掂水"的功夫堪称"孟泰工作法"中的一绝。孟泰只要把手伸向流淌的循环水水流掂几下，便可准确地判断出水的温度、压力及管路流通的状况。几名刚入厂的青年工人对此半信半疑。一天，孟泰领着几位小伙子检查管线，他掂水后，认定一条手腕粗的管线里面有东西，便顺手操起管钳打开管线接头，顺着水流下来一只活蹦乱跳的大青蛙。小伙子们顿时佩服得五体投地。1953

年，担任炼铁厂修理场场长的孟泰得知高炉热风炉底部燃烧筒常常烧坏，严重影响了高炉的正常生产。孟泰为此寝食不安，他经过反复实地观测和研究，将原来的单层燃烧筒改成循环水冷却的双层燃烧筒，将燃烧筒的寿命提高了100多倍。

这时的孟泰已与名扬全国的技术革新闯将王崇伦结成一对忘年交。他多次对王崇伦说："毛主席关心鞍钢，全国人民看着鞍钢，我们劳动模范就是要带头为建设好鞍钢多动脑筋、多出力。"孟泰对此身体力行。他在深入生产调查中发现，在拆卸和安装5吨以上的设备部件时仍在沿用笨重的"绞磨"，既费力又影响工作效率。他提出了自制电动起吊工具的革新方案，并把修理厂的能工巧匠组织起来攻关，经过半个月制成了电动吊具。该吊具投入使用后，完全达到了预期的效果，从此铁厂的架工告别了笨重的"绞磨"。

在担任炼铁厂副厂长、鞍钢工会副主席期间，他经常深入现场解决生产实际问题，时刻把职工群众的冷暖挂在心上。在三年困难时期，为使工人保持体力，不影响生产，孟泰把自己女儿靠挖野菜喂大的两头猪送到厂里，为全厂职工改善伙食。得知一批生病职工因为床位短缺而不能住院治疗，他买来废钢管，组织青年突击队自制铁床，既解了燃眉之急，还节省了费用。在担任鞍钢炼铁厂副厂长的8年中，他是身不离劳动、心不离群众的优秀干部。1967年9月，积劳成疾的孟泰在北京病逝。

孟泰高尚的品质和优良的作风，给鞍钢数十万职工留下了宝贵精神财富。以他为代表的鞍钢英模人物铸就了"创新求实拼争奉献"的鞍钢精神，激励着一代代鞍钢职工为推动国家经济发展不懈奋斗。

资料来源

1. 钢铁战线老英雄——孟泰[J]. 共产党员，2019(20).
2. 孟泰钢花飞溅里的英雄[J]. 中国工人，2019(9).
3. 于敏. 老孟泰的故事[M]. 沈阳：春风文艺出版社，1960.

教学建议

本案例可作为《思想道德与法治》(2021年版)"第一章　领悟人生真谛　把握人生方向"的"第三节　创造有意义的人生"的教学素材。

屠守锷：航天事业开拓者

屠守锷，1917 年 12 月 5 日生，浙江省湖州人，两弹一星功勋奖章获得者。1940 年毕业于清华大学机械系。1941 年赴美国麻省理工学院攻读硕士学位。1945 年回国，先后任西南联合大学航空系副教授，清华大学航空学院副教授、教授，北京航空学院副教务长、系主任、院长助理。1957 年调入国防部第五研究院工作。先后担任东风二号和东风三号导弹副总设计师、洲际战略导弹总设计师、长征二号火箭总设计师、长征二号捆绑式运载火箭技术总顾问。2012 年 12 月 15 日因病在北京逝世，享年 95 岁。

一、投身航空源于曾遭日军轰炸

顶着无数光环和头衔的屠守锷，最初从事航空航天研究的动力，却是来源于旧中国的一段屈辱历史。1932 年，15 岁的屠守锷在上海码头目睹了一场一边倒的屠杀。日本的轰炸机飞过，路上的行人如芦苇般一片片倒下，街上的建筑物也被炸得千疮百孔。幼小的屠守锷躲在一栋建筑物后面，眼神里充满了愤怒。他恨日本侵略者，但是他更恨祖国的弱小和武器的落后。和父亲死里逃生之后，屠守锷的心里种下了一颗名叫“变强”的种子。

从清华大学毕业后，他考取了美国留学生资格，来到世界知名高等学府麻省理工攻读航空硕士。从这里毕业后，他又到一家飞机制造厂上班，为航空研究积累实践经验。

1945 年，日本投降的消息传来，欢呼雀跃的屠守锷用最快的速度回到了祖国。但当时的国民党正在筹备内战，根本无暇顾及航空事业。备受冷落的屠守锷只得先到西南联大教书。

1957 年，中国成立了专门的导弹研究部门——国防部五院。屠守锷收到聘书后欣喜异常，立即走马上任。次年，屠守锷开始担任一分院第二设计部主任，领导地空导弹的仿制与研制工作。

二、研制导弹只为祖国需要

1961 年，苏联专家全部撤走，这对中国的导弹研制工作来说无疑是一次重大打击。但是屠守锷不信邪，他坚信“别人能搞的，我们也能搞”。于是在他的主持下，“八年四弹”规划应运而生。

1962 年，中国第一枚中近程导弹研制出来。但是，承载着无数人希望的导弹在发射中途不幸坠毁。对不久前还沉浸在喜悦中的人来说，这一次失利，着实是一次不小的打击。

在这种氛围下，屠守锷临危受命，主持修订了相关研制计划。两年的时间里，8 次中近程导弹的试飞都取得成功。中国第一代导弹专家，也在研制过程中逐渐成长起来，为之后的远程导弹研制积累了宝贵的经验。

1965 年，屠守锷接到中央的指示，需要尽快把洲际导弹研制出来。时间紧迫，屠守锷只能拼尽全力。

按照中央的计划，导弹要在 1971 年试飞，1973 年定型。6 年的时间，对于身负重任的屠守锷来说，并不算长。但凭着一帮专家的智慧和努力，他相信导弹能够按时研制完成。

导弹初步的方案定型后，上级却突然下达了停止试飞的命令，原因是导弹上面的电子设备寿命短，继续试飞只会增加失败率。屠守锷为了让导弹能够尽快试飞，立马找出存在的问题，并向周总理保证可以试飞。他对自己把关的导弹有信心。事实也证明，他是对的。

1971 年，我国第一枚洲际导弹“东风五号”半程试验圆满完成。虽然由于“文革”的耽误，全程试验在九年后才得以继续完成，但这仍然是一个里程碑式的壮举。1980 年，“东风五号”全程试验终于成功，这标志着中国成为了美苏之后第三个成功进行洲际导弹全程试验的国家。对于国家的发展来说，其战略意义不言而喻。

三、助力“神七”“天宫”飞天

屠守锷是“长征二号”运载火箭的总设计师，主持了该火箭的全部研制工作。1975 年 11 月，“长征二号”成功将我国第一颗返回式遥感卫星送入轨道。但随着我国太空探索脚步的加快，运载能力 1. 8 吨的“长征二号”已经力不从心了。

“我们需要更大推力的火箭，解决的办法就是‘捆绑’。”屠守锷提出了高速度、少投入的发展大型运载火箭的最佳途径，并首次将“长征二号”丙火箭作为芯级，捆绑了4个液体火箭助推器，从而使近地轨道运载能力比“长征二号”丙火箭提高约3倍。这个火箭的型号被定名为“长征二号”E火箭，也就是后来国人耳熟能详的“长二捆”。

“18个月完成研制并首飞成功！”直至2018年4月，北京航空航天大学师生前来拜访时，他还清楚地记着这段艰苦又令人骄傲的历史。在屠守锷的眼中，“长二捆”就是个“有出息的孩子”，在“长二捆”基础上发展起来的各型火箭更是让人爱不释手。

“长二乙”运载火箭是在“长二捆”的基础上，按照发射载人飞船的要求研制的运载火箭，是目前中国所有运载火箭中起飞质量最大、长度最长的火箭，火箭全长58.3米。截至2004年，该火箭总共发射五次，全部获得成功。

资料来源

项亚娟．强国之梦：中华民族伟大复兴征程中的先驱者[M]．武汉：武汉大学出版社，2018.

教学建议

本案例可作为《思想道德与法治》(2021年版)“第一章　领悟人生真谛　把握人生方向”的“第二节　正确的人生观”的教学素材。

李苏：化学工业组织的领导者

李苏，原名张宝庆，1914 年出生在江苏省扬州市。1932 年高中毕业后，李苏受二舅父李方训指教，报考了南京金陵大学化学系。大学毕业后，李苏又考取了南京金陵大学理科研究所化学部研究生，攻读理论有机化学硕士学位。1937 年七七事变后，金陵大学内迁四川，李苏只读了一年研究生，就在全民动员、抗战救国的感召下，进入兵工署应用化学研究所，后到四川泸州 23 兵工厂从事毒气和防化学战的研究工作。他一边工作一边从事救亡活动，1939 年 2 月加入中国共产党。

1940 年初，革命根据地延安筹办第一所理工科大学——延安自然科学院，急需高等教学人才。李苏经十八集团军重庆办事处推荐，于 1940 年 6 月奔赴延安，在自然科学院从事教学工作。1945 年抗战胜利后，自然科学院迁往河北张家口，李苏被分配到延安军工局搞炸药研究和生产。1946 年 4 月，他被调到晋察冀根据地任宣化建国冶炼公司副经理。1947 年 11 月河北省石家庄解放后，李苏随军进城，负责接管炼焦厂，担任厂长，组织研究生产焦化产品。1949 年 1 月 15 日天津解放，李苏当日随解放大军进城，担任接管华北化学工业总军代表，组织天津地区几个化工厂恢复生产。

1956 年化学工业部成立后，李苏任部长助理，继而担任副部长，主管化工科技组织领导工作。他十分重视化工科研机构建设，大力集聚科技人才，壮大科研队伍，组织开展重点领域科研项目攻关，结合生产发展开展应用基础理论研究，推动企业技术进步。

为了全面贯彻执行 1956—1967 年“十二年科学技术发展远景规划”，组建完整的化工科研体系，李苏受命组织力量调查研究，提出组建方案并负责组织实施。他相继将沈阳化工综合试验所的有机合成和合成树脂研究室迁往北京，建立北京化工研究院，从事石油化工专业科研任务；将无机盐和涂料研究室迁往天津，建立天津化工研究院，从事矿物加工、颜料和涂料专业科研任务；将化学选矿和化学肥料研究室迁往上海，建立上海化工研究院，从事选矿和氮、磷、钾肥专业科研任务；留下的染料和农药研究室改组成立沈阳化工研究院。60年代初期，李苏又主持建立化工机械、合成纤维、炭黑工业几个专业研究所；组织兰州、吉林、南京、锦西、四川几个大型化工基地分别成立了化工专业研究院（所）。这些科研机构的建设，从规划到组织筹建方案，从院所地址选择到基本建设实施，从领导班子的安排到科研力量配备，从专业设置到仪器设备购置，李苏都做了大量组织管理和协调工作。历经10年的努力，一个化工专业门类齐全的科研体系和实力较强的科研队伍终于逐步形成。据1966年统计，化学工业部已有直属科研院所27个，职工1.4万多人，科研人员4000多人。

1972年，燃料化学工业部决定成立石油化工科学研究院，管理石油炼制及化工科研工作，李苏担任院长。至1978年的6年间，该院对石油化工的重大科技项目组织攻关会战，取得了不少成果，推进了石油化学工业的发展。

1978年以后，李苏调任中国科学院副秘书长，协助院长主管化学基础研究和高技术跟踪工作。他强调基础研究是人们认识客观世界，探索自然规律，为改造客观世界提供科学依据、理论基础和培养人才的必然途径。加强中国基础理论研究工作，无论是从中国社会经济情况，还是从中国科学发展现状来说，都是十分必要的。李苏对中国科学院和国家科委组织编制的科技长远发展的高技术规划也积极提出建议。他竭力倡导开展催化新领域的基础研究；化学反应工程的基础研究；具有生理活性的自然生长有机化合物的研究；生物固定氮的模拟、光合成及其化学模拟研究；激光化学的应用和新有机反应与合成等的研究。在促使这些重要的基础研究课题列入科技规划后，李苏又积极组织中国科学院有关化学方面的专家学者开展化学基础理论研究工作，为促进和加速中国化学化工领域高技术发展不遗余力。

李苏多次参加国际学术会议交流。1984年12月，他在美国夏威夷举行的太平洋化学大会上作了报告；1989年8月，他在马来西亚吉隆坡举行的世界知识产权组织会议上作了报告。这些报告均得到好评。

李苏在许多会议的报告和发言中，为促进高新技术的发展提出了不少好的意见和建议。他多次提出：化学工业是当代材料科学的核心，它吸收了生物、新材料、信息及微电子这三大基础技术的成就，不仅能提高其生产效率、市场机遇和产品的竞争性，而且能为迅速增长的市场需求提供新产品和新技术。他断言，高技术的发展一定会对化学工业的发展产生极大的影响。他在全国政协会议上和其他社会活动场所，也积极呼吁要将加强基础理论研究与传统产业技术改造紧密结合起来。

李苏几十年如一日，为发展中国化学工业科学技术事业默默奉献。他勤奋好学，艰苦朴素，平易近人，在学术上坚持百家争鸣，在工作上保持谦虚谨慎，积极进取，为促进中国科技事业的发展贡献出了自己所有的光和热。

资料来源

李苏简历[EB/OL].[2022-03-18].https://www.gerenjianli.com/Mingren/03/l48o94gc2o67n3g.html.

教学建议

本案例可作为《思想道德与法治》(2021年版)"第二章　追求远大理想　坚定崇高理念"的"第三节　在实现中国梦的实践中放飞青春梦想"、"第四章　明确价值要求践行价值准则"的"第二节　社会主义核心价值观的显著特征"的教学素材。

周光召：科学无国界，但是科学家有祖国

周光召，1929年出生，湖南长沙人，理论物理、粒子物理学家，中国科学院院士，两弹一星功勋奖章获得者。

周光召在粒子物理研究方面作出了突出贡献，世界公认他是赝矢量部分守恒定理的奠基人之一。60年代初，周光召开始从事核武器的理论研究工作，领导并参与了爆炸物理、辐射流体力学、高温高压物理、二维流体力学、中子物理等多个领域的研究工作，取得了许多具有实际价值的重要成果，为核武器的理论设计奠定了基础。

1964年10月16日，沉寂的罗布泊上空升腾起一个巨大的蘑菇状云朵。张爱萍将军拿起电话，向千里之外通宵未眠的周总理报告：中国实现了核爆炸！

这一历史性时刻让全中国人至今难忘。周光召，我国自己培养出的科技精英，从此被历史记住。

一、学成报国

高中毕业后，周光召考取清华大学选修班。在选择专业时，他的同窗好友陈砾对他说："学物理吧，我们国家需要这样的人才。"于是，周光召选择了物理系，并于1951年成为著名物理学家彭桓武的研究生。1952年，全国院系进行调整，周光召转入北京大学，进行基本粒子物理的研究。

1957年春，周光召被国家派往莫斯科杜布纳联合核子研究所，从事高能物理等方面的基础研究工作。

1959年9月的一天，周光召知道了苏联撕毁合同的消息，他立即把在苏联杜布纳联合核子研究所工作的部分中国专家召集到一起进行讨论：离开外国人的帮助，中国依靠自己的力量能不能研制成原子弹？回答是肯定的。20多人联名请缨：回国参战。

周光召说："科学无国界，但科学家却有自己的祖国。"

60年代初，国内研制原子弹遇到难以逾越的难关，因受到当时世界各国都对原子弹理论高度保密的制约，原子弹的设计一度陷入困境。当时唯一可供参考的内部资料是苏联总顾问向我国部长介绍情况的一份口授的极其简要的记录。由于这份资料上的数据有个别错误，在当时引起了一场激烈的争论。邓稼先把刚从莫斯科回国的周光召带到了风口浪尖上。周光召以他特有的敏锐和智慧，做了一个“最大功”的计算，让大家确信算不出的原因是资料上的误记，从而结束了这场争论。

爆炸成功后，有人称赞周光召为此作出了重要贡献，他笑着说了这么一段著名的话：“科学的事业是集体的事业。制造原子弹，好比写一篇惊心动魄的文章。这文章，是工人、解放军战士、工程和科学技术人员不下十万人谱写出来的！我只不过是十万分之一而已。”

二、呼吁改进院士制度

有人这样批判院士制度：现在的院士类似于“一考定终身”，承袭中国几千年的科举制度，不少院士对自身的定位错了，社会对他们的定位也错了。周光召认为，院士制度的确需要改进，“现在到处设院士像和院士馆，这实在有点过分，不利于年轻一代在科学上的成长。学术界应该是没有权威意识的，只有在统一平等的基础上进行讨论才能真正造就人才，实现科技创新。”

20世纪90年代，一方面是我国经济飞速发展，另一方面却是公民科学素质相对滞后。周光召说，“建设创新型国家需要高水平创新人才和领军人才，也需要素质良好、道德高尚、勇于创新的亿万劳动者大军。科技创新与公众的科学素质就好比船和水的关系，水涨才能船高”。

在谈到科技工作者的责任时，周光召说，“科技工作者除做好本职工作外，还应以撰写科普文章、举办科学讲座、为农民提供技术服务和培训等多种方式参与到提高公民科学素质的实践中去”。

在周光召的领导下，中国科协建立起了学术年会制度。年会在各个省市轮流召开，这样不仅调动了地方的积极性，还在当地掀起了学科学、用科学的热潮，推动了科学普及工作的发展。科协每年还举办很多科普活动，如“科普大篷车”、农村科技讲座等。仅2004年、2005年的科普日活动，参与群众就达1亿人次，科普志愿者达33万名。

在10余年中，周光召亲自赴全国的近百个城市，做科普报告近200场。每到一地，他都宣传党和国家的“科教兴国”方针和可持续发展战略，结合地方的工农业生产、科技发展、资源环境治理与保护、人才培养等问题，强调科学要与时俱进，抓住机遇以求发展。

三、坚持科学家精神

周光召曾对某些科技工作者热衷于做官的现象进行了痛斥。“一些有领导能力的科技人员可以去做官，但做官的前提是必须为科技工作者好好服务。既然做官就不要搞科研，想搞科研就不要去做官。但目前有许多人既做官又搞科研，做官不为大家好好服务，而是利用职务之便，把好多科研经费留在自己所在的研究所里，往往使真正搞科研的人没有科研经费，严重影响了科研事业发展。”

张玉台回忆说，“1996 年 5 月中国科协大会开过后，我要在科协机关传达会议精神，当我讲到科协全国代表大会选举周光召同志为中国科协第五届全国委员会主席时，光召同志打断我的话，说以后不要叫主席，还像以前一样，你叫我光召，我叫你玉台。在科协这个地方，要少讲官，还是要讲对科学家的尊重和关心。”

周光召在一次重要的会议上强调，创新是科学精神的重要组成部分，因此创新不能掺杂任何主观和私利的成分，必须坚持严肃的科学态度和严密的科学方法，坚决反对急于求成、急功近利的浮躁学风，更不能自甘堕落地弄虚作假、抄袭剽窃、唯利是图。

在《科技导报》2005 年第一期，周光召撰写了题为《前辈科学家的精神风范给我们以激励和鞭策》的文章，在文中，周光召呼吁革除当前科技界的陋习，不急于求成，不为名利所惑，解除一切思想上的束缚，定下心来，求真唯实，艰苦奋斗。把自身的创造力充分发挥出来，群策群力，使中国科学成为世界科学发展的一支重要力量，使中国科学家在中国土地上对人类作出重大贡献。

周光召认为，20 世纪中国人对世界物理学的贡献还很少，和我国人口占世界的比例很不相称。我们必须奋起直追。在当前中国走向伟大民族复兴的 21 世纪，发展中国物理学的重任已经责无旁贷地落在今后几代青年的肩上。中国具有世界最多的有为的青年，相信他们一定能够不负众望，自强、自信、自立，在掌握世界最新知识的基础上，创造出世界物理学最重要的新成果，为中国经济打下自主的基础，为中华文化谱写灿烂的篇章。

资料来源

1. 周光召：科学无国界，但是科学家有祖国[EB/OL]. http://beta.dooland.com/index.php? s=/magazine/article/id/801061.html.

2. 中国核学会组织编写，罗上庚编著. 走近核科学技术[M]. 北京：原子能出版社，2005.

3. 中国中共党史人物研究会编. 中共党史人物传(精选本13　科教卷)[M]. 北京：中共党史出版社，2011.

教学建议

本案例可作为《思想道德与法治》(2021年版)“第四章　明确价值要求　践行价值准则”的“第一节　全体人民共同的价值追求”的教学素材。

黄昆：半导体的先驱者

黄昆(1919—2005)，出生于北京，1941 年毕业于燕京大学物理系，1945 年赴英国留学，1948 年获英国布里斯托大学博士学位。先后被选为中国科学院学部委员(院士)(1955 年)，瑞典皇家科学院外籍院士(1980 年)，第三世界科学院院士(1985 年)。获 2001 年度国家最高科学技术奖。

黄昆院士是世界著名的物理学家。他对固体物理学做出了许多开拓性的重大贡献，是我国固体物理学和半导体物理学的奠基人之一。他从理论上预言了与晶格中杂质有关的 X 光漫散射——之后被称为“黄散射”。他与 M. 玻恩合著的《晶格动力学理论》一书，是一部具有世界影响的经典性科学专著。他的理论对信息产业(特别是光电子产业)具有重要的现实指导意义，产生着越来越深远的影响。

一、学术成就有口皆碑

从“黄散射”到“黄方程”，从“黄-里斯因子”到“玻恩和黄”，以及“黄-朱模型”，黄昆在固体物理学发展史上建树颇丰。

1945 年 8 月，黄昆在英国布里斯托大学做了莫特的博士研究生。两年中，他完成了三篇论文，其中一篇论文后来被称为“黄散射”。1947 年 5 月中旬，黄昆在爱丁堡大学玻恩教授处短期工作。玻恩是诺贝尔奖获得者，也是量子力学和晶体原子运动系统理论的开创者，在玻恩的帮助下，黄昆开始撰写《晶格动力学理论》专著。后来，玻恩在给爱因斯坦的信中说：“书稿内容现在已经完全超越了我的理论。”这部书之后被多次再版，且被译成多国文字。

1995 年，黄昆获得了陈嘉庚物理奖，这是物理学的国家最高奖。

二、吮吸物理精华的“跛腿生”

上中学时，黄昆的数学成绩非常好，但“语文课没有学好，到高三时已接近不及格的边缘。老师出作文题，我不是觉得一句话就解答了，就是觉得无话可说。这可影响我一辈子啦！报考清华大学、北洋工学院，都是由于语文成绩太差而未被录取。”

1937 年，黄昆被保送进入燕京大学物理系。“当时国内量子力学尚被视为一门新鲜深奥的学问，在三四年级我便通过自学，初步掌握了量子力学的基础”。“上实验课，老师严格要求基本操作要正规化。我接受了最初的科学实验的基本功和工作态度的训练，培养了我严肃、严格、严密的科学学风及实践动手的能力”。

1941 年，黄昆出色完成了大学学业，荣获燕大颁发的“金钥匙”最高荣誉奖励。不久，他考取了西南联合大学著名物理学家吴大猷的研究生，为他以后出国深造打下坚实基础。

三、上台执教 26 年

1951 年底，黄昆踏上了回国的路程。留英数年，他带回国的“大件”就是一台打字机。当时我国百废待兴，急需培养大批物理学人才，黄昆毅然暂时中断自己已从事多年的研究项目，应邀到北京大学物理系任教授。

他率先提出在北京大学开设“固体物理”及“半导体物理”课程，从事“两弹一星”研究的许多科技人员都从这里走出，或者曾经聆听过他的授课。那时，无论国内还是国外都无现成的教科书可供借鉴。黄昆在多年改进讲义的基础上所著的《固体物理学》以及与谢希德教授合著的《半导体物理学》，在很长一段时间内成为我国理工专业学生和科研人员必读的著作。

四、治学做人要求严格

在学术上，黄昆对自己、对同事的要求几近苛刻。他看科学问题的眼光非常犀利，发现问题马上指出。黄昆不仅治学严谨，在生活的各个方面，也对自己严格要求。20 世纪 80 年代刚实行个人所得税的时候，他发现自己的工资超过了起征点，就主动向税务部门提出。他的生活也很简单，别人招待黄昆吃晚饭，他要求点最便宜的菜；饭多盛了一小碗，他坚持要退回去。但对待他人，他又非常慷慨。20 世纪 60 年代初物资供应很紧张，黄昆在北京大学任教，经常将自己的牛奶让给体弱的年轻同事喝。

五、“黄–里斯因子”与爱情佳话

在利物浦大学，黄昆和他当时的助手艾夫·里斯小姐合作发表了一篇论文，后以“黄-里斯因子”而著称于世。艾夫·里斯小姐是威尔士人，黄昆的聪敏与敬业深深地吸引了她，而里斯小姐的学识、勤奋和温柔美丽也给黄昆留下了深刻印象。1952 年 4 月，里斯远涉重洋随着他来到中国，不久后他们组成了令人羡慕的家。里斯的中国名叫李爱扶，1959 年起，她在北京大学物理系任电子学工程师。

黄昆的一生是辉煌的，他的研究更是卓越的。他是一个伟大的科学家，也是一个杰出的人。斯人已逝，但他的精神永远值得我们铭记。

资料来源

1. 中国科学院．黄昆院士生平简介[EB/OL].(2005-07-18).https://www.cas.cn/zt/jzt/yszt/zyhkys/rs/200507/t20050718_2671483.shtml.

2. 黄昆：一生倾情物理学学术成就有口皆碑[EB/OL].(2005-07-15).https://news.sohu.com/20050715/n226322666.shtml.

教学建议

本案例可作为《思想道德与法治》(2021 年版)“第四章　明确价值要求　践行价值准则”的“第一节　全体人民共同的价值追求”的教学素材。

王进喜：中国石油事业的先驱

王进喜(1923—1970)，出生于甘肃省玉门县赤金堡，大庆油田石油工人。玉门解放后，他成为一名新中国的石油工人，因用自己身体制伏井喷而家喻户晓，人称“铁人”。1970年4月，王进喜被确诊为胃癌晚期。1970年11月15日，王进喜因胃癌医治无效不幸病逝，终年47岁。2009年9月10日当选“100位新中国成立以来感动中国人物”之一。

一、“铁人”神话背后的艰苦创业历程

从1950年春天成为我国第一代钻井工人开始，王进喜就一直待在老君庙钻探大队。他勤快、能吃苦，各种杂活抢着干。他曾说：“党把我们当主人，主人不能像长工那样磨磨蹭蹭、被动地干活。”在艰苦的钻井生产实践中，他养成了坚韧不拔的品格和大公无私的思想。

1956年，王进喜迎来了人生旅途中一个新的起点。那年4月29日，他光荣地加入了中国共产党。入党不久，王进喜担任了贝乌5队队长，带领贝乌5队在石油工业部组织的以“优质快速钻井”为中心的劳动竞赛中，创出了月进尺5009.3米的全国钻井最高纪录。同年10月，王进喜到新疆克拉玛依参加石油工业部召开的现场会。时任石油工业部部长余秋里把一面“钻井卫星”红旗颁发给他。贝乌5队被命名为“钢铁钻井队”，王进喜则被誉为“钻井闯将”。

1960年，东北松辽石油大会战打响。那年3月25日，王进喜带领1205钻井队到了萨尔图车站。下了火车，他不问吃住情况，而是问钻机到了没有、井位在哪里、这里的钻井纪录是多少，恨不得一拳头砸出一口油井来。

在克服了无数的难关后，4月19日，萨55井胜利完钻，进尺1200米，首创5天零4小时打一口中深井的纪录。

之后，在1205钻井队准备往第二口井搬家时，王进喜的腿不幸被砸伤，但他仍坚持在井场工作。由于地层压力太大，第二口井打到700米时发生了井喷。

危急关头，王进喜不顾腿伤，扔掉拐杖，带头跳进泥浆池，用身体搅拌泥浆来压井喷，最终降服了这头怪兽。

房东赵大娘看到王进喜整天领着工人不分白天黑夜地干，饭做好了也不回来吃，感慨地说："你们的王队长可真是个铁人哪！"自此，"铁人"称号传遍神州大地。

那年4月29日，在"五一"万人誓师大会上，王进喜成为大会战树立的第一个典型，成为大会战的一面旗帜。也就是在这次大会上，他喊出了对祖国的铮铮誓言"宁肯少活二十年，拼命也要拿下大油田"。

在这样的口号激励下，轰轰烈烈的石油大会战很快取得了显著成果。1960年6月1日，大庆油田首车原油外运。年底，大庆油田生产原油97万吨。"铁人"王进喜带领钻井队为中国石油事业的发展创下了一个又一个的奇迹。

二、"名人"的奋斗不止和自我约束

王进喜既是吃苦耐劳的实干家，也是科学求实的典范。在科技领域，他以"识字搬山"的意志刻苦学习，带领工人们创造出一个又一个优异的成绩。他说："干，才是马列主义。不干，半点马列主义也没有！"

为提高钻井速度，他和工人们改革游动滑车；为打好高压易喷井，他带领工人们研究改进泥浆泵；为提高钻井质量，他和科技人员一起研制出控制井斜的"填满式钻井法"。他还在多年的钻井工作中摸索出一套高超的"钻井绝技"，能根据井下声音判断钻头磨损情况。

虽然取得了很多成绩，但王进喜从不居功自傲，始终保持谦虚谨慎的作风，对工人及其家属关怀备至，对自己和家人却严格要求。

那时我国经济发展水平还比较落后，石油工人们的生活和工作条件不是很好。天冷时工友们的工服不保暖，王进喜就到缝补厂建议把棉工裤后腰加高加厚，给工人做皮背心和皮护膝。住房、吃粮面临困难时，王进喜就利用工余时间带领职工和家属开荒种地、烧砖、割苇、盖"干打垒"住房，让工人和家属"吃饱肚子去会战"，"回来有个窝"。钻工子女没处上学，王进喜就带领人们在大队机关附近支起一顶帐篷，建起了大队级第一所小学——帐篷小学。后来，人们为了纪念王进喜，把这所小学命名为"铁人小学"。

王进喜因为家庭困难，每月可以享受30元的"长期补助"，但他自己却从来不花，而是把这些钱都补助给困难职工。因为王进喜患有严重的关节炎，上级为照顾他，给他配了一台吉普车。但是他却把车用来给井队送料、送粮、送菜，拉职工看病，自己的老母亲病了却只能坐自行车去卫生所。与他爱人同期来油田的家属多数已转成正式职工，他的爱人却在队里一直做着烧锅炉、喂猪的工作。廉洁奉公、无私奉献，甘当党和人民的"老黄牛"，这就是王进喜无悔的人生。

三、鞠躬尽瘁，死而后已

王进喜一直忧心于国家的油田生产建设。"文革"开始后，大庆油田生产受到严重干扰和破坏，王进喜急了。1966 年 12 月 31 日，他毅然到北京向周恩来总理汇报了大庆油田生产面临的严峻形势。返回大庆后，他走遍油田，传达和贯彻总理的指示精神——"大庆石油生产一天也不能停!"

1970 年 4 月 5 日，全国石油工作会议在玉门召开，王进喜作为特邀代表参加大会。玉门会议期间，王进喜胃病发作，后经检查确诊为胃癌晚期。病重的王进喜心里仍然挂念着油田生产建设和广大职工家属。那年国庆节后，他的病情急剧恶化，走到了人生的终点。临终前，他用颤抖的手取出一个小纸包，交给守候在床前的一位领导同志。纸包里竟是他住院以来组织给他的全部补助款和一张记账单。王进喜说："这笔钱，请把它花到最需要的地方去，我不困难。"在场的人无不为之动容。

1970 年 11 月 15 日，王进喜永远地离开了，年仅 47 岁。

王进喜一生心系钻井，魂系石油，为国争光、为民族争气。"铁人"，这个刻在历史上的名字，永远被世人记忆和怀念，他不仅是一个时代的标识，更是在伟大的创业实践中挺立着的整个国家和民族的精神脊梁。

资料来源

王进喜：石油魔术师的奋战人生[EB/OL].(2012-01-15).https://qclz.youth.cn/wjx/wdld1/201201/t20120115_1921567_4.htm#.

教学建议

本案例可作为《思想道德与法治》(2021 年版)"第一章　领悟人生真谛　把握人生方向"的"第三节　创造有意义的人生"的教学素材。

徐承恩：炼油工艺设计专家

徐承恩，1927年1月出生，浙江诸暨人。著名的炼油工艺设计专家、中国石化工程建设公司专家委员会主任、全国工程勘察设计大师、第三届“感动石化”人物。1994年6月当选中国工程院院士，是中国炼油事业中执着敬业、无私奉献的一个缩影。

1945年初秋，日本战败投降，高中毕业的徐承恩被浙江大学化学工程系录取。1949年5月，22岁的徐承恩大学毕业，带着建设新中国的梦想，来到东北，走上了研发石化工业技术的道路。

1959年，含油面积达到865平方公里的大庆油田的发现，改变了世界对于中国“贫油”的认识。经过石油工作者3年的艰苦会战，到1963年大庆油田已经变成年产600万吨原油的大油田。大庆油田的这种生产能力相当于过去旧中国44年石油产量总和的三倍。随着含量丰富的黑色石油被源源不断地从地下开采出来，新的问题也出现在了石油工作者面前。大庆油田产出的石油含蜡比较多，炼出的柴油凝点高，北方天气寒冷，这种柴油很难使用。脱蜡、降低柴油凝点成为当时最重要的工作。徐承恩主动担下了这项艰巨的任务。整天面对的是弯弯曲曲的管廊和必须精确到毫米的图纸，一次次失败，一次次寻找问题，一次次试验，其中的种种艰辛和困难远远超过了常人所能够承受的范围。三年时间，也许对于很多人来说并不算长，但这短短三年却熬白了徐承恩的头发。这一年他才38岁。

1961年3月，徐承恩被抽调到石油七厂参加大庆原油加工会战。“蒸馏是原油炼制的第一关，也是关键的一关。我们每天爬上30多米高的塔顶，北风吹得塔身直晃，棉衣扣子都被风扯开了”。为尽快摸索到合适的操作条件，徐承恩与蒸馏车间的工人同甘共苦跟班劳动。按照要求，每小时需要上一次蒸馏塔记录数据，但他们发扬艰苦奋斗的精神，每半小时就记录一次。

大庆原油为石蜡基油，生产出的柴油不能直接作为低寒区用油，加上当时中苏关系恶化，苏联不向我国提供低凝柴油，国家迫切需要凝点为零下50摄氏度的低寒区用柴油以加强国防建设。

面对国外的技术封锁，徐承恩只能带领团队从实验室试验开始，采取边试验边设计的方式攻关尿素脱蜡工艺。“当时负责设计的同志只知道苏联尿素脱蜡装置用的是搅拌沉降式反应器，但对其结构参数一无所知”。为了设计出最适用的反应器，徐承恩和他的团队在装置中同时建设3种形式的反应器进行试验，最终成功攻克这一难关。

1965年，尿素脱蜡装置终于在万众期待中设计成功，这对利用大庆原油为航空以及高寒地区提供燃料起到了积极的作用。后来的石油工作者把它和其他四个自主研制的炼油关键新技术亲切地称为石油界的“五朵金花”。徐承恩也由此奠定了自己在中国石油界的地位。

在长期的炼油科技实践中，他认真按科学规律办事，仔细听取群众意见，严格要求，严格把关，坚决反对马虎了事和急于求成的浮躁行为。他经常向工程技术人员强调说：“科学是极为严谨和实实在在的，尤其是对我们天天接触易燃易爆的石化工业设计人员来讲，更是来不得半点马虎，否则就可能给国家和人民的生命财产造成巨大损失。”半个多世纪以来，无论时间多么紧，身体多么累，任务多么急，他总是“严细”当头，一丝不苟，使装置一次成功。

徐承恩是北京石油学会的创始人之一和连续三届的理事长，对首都治理大气污染工作十分关心。在他的提议和主持下，北京石油学会为促使国家对陕甘宁气田的开发及陕京800公里输气工程的立项，做了很多工作。在北京申办奥运会前夕，为了治理汽车尾气，他提出并主持召开了改善北京环境取消低标号汽油研讨会，会议提出了提高汽油质量要分“高标号化—无铅化—优级化”三步走的战略目标。北京市采纳后在全国产生了很大影响，上海、广州等许多大城市也相继采纳，实现了汽油无铅化。

徐承恩长期从事炼油厂的工程设计工作，曾先后参加设计和主持审核国内燕山石化炼油厂、福建炼油厂等6个大型炼油厂及两个援外炼油厂，取得了突出业绩，为新中国炼油工业的发展作出了重要贡献。1990年，徐承恩被原建设部授予首批“全国工程勘察设计大师”称号，1990年，他被中国石化评为“有突出贡献的科技和管理专家”。如今虽已年迈，但他仍惦记着石化工业的发展，他执着敬业、高风亮节、无私奉献的精神令人赞叹不已。

资料来源

中国工程院：徐承恩[EB/OL].https://www.cae.cn/cae/html/main/colys/31644690.html.

教学建议

本案例可作为《思想道德与法治》(2021 年版)“第一章　领悟人生真谛　把握人生方向”的“第二节　正确的人生观”的教学素材。

蹇锡高：做中国自己的高性能材料

蹇锡高，1946年1月出生于重庆江津，中国工程院院士，有机高分子材料专家。

新中国成立后，江津办起了学校，蹇锡高走进了校园，父母也通过各种渠道学习了文化知识，一家人的日子慢慢好起来。年幼的蹇锡高知道是知识改变了家庭的命运，过上了好日子，所以，“长大后要成为一名科学家”的愿望就此萌发。“崇尚科学要从娃娃抓起，我特别理解为什么要提倡扣好人生‘第一粒扣子’。”蹇锡高以自己的经历为例，鼓励更多青少年崇尚科学、热爱科学。

1964年，蹇锡高顺利考入大连工学院(大连理工大学前身)高分子化工专业。自此，他一直专注于高分子材料合成、改性及其加工应用新技术的研究。在国家“八五”“九五”重点科技攻关项目、“十五”863计划以及省市重大项目的支持下，蹇锡高从分子结构设计出发，首创性地研制成功含杂萘联苯结构新型高性能工程塑料。这种塑料既耐高温又可溶解，是目前耐热等级最高的可溶性高性能工程塑料，解决了传统高聚物不能兼具耐高温和可溶解特性的技术难题，不仅可以热成型加工制成各种结构件，还可以溶解加工制作耐高温特种绝缘漆、涂料、分离膜等。这些高性能工程塑料及其深加工产品，由于具有高强度、高绝缘、耐腐蚀等优异综合性能，而且成本相对较低，被广泛应用于航空航天、电子电气、核能、石油化工、环保等高技术尖端领域和民用领域，甚至还远销欧洲、美国、韩国、日本等国家和地区。

对蹇锡高来说，没有什么比让他研究高分子材料更加快乐，也没有什么比让他探索高性能材料更加刺激。在堆满各类研究资料和材料的工作室里，他说，研究高分子材料是自己毕生的事业。

蹇锡高选择的高性能高分子材料领域，许多技术长期被国外垄断，国内无任何科研经验可借鉴，国外无任何资料可参考。面对困难，蹇锡高从容淡定。他说：“科研上有难题很正常，这个时候我们不仅需要知识和经验，更需要毅力和韧劲。”困难让蹇锡高不敢有半点轻率和疏忽，同时也让他更加充实和坚定。在高分子材料合成、改性及其加工应用新技术研究领域拼搏的几十年中，蹇锡高都凭借这种执着精神，一次又一次攻克难关，在高性能工程塑料领域获得丰硕的成果。

对此，他充满了幸福感：“我常跟自己的学生讲，不要以为学习和工作是苦差事，一个人如果有自己想干的事业，就是幸福的，如果能够有所成就，就是最大的幸福。只有不辞辛苦，才能永不心苦”。

助蹇锡高成功的另一关键词，当属“创新”。创新是科技发展的灵魂，也是蹇锡高一直坚持的科研精神。秉承着这一理念，蹇锡高研制出了很多新型材料。

然而，蹇锡高追求的不仅是这些，每每谈到自己的新技术和新材料，他更关心这些创新的成果如何走出实验室，科研成果如何实现产业化，成为真正具有社会价值的产品。

蹇锡高对他的团队提出：“我们要走从实验室到工厂，从工厂到市场的科研路子，为振兴民族工业尽一份力。”

正是抱有振兴民族工业的使命感，多年来，蹇锡高率领团队开发的三个系列十多个品种均实现了规模化生产。目前，他们开发的多项技术和产品已经实现了产业化，促进了相关领域产品技术升级换代，推动了我国高性能工程塑料及相关产业的发展。

如今，蹇锡高和团队不仅组建了实验室合成研究基地，而且有年产 100 吨规模的中试研究开发基地和高性能树脂深加工示范研究中心，形成了研究、开发、生产、销售“一条龙”。这样可以大大缩短新技术、新产品产业化的时间。“我们敢向国际老牌大公司的同类产品挑战，我们的芳醚材料、绝缘材料、涂料等都是最好的，分子结构最稳定，价格最便宜。”

在蹇锡高的带领下，他们团队不断创新发展，使我国在高性能工程塑料领域真正实现了从跟跑到领跑，走到了世界前列。因他的专利可以创造巨大经济效益，有外国机构多次提出要高价收购，但他一一婉拒：“科技强国才能挺起民族脊梁，我的科研成果能为祖国发展效力，比什么都重要。”“料要成材，材要成器，器要好用。”蹇锡高心里的目标从来没变：振兴民族工业，做中国自己的高性能材料。

本已过了退休的年纪，蹇锡高却依然斗志不减。他把工作日程表安排得满满当当，几乎放弃了所有节假日。作为有着 40 多年党龄的老党员，蹇锡高在自己所在党支部组织的“不忘初心、牢记使命”重温入党初心活动中，郑重写下这样的话：“我入党四十多年了，从没忘记入党誓词，要为共产主义事业奋斗终身！作为科技工作者，我一定牢记习近平总书记的嘱托，不忘初心、牢记使命，为满足国家重大需求，为祖国富强繁荣贡献余生一切力量。”2021 年，蹇锡高被评为“2020 年度中国石油和化工行业影响力人物”。

资料来源

1. 蹇锡高：毕生研究高分子材料我很幸福[EB/OL].(2016-01-01). https://www.163.com/news/article/BC7LE41S00014AED.html.

2. 记蹇锡高院士：有自己想干的事业，就是幸福的[EB/OL].(2013-12-20). https://news.sciencenet.cn/htmlnews/2013/12/286568.shtm.

教学建议

本案例可作为《思想道德与法治》(2021 年版)“第二章　追求远大理想　坚定崇高理念”的“第二节　坚定信仰信念信心”的教学素材。

创新篇

(1978年—)

屠呦呦：此生执着青蒿素

屠呦呦，1930年12月出生，浙江宁波人，1955年北京医学院(今北京大学医学部)药学系毕业后，分配到中国中医科学院中药研究所工作。中国中医科学院终身研究员兼首席研究员，中国中医科学院青蒿素研究中心主任，国家最高科学技术奖获得者，共和国勋章获得者，诺贝尔生理学或医学奖获奖者。

从几十年前起，屠呦呦就一直在跟青蒿素打交道。1969年1月21日，屠呦呦了解到一个全国性大协作项目——“523”任务，她的科研人生就此迎来转折。

“523”任务，是一项援外战备紧急军工项目，也是一项巨大的秘密科研工程，涵盖了疟疾防控的所有领域。

抗疟药的研发，就是在与疟原虫夺命的速度赛跑。屠呦呦被委以重任，在于她扎实的中西医知识和被同事公认的科研能力。

接手任务后，屠呦呦翻阅古籍，寻找方药，拜访老中医，对能获得的中药信息，逐字逐句地抄录。在汇集了包括植物、动物、矿物等2000余内服、外用方药的基础上，其课题组编写了以640种中药为主的《疟疾单验方集》。正是这些信息的收集和解析为青蒿素的发现奠定了基础。

到1971年9月初，课题组筛选了100余种中药的水提物和醇提物样品200余个，但结果令人失望。

只好重新埋下头去，看医书。

从《神农本草经》到《圣济总录》再到《温病条辨》……终于，葛洪的《肘后备急方》中关于青蒿抗疟的记载，给黑暗中摸索的课题组一抹亮光——“青蒿一握，以水二升渍，绞取汁，尽服之。”

古人为何用“绞汁”，是不是因为加热会破坏青蒿里的有效成分？屠呦呦决定用沸点只有34.6℃的乙醚来提取青蒿。实验过程繁复而冗长。1971年10月4日，在190次失败后，191号青蒿乙醚中性提取物样品抗疟实验的最后结果出炉——对疟原虫的抑制率达到100%。

1972年3月，屠呦呦在全国“523”办公室主持的南京中医中药专业组会议上，报告了青蒿乙醚中性粗提物的鼠疟、猴疟抑制率达100%的结果。

汇报了以后，“523”办公室便要求，必须到海南临床，看一看到底效果如何。

要上临床，就必须制备大量青蒿乙醚提取物。当时，药厂停了，课题组只能土法上马，用7个大水缸取代实验室常规提取容器。设备简陋，没有通风系统，也没有实验防护。屠呦呦整天泡在实验室，得上了中毒性肝炎。

有了乙醚中性提取物后，在个别动物的病理切片中，又发现了药物的疑似毒副作用。药理人员认为，只有确证安全性后才能用于临床。

屠呦呦着急了。疟疾这种传染病有季节性，一旦错过当年的临床观察季节，就要再等一年。于是，她干脆向领导提交了志愿试药报告。1972年7月，屠呦呦等3名科研人员在医院严密监控下进行了一周的试药观察，未发现该提取物对人体有明显毒副作用。随后，屠呦呦亲自携药，去往海南昌江虐区救人。

结果显示，该药品对当地、低疟区、外来人口的间日疟和恶性疟均有一定效果。再之后，屠呦呦课题组的组员分离出了有抗疟作用的有效单体。

青蒿素类抗疟药，是举国体制的成果、集体主义的结晶，也是自主创新的杰作。屠呦呦常强调，荣誉，属于科研团队中的每一个人，属于中国科学家群体。

在2015年获得诺贝尔生理学或医学奖之后，屠呦呦平静的生活也一度被打破。对场面上的事，她能躲就躲。但对科研，对自己真正热爱的青蒿素事业，她不躲不避。屠呦呦的同事说，她不讲场面话，直来直去，对青蒿素特别执着，一说青蒿素眼睛就亮。

资料来源

屠呦呦：此生执着青蒿素［EB/OL］.（2021－06－01）. https://baijiahao.baidu.com/s? id=1701351314077020023&wfr=spider&for=pc.

教学建议

本案例可作为《思想道德与法治》(2021年版)“第一章　领悟人生真谛　把握人生方向”的“第二节　正确的人生观”、“第二章　追求远大理想　坚定崇高信念”的“第一节　理想信念的内涵及重要性”的教学素材。

陈俊武：以身许国绘“金花”

陈俊武，1927年3月出生于北京，祖籍福建长乐，中国科学院院士，曾任中国石化总公司洛阳石油化工工程公司经理、中国石化集团公司科技委委员，现任中国石化集团有限公司科技委顾问、中石化广州(洛阳)工程有限公司技术委员会名誉主任。

陈俊武同志是我国著名的炼油工程技术专家、催化裂化工程技术奠基人、煤化工技术专家，曾先后荣获国家科技进步一等奖(2次)、国家技术发明一等奖，曾被授予“全国五一劳动奖章”，荣获“全国优秀共产党员”“全国劳动模范”“全国工程勘察设计大师”“最美奋斗者”“时代楷模”等称号和“何梁何利基金”科学与技术进步奖。他投身中国石油石化工业七十载，为石油石化工业发展作出了突出贡献，是石化人“不忘初心、牢记使命”的杰出代表，是悟初心、守初心、践初心的先进典型。

一、陈俊武同志热爱祖国、忠诚事业，具有深厚的家国情怀

20世纪40年代末，陈俊武从北京大学化工系毕业。1949年建国前夕，他克服重重困难，带着母亲从台湾返回大陆，投身到国家建设中来。他怀着振兴石油石化工业的梦想，主动要求到生活条件艰苦的抚顺，从事人造石油项目设计与生产。20世纪60年代，他急国家之所急，刻苦攻关，打破外国技术封锁，带领团队完成了我国第一套流化催化裂化装置的开发和建设，催开了我国炼油技术的第一朵“金花”。他持续探索创新，主持完成的同轴式催化裂化、渣油催化裂化技术先后获得国家科技进步一等奖。20世纪90年代，他怀着为国分忧的满腔热忱，将目光转向国家石油替代战略研究，指导完成了甲醇制烯烃技术工程放大及工业化推广应用，为我国煤炭资源深度转化利用开辟了全新技术路线。陈俊武同志始终以国家需要为使命，以企业发展为目标，始终涵养家国情怀，不忘初心使命，把个人命运融入国家发展伟业，为国家石油石化工业发展而不懈努力。

二、陈俊武同志精细严谨、精益求精，具有过硬的求实作风

他曾先后主持过多个炼油厂和上百套炼油装置的设计，开创了催化裂化工业实践的新理论和新方法。他以严谨的科学态度，深入实际，深入一线，准确计算，反复论证，力争每个项目的设计都有所创新，每次问题的解决都为日后同类装置的建设积累经验。在实践中遇到新问题，他总要用科学的方法去探究，在精细严谨的工作中寻求答案。他主编的《催化裂化工艺与工程》一书，系统总结了我国催化裂化技术的工业实践。全书在20多年间出版再版三次，内容丰厚、逻辑缜密，材料数据完善翔实，荣获第八届全国优秀科技图书二等奖，受到石化行业读者的广泛好评。陈俊武同志严以治学、聚精会神、精钻细研、一丝不苟，始终以“严、细、实、恒”的作风，精细严谨地对待工作。

三、陈俊武同志勇于超越、开拓创新，具有强烈的担当精神

多年来，他直面制约企业发展的技术难题，自我加压，持续探索，推动了石油石化工业技术的创新发展。在抚顺石油三厂工作时，他主动承担炼油设备的技术革新任务。面对技术复杂、资料缺乏的困难，他深入考察国外先进技术，收集国内相关研究成果，结合实际，创造性应用，在催化裂化领域开创性地研发了一系列反应-再生工程技术，使催化裂化技术从跟踪模仿转变到自主创新，实现了跨越式发展。进入耄耋之年，他以科学家的责任与担当，高度关注温室气体排放和低碳经济研究，出版了《中国中长期碳减排战略目标研究》专著，为国家碳排放政策的制定、能源结构的调整、能源使用效率的提高、确保经济持续发展提出了积极的科学建议。陈俊武同志始终致力于解放思想，实事求是，敢于创新，敢闯新路，以永不懈怠的精神、时不我待的追求，迎难而上，抢占先机，引领中国石化的未来发展。

四、陈俊武同志淡泊名利、甘为人梯，具有高尚的人格操守

他严于律已，在住房、公务待遇等方面始终严格要求自己。他谢绝了一些正常的福利待遇，坚持步行上班近20年。大庆常压渣油催化裂化技术荣获国家科技进步一等奖，在上报材料时，他主动提出不报自己，而把课题组另一位同志纳入获奖名单。所在公司机关搬迁至广州，组织给他提供了一套住房，也被他婉言谢绝。他捐出自己的20万元授课费用于奖励优秀青年学子，还默默资助贫困大

学生直到毕业。他满怀对科技队伍建设的强烈责任感，悉心培育青年科技人才。他提出采用“学分制”进行继续工程教育，勉励青年人提高基础理论水平、练好内功。他呼吁老专家们都要带“徒弟”，培养业务尖子，以形成“尖刀队形”。1992 年至 2000 年，在中国石化集团总部的大力支持下，他组织了多期催化裂化技术高级研修班，并亲自为研修班学员授课。这类培训班延续至今，为中国石油化工行业培养了一批高水平的技术和管理专家。

资料来源

最美奋斗者：陈俊武简介[EB/OL]. http://zmfdz. news. cn/25/index. html.

教学建议

本案例可作为《思想道德与法治》(2021 年版)“第一章　领悟人生真谛　把握人生方向”的“第二节　正确的人生观”、“第二章　追求远大理想　坚定崇高理念”的“第三节　在实现中国梦的实践中放飞青春梦想”、“第三章　继承优良传统　弘扬中国精神”的“第二节　做新时代的忠诚爱国者”的教学素材。

谭天伟：认真科研，用心做教育的北化校长

谭天伟，1964年2月出生于甘肃天水，祖籍湖南湘潭。生物化工专家，中国工程院院士。

1981年，谭天伟以优异的成绩考上了清华大学化学工程专业，此后开启了他本硕博连读的历程。曾凭借多项成果获奖，如从菌丝体中提取麦角固醇、壳聚糖和氨基葡萄糖，获2000年中国高校发明二等奖等。入选“长江学者奖励计划”特聘教授。

谭天伟热衷于教育事业，取得博士学位后，来到北京化工大学任职副教授，1996年9月晋升为教授。由于能力出众，2003年，担任了生命科学与技术学院院长，2007年担任副校长；2012年，凭借卓越的工作成效被任命为北京化工大学校长。

出生于军人之家的谭天伟，从小就对科学有着浓厚的兴趣。早在中学时代，就多次荣获陕西省及西安市中学生数理化竞赛大奖。1985年，生物技术开始崭露头角，当时谭天伟是清华大学化学工程专业四年级的学生。面对这种新学科的兴起，他在全系中第一个做出决定，选修生物课程。专业的转向意味着一种新的挑战，他一面学习化学工程课程，同时还要从头学习生物化工专业的基础知识。1986年7月，他被评为清华大学的“优秀毕业生”。因成绩优异，被母校破格录取为直接攻读博士学位的研究生。1990年他被国家教委（现教育部）派往德国国家生物技术研究院学习生物化学工程。一到德国，谭天伟就开始独立地研究导师交给的新项目，即双水相萃取一种新的生物分离技术。德国导师对待实验的态度是：在实验中，每一过程都要按要求进行严格操作，绝不能有半点儿疏忽。每一次实验，谭天伟都争取用最短的时间完成好每一步操作，再把实验获得的数据记录下来。他的勤奋与严谨令德国老师刮目相看。

当时，世界生物化学领域里生物分离技术并不很先进，所需要的材料成本高，工业化应用又很难。如何降低浓度，减少原材料成本，成为化学工程界一道

难解的题。瑞典得隆大学是双水相萃取技术的发明地，在德国学习期间，为了学习最新的双水相萃取技术，谭天伟又来到瑞典得隆大学继续进行双水相萃取的研究与实验。5年后，谭天伟去瑞典 Pharmacia 公司，借助国外公司的资助和国外的先进仪器和设备，仅用半年时间就完成了一项国家“九五”攻关项目，即维生素 D2 色谱分离新工艺，该项成果荣获教育部科技发明二等奖。

谭天伟遇到困难坚持不懈，不肯放弃。1993 年谭天伟回国，来到北京化工大学做博士后研究工作。当时北京化工大学的生物化工专业比较薄弱，主要以教学为主。那时谭天伟只有 2 万元的博士后研究经费，其中包括他两年的工资。但这丝毫没有动摇他的追求，经费不足，他就紧缩开支，节省每一分钱。那时他经常到王府井化学试剂商店买些试验必需的药品和设备。为了省钱，他舍不得“打的”，每次都是自己抱着一大堆试剂和设备挤公共汽车。他曾自己蹬着三轮车，从化工大学到三台山买化学用品，一去就是一整天。就这样，他用每次省下来的车钱，可再买些试验用的药剂和设备。

1994 年，他第一次申请到中国科学院化工冶金研究所(现过程工程研究所)生物化工国家重点实验项目，得到了 5 万元的科研经费。他用这笔钱，先后做了几个重点项目。先前，透明质酸发酵水平在国内每升产品只有 4~5 克。谭天伟经过大量的科学试验，采用新的发酵技术进行处理，使每升产量达到了 7 克。他还用一种新的方法研制了一种高产菌种，大大提高了发酵速度，这种技术现已达到国际先进水平。此科研项目荣获 1999 年化工部科技进步一等奖。20 世纪 90 年代，我国维生素 D2 产品大部分靠进口，国内维生素 D2 的生产得率只有 25%~27%。谭天伟开发了一种廉价的生产技术，使这项产品得率高达 40%，达到国际先进水平。他还开发利用生物法合成生产壳聚糖和氨基葡萄糖，此成果通过了国家科技部的技术鉴定，荣获 2000 年教育部技术发明二等奖。谭天伟勇于创新，敢于实践。在与日本人竞争项目时，他以非常低的研究经费赢得项目，后来由于经费的缺少，他一度遭受一些资历颇深的专家的嘲讽，但是他没有放弃，带领着团队不断实践，放弃老套路，创造新道路，最后真的研究出了低廉的方法，赢得了专家们的一致好评。

经过多年的潜心钻研，谭天伟在生物工程领域取得了丰硕的成果。作为项目负责人先后承担了国家攻关项目、863 项目、国家自然科学基金重点项目和 973 项目 14 项，部委级项目 10 项，累计发表 SCI 论文 200 多篇，EI 论文 230 多篇。以第一获奖人获得国家技术发明二等奖 2 项，省部级一等奖 5 项，二等奖 5 项。

谭天伟热爱教育事业，爱和学生们在一起。在全国的大学校长中，能够坚持每周给本科生上基础课，而且一上就是20多年的，为数并不多。

视野开阔了，做起科研才有前瞻性。这也是谭天伟坚持给本科生授课的主要原因。回忆自己年轻时求学的经历，正是因为得到不同风格的导师的影响，他才最终形成了自己的敢于挑战敢于创新的科研风格。上行下效，满园的绿色中，越来越多的院士、博导、硕导走进了本科生的基础课与核心课的课堂，令学生们受益匪浅。

谭天伟对教育的付出赢得了学生们的高度认同。正因如此，在中国高等教育协会等单位组织的“学生喜爱的大学校长”评选活动中，谭天伟获评“2015年学生喜爱的大学校长”。学生们说，喜欢看到校长夹着书本匆匆走进课堂，喜欢在食堂里看到校长和他们一起打盒饭，喜欢校长在讲座中展示的国际视野和流露的智者幽默……

因为学生们的喜爱和期待，谭天伟更不敢有须臾懈怠，他激动地表示：“育人是我一生必须做的事情！”

资料来源

1. 冯宽昕．在自己的舞台上——记北京化工大学谭天伟教授[J]．神州学人，2002(3).

2. 生物工程专家谭天伟：“为祖国奉献是我最感骄傲的事情”[EB/OL]．(2016-5-23). http://www.scio.gov.cn/32621/32629/32755/Document/1478455/1478455.htm.

教学建议

本案例可作为《思想道德与法治》(2021年版)“第一章　领悟人生真谛　把握人生方向”的“第三节　创造有意义的人生”、“第二章　追求远大理想　坚定崇高信念”的“第二节　坚定信仰信念信心”、“第四章　明确价值要求　践行价值准则”的“第三节　积极践行社会主义核心价值观”的教学素材。

张立群：科技战“疫”、科研报国的材料大牛

张立群，1969 年 12 月出生于内蒙古自治区锡林郭勒盟多伦县，中国工程院院士，北京化工大学党委常委、副校长，博士研究生导师。主要从事橡胶材料科学与工程、聚合物纳米复合材料、生物基高分子材料与聚合物加工工程方面的研究。2005 年入选教育部“长江学者奖励计划”特聘教授，2007 年获国家杰出青年基金，2012 年入选第一批国家“万人计划”，2013 年入选国家 973 项目首席科学家。发表文章 400 余篇，其中以第一作者或通讯联系人发表的 SCI 收录文章约 400 篇，入选 Elsevier 2014—2020 年中国高被引学者名单。获得授权发明专利 120 余项，以第一完成人获得国家技术发明二等奖 2 项、国家科技进步二等奖 1 项。从读书到工作，张立群将自己大部分的时间和精力都投入到了材料科学研究工作之中，立志为发展中国高分子材料事业奋斗终生。

一、科技战“疫”

2020 年 2 月，新冠肺炎疫情正在全球快速蔓延，这是一场波及全球的重大灾难。全球战“疫”，无论过程多么曲折，归根结底科学技术是制胜的最终武器。

在科研战“疫”过程中，张立群教授团队关注时事民生。聚焦解决我国医用和民用口罩在疫情期间突出的供需矛盾，聚力为打赢“疫情防控”和“复工复产”两大战役提供战略物资储备，与校内外多个科研团队联合攻关，在可重复使用民用口罩材料关键技术方面取得突破。

张立群教授所在的先进弹性体材料研究中心联合道恩高分子材料股份有限公司田洪池博士团队，在深入分析可重复使用民用口罩的性能要求后，提出研发一种高荷载电荷/高抗静电衰减、抑菌、抗老化三合一的新型熔喷级聚丙烯(mb-PP)，应用其制备民用口罩，以达到更耐消毒清洗、抑制细菌滋生、可长期存储和具有可重复使用性能的要求，并迅速组织研究力量展开科技攻关。该工作受到北京市领导的高度重视和充分肯定。

在北京化工大学党委的领导下，依托有机-无机复合材料国家重点实验室、北京生物医用材料实验室等，张立群教授团队联合山东道恩高材股份、北京服装学院王锐教授团队、北京量子金舟、北京联合康力、北京时尚控股集团铜牛公司等，产学研用紧密结合，协同攻关，很快就取得了技术突破，并已经批量试制了百万余只高性能口罩。2020 年 4 月给北京市提供 1000 万只可重复口罩，驰援首都“抗疫”和“复工”战役。

二、推动橡胶行业发展

此外，我国每年橡胶消耗量近 1000 万吨，其中合成橡胶消耗量为 500 万吨左右。然而，我国天然橡胶产量不足，进口量超过 80%。我国是合成橡胶生产的第一大国，但没有一个橡胶材料的结构是中国原创的。合成橡胶依赖于石化资源，且很多高性能合成橡胶还主要依赖国外进口。

橡胶制品易老化磨损、耐用性差，因此如何提高橡胶材料的耐用性和抗破坏性，一直是行业技术攻关的重点课题。针对这些问题，张立群提出了橡胶材料纳米增强必要性的观点，并将其演化为解决橡胶低强度难题的重要原则，进而提出了纳米强化的“逾渗”机理，包括临界粒子间距、最佳交联密度、最佳界面作用度等概念参数，并阐明纳米增强橡胶的本质是大分子与纳米颗粒共同构建的物理网络在外力作用下产生的演变耗能及分子取向强化。这套机理为高性能纳米复合材料的设计与制备提供了理论指导，并为国内外橡胶学者广为接受。

橡胶的黏度高，与纳米颗粒的分散复合极为困难，混合能耗大。如何低成本，高效能地实现纳米颗粒在橡胶中的分散与界面调控，是橡胶行业一个重大需求。针对这一问题，张立群带领科研团队，发明了纳米颗粒水分散体-橡胶乳液共混共凝制备复合材料成套技术，实现了储量丰富且廉价的天然黏土在橡胶中的纳米剥离分散与界面调控，使橡胶与纳米粒子混合分散的综合能耗降低 20%以上，橡胶强度提高 6~10 倍，气密性提高 50%以上，为我国橡胶行业的发展作出了卓越贡献。

2021 年 5 月 25 日，由中国石油和化学工业联合会组织，对张立群教授领导的，以北京化工大学先进弹性体材料研究中心为主完成的“官能化生物基衣康酸酯-丁二烯橡胶”科技成果进行了鉴定评价。鉴定专家组在听取项目组汇报，审查了相关资料，经过质询和讨论后，一致认为官能化生物基衣康酸酯-丁二烯橡胶材料结构设计与合成居国际领先水平，同意通过鉴定，建议大力推广。根据估算，生产每吨官能化生物基衣康酸酯-丁二烯橡胶相比传统石油基合成橡胶，能够减少碳排放 1.44 吨，可以为我国橡胶行业实施碳达峰碳中和目标提供积极支撑。

由于张立群在生物质橡胶方面的杰出贡献，2021 年他被评为“中国工程院院士”。

资料来源

1. 北京化工大学张立群教授团队战“疫”故事[EB/OL].(2020-8-7).https://www.sizhengwang.cn/a/zt_7102_sgyxd_zygsh/200807/592613.shtml.

2. 成功当选院士！北京化工大学张立群：每吨生物基橡胶减[EB/OL].(2021-11-24).https：//www.autolightweight.com/article-346332-1.html.

教学建议

本案例可作为《思想道德与法治》(2021 年版)“第三章　继承优良传统　弘扬中国精神”的“第二节　做新时代的忠诚爱国者”、“第四章　明确价值要求践行价值准则”的“第一节　全体人民共同的价值追求”的教学素材。

曹湘莉：丽草白葳蕤

曹湘莉，女，1974年出生，中共党员，中国石化沧州炼化公司质量计量中心化工分析主管技师。曾获河北省“燕赵榜样母亲”、中国石化优秀共产党员等多项荣誉，她的事迹先后被沧州晚报、中国石化报、石化美网等媒体刊登报道。

2021年1月4日清晨，曹湘莉安抚好一夜未睡的女儿，用凉水洗了把脸，对着镜子里憔悴的面庞笑了笑，振作起精神来到自己的岗位。

“不管有多疲惫，每天走进色谱分析室，看着亲手调试校正过的仪器，听着热丝嗒嗒响的声音，心里就感觉特别踏实。”谈起工作，曹湘莉脸上一扫倦意。

曹湘莉已经在沧州炼化实验室工作了29个年头。这些年来，她扎根分析岗位，从一名普通化验员成长为主管技师，解决多项技术难题、创新分析操作法、带领团队完成无数次仪器调试，前后6次斩获公司技术比武金奖和银奖。谁能想象，这样一位在工作岗位上发光发热的女性，同时还精心抚养着一对患有脑性瘫痪的儿女。

18年前，曹湘莉还没来得及享受初为人母的喜悦，她的两个新生儿就先后被确诊为脑瘫，伴生的白内障、自闭、癫痫等疾病接踵而至，两个孩子被病痛折磨得彻夜啼哭。那段时间，曹湘莉似乎经历了一辈子的痛，流尽了一生的泪。

但曹湘莉最终选择了勇敢面对。“那感觉真是绝望，我不知道哭过多少回。但是我不能泄气啊，我得让孩子们好好活下来！”短短一句话背后，是带着孩子无数次辗转医院的18年，是抱着哭闹的孩子彻夜不眠的漫漫长夜，是早早爬上鬓角的丝丝白发……

“我永远忘不了，4岁女儿第一次清楚地喊出‘妈妈’时的情形。”曹湘莉哽咽着几乎难以说完这句话。虽然两个孩子智力仍受影响，不会说话，但看到孩子的每一点进步，她都感到无比欣慰。

要强的曹湘莉一边挑起了生活的重担，一边又扛起了工作的重任。最难熬的还要说2017年，那一年，曹湘莉所在车间进行班组优化整合，原来4个人的团队，只剩下她和一名转岗职工两人。这时，她们接到配合装置铜片腐蚀技术攻关的任务，采样点遍布全厂，很多在采油区的二、三层平台。

作为分析组组长的曹湘莉每天都要登高爬梯，带着钢瓶在厂区里反复穿梭。曹湘莉患有严重腰椎间盘突出，无法正常地拎钢瓶，只能用双手抱起钢瓶，分批把它们运下楼，采样回来后再分批抱上楼。这样工作一天后，剧烈的腰腿疼痛让她连弯腰脱鞋袜都困难。就在这时，坏消息接踵而至，曹湘莉的公公被诊断为多发性骨髓瘤，不久，曹湘莉的母亲又摔断了胳膊和脚，生活不能自理。

“那段时间，我和丈夫努力地拼接时间，下班后交叉回家照顾孩子、去医院伺候老人，时间安排得满满当当。”每天，早晨做完分析工作后，她就立刻回家看孩子，再去医院照看老人，然后赶回单位继续上班。这样连轴转，她有时一天一宿都合不上眼。

不得已时，曹湘莉只能把孩子锁到家里。没人陪伴，孩子情绪起伏剧烈，一宿不睡觉是常事，曹湘莉看到孩子时而暴躁，时而疲惫，愧疚得心里发疼。即便这样，曹湘莉工作上愣是没掉一回链子，按时完成了第一个月 100 多项次的铜片腐蚀分析任务。面对“高难度模式”的人生，曹湘莉从未认输，还希望用自己的能量温暖他人，将爱传递下去。

“我就想在退休前，把自己这些年积累的知识都传承下去，化验室就像我的另一个孩子，我希望‘她’越来越好！”一提到工作，曹湘莉就神采飞扬。在完成日常任务之外，她还制作了几乎所有化工岗位的操作指导书和视频课件，她带出的 20 多名徒弟都已经成长为公司的骨干力量。

资料来源

1. 沧州炼化曹湘莉上榜 2021 年 5 月“时代新人 · 河北好人”[EB/OL]. http://czpc.sinopec.com/czpc/news/com_news/20210622/news_20210622_735487047203.shtml.

2. 向奋斗者致敬，中国石化颁发感动石化人物大奖！[EB/OL].（2021-6-24）. https://www.sohu.com/a/473781206_188371.

教学建议

本案例可作为《思想道德与法治》（2021 年版）“第一章　领悟人生真谛　把握人生方向”的“第三节　创造有意义的人生”的教学素材。

曹绪龙：油藏深处炼“潜心”

宇宙无垠，人力有尽，他却以“越是困难越向前”的革新精神，一次次为大幅度提高复杂油藏采收率带来欣喜改变。

行业冷门，岗位平凡，他却凭借“十年磨一剑”的执着坚守，向胜利油田交出一张“三采”累计增油3116万吨的成绩单。

曹绪龙，1964年2月出生，中国石化集团公司油气开发高级专家。历经37年上下求索，从不知油藏到熟悉油藏、改造油藏，他成功完成一项项技术创新，带领团队开创了胜利油田化学驱三次采油技术从跟跑、并跑到领跑的崭新局面。

2017年，第22届世界石油大会在土耳其举办。曹绪龙代表胜利油田所作的非均相复合驱技术，作为第6会场压轴报告，引起参会同行高度关注。在他走下报告席后，仍有一些意犹未尽的各国代表围着他问个不停，国外同行对创新技术的关注、对矿场实践的肯定，使他作为一名中国人的荣誉感和自豪感延续至今。

这是曹绪龙职业生涯中的“高光时刻”，但他却说：“一个人浑身是铁也打不了几颗钉，这些成果和突破，是油田顶层设计的结果，也是团队成员集体智慧的结晶。只有融入团队、依靠团队，才能走得更高更远。”

现如今，胜利油田化学驱三次采油技术走过学习引进、集成创新再到自主创新之路，历经了超越权威、超越前人再到超越自我的过程，早已摆脱了过去只能在别人后面跟跑的落后局面，辽河油田、大庆油田等国内同行甚至挪威、科威特等国际同行也纷纷前来学习。

曹绪龙越发觉得身上的责任更重了。他常说只有付出了才更懂得珍惜，这些年，他和同事像养活一棵小树苗一样，为“化学驱三次采油事业”浇水、培土、剪枝、施肥，直到它长成大树，每当想到有一天要从这个岗位上退休，心里就升腾起很多牵挂和不舍。

建设好化学驱团队是他的心愿。无论是到高等院校开展学术交流，还是到科研院所商讨合作项目，曹绪龙总喜欢与对方专家教授聊聊他的学生，“他们的研究方向是什么?”“有没有非常出色的?”一旦发现团队需要的好苗子，他会千方百计把他“请进来”“留下来”。经他牵线搭台，胜利油田先后引进并留住姜祖明、季岩峰、徐辉、石静、于群等优秀博士后，他们已经成长为能够独当一面的科研骨干。团队还培养了郭兰磊、祝仰文、曹伟东等专家，在三采领域都有了很深的造诣。

曹绪龙今年(2020 年)已经 56 岁。37 年前，他从老一辈师傅们手中接过嘱托和重任；37 年后，他忙着带徒弟、建平台，希望倾尽心血和汗水，努力把团队打造成国内乃至国际的一流科研团队。身处日新月异、百舸争流的新时代，他们已经明确了新的攻关方向：突破百度高温、探索 50 毫达西、拓展海上、扩大 2000 毫帕秒油藏，向着再一个“百万吨增油量”的极限目标发起挑战。

到那时候，他会站在这条心爱毕生、坚守毕生的跑道上，把手中这根“化学驱三次采油”的接力棒，放心交给新一辈。

资料来源

曹绪龙：油藏深处炼“潜心”[EB/OL].(2020-8-31). https://baijiahao.baidu.com/s?id=1676505296240830323.

教学建议

本案例可作为《思想道德与法治》(2021 年版)“第五章　遵守道德规范　锤炼道德品格”的“第一节　社会主义道德的核心与原则”的教学素材。

邓尚：大漠书新篇

邓尚，男，中共党员，2016年博士毕业于美国斯坦福大学地质系，任石油勘探开发研究院西北中心副经理。

2021年春节刚过，邓尚就从北京飞赴乌鲁木齐。5年来，他长驻西北勘探科研生产一线，年均驻疆300多天。在他心里，5年前的“去新疆”，如今已经变成“回新疆”。

来中国石化之前，“海归”博士邓尚的经历非常丰富。他曾就读斯坦福大学，科研工作扎实，并在康菲石油公司任职。但多年海外经历也让他意识到，只有祖国繁荣昌盛，海内外的中国人才会自信强大。“我的根在中国。”他说，并毅然选择回国。

2016年，邓尚入职石勘院西北地区勘探开发研究中心，主动要求：“我要到一线去，到油田做些实实在在的事。”入职不到半年，邓尚就赶上顺北油区大发现。当看到顺北断裂带的资料时，他敏锐地意识到，这里是一座“金矿”。

顺北油田油藏分布受走滑断裂控制，隐蔽性强，国际上也没有类似案例，当时国内盆地地下中小尺度走滑断裂研究刚刚起步，精准找到并解析控制油藏分布的走滑断裂，难度极大。邓尚决定对走滑断裂带进行基础研究。仅在工作的第一年，邓尚就分析了7条断裂带的400多个剖面。“分析剖面其实是个体力活儿，很辛苦。但这是基础，很有用。”

为取得塔里木盆地露头第一手资料，邓尚和同事顶着50摄氏度的高温，行程千余公里。便携式钻机等设备有40公斤重，在野外只能靠肩挑背扛。大家争先恐后抢着背，就是希望其他人可以轻松一点。“团队的每一个人都专注、认真，热爱事业，始终激励着我”。

经过多次尝试，基于国际前沿理论，邓尚和他所在的团队创新建立克拉通盆地内部走滑断裂综合解析技术。这一技术，可以将顺北5井所在的整个断裂带沿走向变化细致描述出来，形成断裂解析方案，支撑了顺北5井获得高产。随后，这套方案又先后对顺北1号、顺北5号等主干断裂进行三维空间结构精细解析，为顺北5井、顺北51井等一批高产井的部署与实施和新区三维地震部署、勘探目标优选提供了依据。

有心人，天不负。如今，这套技术方案作为西北油田研究断裂的常用方法，发挥着重要作用；邓尚和同事提出的新地质认识，指导顺北57X井部署实施并获得重大突破，获得2020年中国石化油气勘探突破奖特等奖。

“提供理论基础、建立通用的方法流程，比获得一口高产井更有意义。”邓尚认为。2020年7月中旬，乌鲁木齐遭受二次疫情，生产生活再次按下暂停键。当时，对于顺北4号断裂内部结构与整体部署方案还不明确，居家办公的邓尚和同事，心急如焚。邓尚和其他6名同事主动请缨，逆行坚守办公室，全封闭攻坚38天。只匆匆带了一条薄被、几件换洗的衣服，吃住都在办公室，晚上就睡在一张60厘米宽的行军床上。“当时并不知道疫情会发展成什么样，甚至做好了冬天才离开的准备。我们的想法就是把活儿干好。”邓尚说。38天里，邓尚和同事提出顺北4号断裂带具有分段长、宽度大、通源性强、晚期活动强烈的特征，比1号带具有更大勘探潜力，为重点探井顺北42X井开发奠定了理论基础。

2021年3月11日，顺北42X井获高产工业油气流，日产气82.2万立方米、日产油300吨，油气当量近千吨，成为顺北油气田第一口日产千吨油气井。邓尚团队的技术分析方案再次立功！

与邓尚交流，总能感觉到他身上的那股激情，说起研究课题就会滔滔不绝：“提到顺北常常会热泪盈眶。并不是自己有多大贡献，而是因为亲历了这里的大开发。在顺北干不好，我一辈子都会不踏实！”

资料来源

向奋斗者致敬，中国石化颁发感动石化人物大奖！[EB/OL].(2021-6-24).https://www.sohu.com/a/473781206_188371.

教学建议

本案例可作为《思想道德与法治》(2021年版)“第二章　追求远大理想　坚定崇高信念”的“第三节　在实现中国梦的实践中放飞青春梦想”的教学素材。

高媛：青春无问西东，岁月自成芳华

高媛，女，北京化工大学退伍大学生士兵，国庆 70 周年群众游行“开天辟地”方阵教官，第六届研究生支教团团长。

2020 年 7 月 7 日，习近平总书记在给中国石油大学(北京)克拉玛依校区毕业生的回信中指出：“希望全国广大高校毕业生志存高远、脚踏实地，不畏艰难险阻，勇担时代使命，把个人的理想追求融入党和国家事业之中，为党、为祖国、为人民多作贡献。”

北京化工大学青年学子时刻谨记总书记教诲，在祖国最需要的地方绽放青春之花。高媛作为北京化工大学研究生支教团的典型代表，她的事迹也是六年来研支团成员青春故事的缩影。

从 2017 年开始，高媛的人生经历了多次转折，可以用一句话来概括：本科毕业前报名参军入伍，重返校园后又担任国庆 70 周年群众游行“开天辟地”方阵教官，然后在这个特殊的毕业季放弃直博机会到西部草原支教。

成绩优异，加之综合素质过硬，2019 年，她顺利地拿到北京化工大学直博的资格。然而她却做了一个令所有人不解的选择——放弃直博，参加研究生支教团到西部去。

“你已经有当兵的经历了，没必要再去支教了”“参军入伍，你已经比同龄人晚了两年，再去支教太亏了”“多少人想直博没有机会，你却放弃”……很长一段时间，这样的劝说，高媛不知道已经听了多少遍。

但没人能动摇她的决定，就像她当年决定去军营历练自己一样，“我来自草原，我知道那里更需要我。”她说，退役后战友们还有很多驻守在祖国的边境线，她在这里服务基层，也是与她们并肩作战的另一种方式。

层层选拔后，她顺利入选研究生支教团并担任团长。从大学生到大学生士兵，再到如今的支教团老师，多重角色的转变勾勒出她多彩的青春图谱。

为此，她带领队员们用一年的时间为支教服务做着充分的准备：在校团委实习锻炼提高综合素质、前往化大附中听课学习中小学教学技能、虚心向往届队员了解服务地情况、带队参加团中央和内蒙古各项培训。

在分配岗位时，她又主动提出前往条件最艰苦，位置最偏远的内蒙古通辽市科左中旗努日木镇中心小学，那里距离她的家乡鄂尔多斯有1500多公里，生活并不如城市那么便捷。高媛很清楚，在这个蒙语中意为“湖泊”的地方，很可能连洗澡都是一种“奢侈”。但她毫不介意，“正是因为这样，我更要去那里，为当地的发展尽一份绵薄之力。”

这个活泼开朗的内蒙古女孩，每一步都走得出人意料。但仔细梳理后就会发现，她的人生始终有着一个恒定的价值坐标，那就是“服务社会，服务人民”，从走出校园到穿上军装，从远离家乡到回归草原，“拼搏”与“奋进”概括出了她的青春主题词。

资料来源

登上《人民日报》后，这个放弃直博机会去西部支教的北化女孩又被央视点赞［EB/OL］.（2020－8－10）. https://weibo. com/ttarticle/p/show? id = 230940453 6458672210163.

教学建议

本案例可作为《思想道德与法治》(2021年版)“第四章　明确价值要求　践行价值准则”的“第三节　积极践行社会主义核心价值观”的教学素材。

胡联伟：生命线的守护者

胡联伟，男，南昌航空工业学院毕业，镇海炼化质量监督站站长，国内无损检测界知名的专家，参与制订行业标准 20 多个。

从 2010 年起，镇海炼化已经连续 9 年效益排在炼化企业第一位，而 2010 年恰恰是大乙烯投用的年份。质量是工程建设的生命线，大乙烯能够建得好、开得稳、有效益，荣获国优金奖，凝聚着质量管理者的心血，镇海炼化质量监督站站长胡联伟就是他们中的佼佼者、领头人。

“老胡搞创新有一套，我是深有体会，这套装置的厚壁管道焊口能够全部用射线检测完成就是因为他的钻研。”宁波恒信工程检测公司项目经理潘伟中说。因为工艺特殊，该装置中 73 毫米厚的不锈钢管道焊接质量至关重要。

因为管壁太厚，采用双壁透照超出现场射线检测的范围，必须将射线源放到管道焊缝的中心位置才能完成拍片。有人提议用超声波来检测。胡联伟坚决不同意，理由是这会导致反射声波不稳定，影响检测结果，他认为通过合理的配管工序和检测装备可以解决射线检测的问题。

胡联伟和同事研发了能够在弯管中自主爬行的机器人，8 个轮子扒住管壁，将射线源牢牢固定在中心，连接的弹簧还能根据管径的粗细调整大小。接下来的事情就好办多了，他们优化配管方案，圆满完成所有厚壁管的射线检测，将厚壁管焊接完成时间提前了半个月。

“工程质量管理系统”“管道焊接管理系统”这两个系统如今成为工程质量管理的信息化工具。质检人员在手机客户端上就能查到现场工作的工程建设人员的所有信息，装置上的信息也能在电脑上查到，点开装置的 3D 模型，任何一条管线的材质、焊接信息、人员资料清清楚楚，永久可追溯。

这两套系统就是在胡联伟主导下研发的。“以前有太多的案头工作需要质检人员去做，查资料也不方便，信息化的应用就是为了质检人员有更多的时间扑在现场。”胡联伟说。

2012年的冬天，气温骤降，刚刚出差回家的胡联伟突然感觉左边身子发麻，左边的嘴角也歪了，慢慢地失去了知觉。幸亏他及时住院就诊，经过治疗后康复了。这其实是一次危险的脑梗。

而这样的脑梗在此后的两年又发作了两次，因为死亡的脑细胞远离功能区，幸运的是没有留下任何后遗症。医生嘱咐他不能生气，不能太累，但是检测检查常常要直面问题，难免和人争执，胡联伟又是出了名的倔脾气，同事和朋友都劝他换个工作干干。

胡联伟舍不得自己心爱的工作，他给自己定下了目标，不熬夜、不出差、多锻炼。某个周末他第一次陪着妻子和孩子去散步后，当时还在上小学的儿子在作文里写下了这样的语句："今天是我最开心的一天，因为爸爸和妈妈牵着我的手，我在中间，我们一家三口一起去散步了。"孩子开心的要求低得令人心疼。

在建设现场，大家都管胡联伟叫"铁面包公"，他的眼中揉不得一粒沙子。有一次，他发现循环水线弯头有裂纹，立即联系厂家查找同批次产品，到现场逐一摸排核对，绝不放过一个问题，绝不留下一个隐患。就算是建设中最普遍用到的材料——黄沙，他也仔细检查。因为海沙里的盐分会影响混凝土强度，甚至引起腐蚀，浇筑混凝土对海沙严格禁止。有条件就把沙子泡在水里，喝一点尝尝味道，没有条件他就直接拿舌头舔。

有人让他总结质量管理经验，胡联伟的回答很简单，"对照制度严执行，就是一个严字，没什么特别的。"也正是因为胡联伟三十年如一日守护工程质量，才保证了化工产品30年来能够建好、开稳、创效高。

资料来源

胡联伟：生命线的守护者[EB/OL].(2019-9-25).http://www.jiangsu-long.com/a/2019/0925/0121957.html.

教学建议

本案例可作为《思想道德与法治》(2021年版)"第五章　遵守道德规范　锤炼道德品格"的"第三节　投身崇德向善的道德实践"的教学素材。

蒋士成：为国筑功成

蒋士成，1934 年出生于江苏省常州市，中国工程院院士，曾任仪征化纤公司副总经理、总工程师，中国石化集团公司科技委委员等职务，是我国化纤工程设计与技术管理专家，聚酯工业工程化的主要开拓者之一。

蒋士成自小就喜爱化学的千变万化，立志做一个化学工程师。1957 年从华东化工学院毕业后，他感恩党和国家的培养，经常说的一句话是“国家需要”，这 4 个字朴实无华，又因他 60 多年来的躬身奋斗而厚重无比。北京、武汉、吉林、贵州、广西、辽宁、江苏等地留下他胸怀报国之志、追梦不懈奋斗的工作生活足迹，他参与的多个国家级重点项目和工程建设，记录了中国化纤工业从无到有、从小到大、从大到强的发展历程。

早在 20 世纪 60 年代中期，蒋士成作为国家大型工程贵州有机化工厂设计总负责人，在我国第一套万吨级的醋酸乙烯和聚乙烯醇装置的工程设计和建设上，创出国产化的新路并成功在广西维尼纶厂等同类装置上推广使用。20 世纪 70 年代初，为解决中国人民穿衣难的问题，中国化纤工业转入以石油、天然气为主要原料生产涤纶、锦纶、腈纶等合成纤维的新阶段。1973 年，蒋士成参与了我国四大石油化纤基地的设计和对外技术谈判等工作，担任辽阳石油化纤总厂项目乙烯、汽油加氢等装置的设计负责人。1978 年，受纺织工业部委派，蒋士成来到仪征，作为项目的工艺设计总负责人之一，参与我国最大的现代化化纤和化纤原料基地——仪征化纤工程的总体规划，担任总工程师一职。

1992 年，蒋士成胸怀振兴民族化纤工业的梦想，举家从北京迁至仪征化纤，以敢为天下先、科技报国的强烈责任感，组织和带领仪征化纤、中国纺织工业设计院、华东理工大学和南化公司产学研结合的技术团队，开展跨体制、跨部门的联合攻关，逐步消化吸收引进技术，承担了聚酯装置成套技术国产化攻关的重任。在激情燃烧的岁月中，开发出了具有自主知识产权的国产化大容量聚酯技术，打破了国外技术垄断，开创了聚酯装置建设国产化的道路，带动了中国聚酯工业的跨越式发展，目前我国已成为产量占全球70%的化纤生产大国。后来居上的中国聚酯工业，不仅提供了“的确良”衣料的原料，解决了中国人民的穿衣问题，而且在此后的发展中，提供了品种多样的纤维新材料，应用在生命健康、能量转换、航空航天、智能感应等领域。

1999年，蒋士成当选为中国工程院院士，2006年荣获光华工程科技奖工程奖。作为环境与轻纺工程学部、工程管理学部的双部院士，他围绕国家发展战略目标和化纤行业未来发展方向，积极参与中国工程院、中国石化集团公司科技委、仪征化纤等多项工作，先后主持和参与高性能纤维产业、多种生物高分子新纤维工程化与产业化发展、我国纺织产业科技创新发展(2016—2030)、高性能纤维与汽车轻量化技术创新发展、废旧化纤纺织品资源再生循环技术发展、中空纤维膜技术产业发展等战略咨询研究课题，奔赴大江南北，深入企业一线，进车间、到田埂，为化纤行业转型升级、高质量发展提供“中国方案”。

化纤事业是蒋士成的“永生之恋”，步入耄耋之年的他仍然奋进在打造化纤科技强国的追梦路上，他说：“自主创新方能做大做强，自主创新才能无可替代。”

资料来源

向奋斗者致敬，中国石化颁发感动石化人物大奖！[EB/OL].(2021-6-24).https://www.sohu.com/a/473781206_188371.

教学建议

本案例可作为《思想道德与法治》(2021年版)“第二章　追求远大理想　坚定崇高信念”的“第三节　在实现中国梦的实践中放飞青春梦想”的教学素材。

焦义平：从士兵到石化名匠

焦义平，退伍军人，中国石化技能大师，获得“全国五一劳动奖章”，工作中始终把责任放在第一位，对装置的呵护做到了极致。

1986年，21岁的焦义平怀揣三等军功章来到扬子石化，成了全国重点工程——扬子石化45万吨/年PTA装置建设初期的一名拓荒者。面对正在兴建的装置，看着一个个高耸入云的塔罐拔地而起，他既兴奋又激动。听着领导动员报告，45万吨/年PTA装置建成后，可以为缺衣少食的中国人民每人每年贡献一套衣服，节省农田生产更多粮食，焦义平热血沸腾，他握紧拳头、暗下决心：干好自己的工作，当好一名石化工人，为祖国建设贡献一份力量。

由于当时装置还没有开车，他与其他职工一起到上海石化参加操作培训。培训的课程全是中专教材，对于刚退伍而且又只有初中学历的他来说，看教材就像“看天书”一样，学习起来非常吃力。不过这难不倒他，焦义平知道，要想驾驭现代化大型石化装置，实现从“兵”到“工”的转变，只有“笨鸟先飞下苦功”。白天他认真听讲记笔记，晚上回宿舍把当天学习的内容复习一遍，遇到不懂的就请教同事，或者记下来第二天找老师解答，直到搞通搞透为止。

周末时，培训的领队推开宿舍的大门，里面空空如也，大家都趁着休息好好感受开放新潮的大上海。只有焦义平一个人还趴在桌前，啃教材，而且津津有味、乐此不疲。第一次出远门的他也很想和同事们出去逛逛，但是时间不允许他这么做。经过一段时间的努力，他终于能跟上老师的讲课进度了。培训结束时，他在160名学员中脱颖而出，被评为“优秀学员”。

1987年，他又和同事们一起来到北京燕山石化学习。燕山石化的老师傅对焦义平的印象最深刻，就因为“他比较难缠”。虽然这样，带他实习的师傅还是非常喜欢他，甚至有点佩服他那一股子学习的“钻”劲。也许是好奇，焦义平对化工装置非常感兴趣，只要有机会，他就拉着师傅到现场跑流程，问这问那，电气的、仪表的、工艺的，各方面的专业知识他都问个不停，有时候都把师傅给问住了。师傅当时答不出来，第二天会专门找他给出正确答案。

培训回来之后，焦义平跃跃欲试，总想把自己学到的东西运用到生产实践中。PTA 装置开车前夕，焦义平再也耐不住寂寞了，每天早来一小时、晚走一小时，爬塔罐摸流程，整个装置流程他跑了不下百次。装置还没开车，他穿的一双工作鞋已经被磨穿了底。功夫不负有心人！装置 1000 多条管线流程深深地印在了他的脑海里，职工们都称他是“会说话的流程图”。凭借着过硬的本领，2004 年，焦义平顺利通过技师资格鉴定，成为 PTA 装置为数不多的技师之一；2007 年，晋升为高级技师；2013 年，被聘为中国石化集团公司技能大师。

当时，PTA 装置是扬子的“明星”装置，一年效益有二三十个亿。所以，国内新建了许多套规模更大技术更新的 PTA 装置。靠着一手专解难题的本领，焦义平也引来了众多民营企业的关注。收入翻两番，面对多次的高薪聘请，有些同事走了，焦义平却一一婉言谢绝。在他看来，有了 PTA 装置，才有了他的成长。当初保家卫国，现在“守土有责”，焦义平始终不离不弃坚守在 PTA 现场。2007 年，儿子填报大学志愿时，他坚定要求儿子填报化工。7 年后，儿子化工机械硕士毕业进入扬子，实现了他的期望：子承父业。

父亲忙碌的状态，是儿子焦程一贯的记忆，家中真的很难有长时间的相聚。直到自己工作几年以后，他才切身体会到父亲的艰辛。原来化工装置也是有生命的，父亲只是对装置的事业有点“偏心”而已。

中国石化，四海一家。扬子 PTA 装置多年来，在中国石化系统综合考核中，一直名列前茅。焦义平的卓越技能也在节节攀升。他成为集团公司的技能大师，不断刷出解疑与创新的成就感。前些年，洛阳石化 PTA 装置生产主管紧急求助，碳钯催化剂出了问题。千里之外，焦虑的求助声，牵动着焦义平。他立即对照自己曾经出现过的问题，提示对方一一排查，热线中，反复确认。48 小时后，他给出了良方：第三结晶器气相冷却液含水量偏高。果然，洛阳石化发现冷却器列管快要断裂了，循环水进入了系统，困扰数月的谜团解开了。随后，相邻的仪征化纤也前来取经，请教真空过滤单元的长周期运行。焦义平全盘端出“在线碱洗”的诀窍。独门绝技，如醍醐灌顶，仪化同行对他竖起了大拇指。

焦义平，就是凭着这种对石化的挚爱，以钢铁战士般的毅力坚守装置，在自己平凡的岗位上实现人生目标。

资料来源

从士兵到石化名匠——记全国五一劳动奖章获得者、扬子石化 PTA 生产主管焦义平[EB/OL].(2019-09-25). http://k.sina.com.cn/article_2810373291_a782e4ab02001aqpm.html.

教学建议

本案例可作为《思想道德与法治》(2021 年版)“第一章　领悟人生真谛　把握人生方向”的“第二节　正确的人生观”、“第二章　追求远大理想　坚定崇高信念”的“第三节　在实现中国梦的实践中放飞青春梦想”的教学素材。

李大东：一生磨剑中国炼油业

李大东，1938年出生于北京，石油炼制催化剂及工艺专家，中国工程院院士，第九届、十届全国人大代表，中国共产党第十四届全国代表大会代表。现任石油化工科学研究院学术委员会主任、教授级高级工程师、博士研究生导师、中国石油学会常务理事、石油炼制分会主任等职。

改革开放，李大东迎来了他"非常辛苦的时代，但也是成长最快的时候。"

1978年，燃化部解散，石油、化工两个部委分家。当时李大东有两种选择，一种是到管理部门，一种是回到研究室。"我当时是绝对想要再回实验室，为了回研究岗位，我专门找了两次当时院负责人侯祥麟侯老。"

在侯祥麟的支持下，李大东进入石科院新组建的基础研究室，担任基础研究室的主任工程师兼加氢催化剂组的组长，主要工作是做加氢催化剂研究和开发。侯祥麟是战略科学家，他认为，中国不能再走跟踪模仿的老路，要走向创新，走创新就得加强基础研究。这一点，李大东也深以为然。

80年代，中国炼油工业主要是加工大庆原油。大庆油氮多硫少的特点带来一个问题，催化裂化柴油容易出沉渣，用于柴油发动机，会把喷嘴堵塞，这个问题影响面很大，必须解决。

李大东不顾一切地投身于研究当中，近乎痴迷。把实验室当成了自己的家，做实验要两班倒，他还顶着烈日骑车去灯市口买试剂。难得按时下班回家的李大东，在儿子生日的那天按时回了。只是刚进门不久，一个同事就追到家，向他汇报当时实验中的一些情况，同事走了可他还没有从自己的思绪中走出来。夫人让他帮忙蒸上米饭，他答应着走进厨房，机械地将米放进锅里，没洗，也没有加水，打开燃气开关将火燃着。李大东仍默默地思考着同事刚才提的问题。当一股烧焦的气味飘出，家里人才发现。

要解决沉渣问题，脱除催化裂化柴油中的吡啶类碱性氮化物是难点，为此要深入认识吡啶类碱性氮化物加氢脱氮的反应途径。项目组对活性组分、催化剂载体、制备工艺反复探索，几年下来，李大东与他的同事做了无数次试验，积累了几千个数据。

1987年李大东作为第一发明人，组织开发的RN-1加氢精制催化剂，终于在广州石化总厂进行工业试验了。一个深夜，李大东住在广州石化的招待所里，辗转难眠，他在等着一个至关重要的电话，等待一个关键性的数据，只要这个数据达到了标准，那么他们的研究就得到了证实。当时一层楼只有一部电话，凌晨四点，电话铃声响起时，附近房间同事马上都跑了出来，紧张地等待最终结果。听到电话里传来“我们的那个数据已达到标准，比预计的还好”的声音时，不少人热泪盈眶。四十年后，李大东仍按捺不住内心的激动，他表示，那个场景太感人了，极大地提升了中国石油人的自信，“‘数据已达到标准’这句话，是我一生中听到的最美的语言，也是我一生中所得到的最高赞誉”。

1994年，RN-1催化剂出口意大利塔兰托炼厂，是我国炼油催化剂首次出口，是由进口到出口的转折点，具有里程碑意义。

李大东一面积极扩大RN-1的推广应用，一面组织加氢领域的“纵深行”——开发系列化的加氢技术，为国家创造了重大的经济效益和社会效益。近年来李大东组织领导的多项清洁燃料生产技术的开发，广泛应用于工业生产，为推进车用燃料清洁化进程做出了重大贡献。

资料来源

1. 李大东中国工程院院士炼油催化剂研发自主创新之路[EB/OL]. http://energy.people.com.cn/GB/71899/421652/421653/index.html.

2. 科学的春天——能源领域院士系列报道李大东：一生磨剑中国炼油业[EB/OL].(2018-11-17). http://energy.people.com.cn/n1/2018/1117/c71661-30405857.html.

教学建议

本案例可作为《思想道德与法治》(2021年版)“第一章　领悟人生真谛　把握人生方向”的“第二节　正确的人生观”的教学素材。

李恩朋：红衣为甲　海上坚守

李恩朋，男，中央企业抗击新冠肺炎疫情先进个人，胜利石油工程公司海洋钻井公司新胜利一号钻井平台党支部书记、经理。

“我是平台负责人，必须留下来才能给大家吃上定心丸……”自尼日利亚疫情暴发以来，服务于壳牌尼日利亚项目的胜利石油工程公司海洋钻井公司新胜利一号平台尽管采取了严格的防控措施，但还是被第三方无症状感染者将病毒带入。在危机时刻，身为平台经理的李恩朋不顾个人安危，主动坚守岗位，坚决扛起责任，带领干部员工投身疫情防控和复工复产攻坚战。2020 年 10 月，他还荣获“国资委中央企业抗击新冠肺炎疫情先进个人”荣誉称号。

2020 年 6 月 10 日，在接到核酸检测结果阴性报告后，李恩朋默默合上报告，整理了一下口罩和护目镜，打开邮箱给项目部发送了第三封“请战申请书”：继续坚守岗位，直到平台疫情防控 I 级应急响应解除。

10 天前，平台疫情防控 I 级应急响应启动后，现场顿时紧张起来。病毒不可怕，失去信心才可怕。平台经理李恩朋立即决定：“留下来稳住队伍、与病毒斗争到底。”

在制定留守计划时，他向胜利石油工程公司海洋钻井公司递上了第一封请战书：“我作为负责人，对平台情况熟悉，理应留守！”当时平台正进行着二开钻井作业，甲方要求平台尽快下完套管，保证井下安全。他一面安抚员工情绪，一面组织加快生产进度，为早日停工抗疫争取时间。在他的带动下，员工们坚守岗位、积极工作、齐心协力、共渡难关。

由于疫情突发，甲方提出由外籍员工暂时代管平台。作为平台负责人，他郑重地递交了第二封请战书：“平台是国有资产，价值数亿，让所有中方人员撤离，把这座几千吨的‘家’交由他人代管，我实在放不下心，我申请留下来。”李恩朋清楚，自己是这座平台的经理，坚守平台责无旁贷。“我要留下来，直到赢得最后的胜利。”他说。

平台出现外籍疑似病例后，需要设置专门的隔离房间，李恩朋主动将自己的房间腾出来，卷起铺盖到了资料室，找了一把躺椅，搭成临时床铺。在他的带头下，骨干纷纷做出表率。

疫情发生后，一名第三方员工感染住院后出现重症，这件事在平台引起了很大恐慌。他及时同项目部和甲方沟通，将真实情况告知每一名员工，化解了员工恐慌情绪。原来这名工人隐瞒严重的糖尿病史，加之当地医院收治能力有限，耽误了最佳治疗时间。

平台上一些外籍员工担心疫情导致失业，做出了一些不理智行为。李恩朋积极与他们交涉，听取他们的诉求。为打消他们的疑虑，他克制着情绪，耐着性子与他们解释，不断在甲方、项目部和外方工会之间沟通协调。就这样，他一个个地谈，重点人员谈一遍不行就谈两遍、三遍……从白天直到当晚 8 点多，他的嗓子谈哑了，外籍员工终于稳定下来，保证了平台疫情进一步控制。

为了稳定中方员工的情绪，他带领班子成员挨个谈心、逐个疏导，并安排人员身着防护服，每日为员工测体温。在中国石化的协调安排下，平台为所有员工连线了北京协和医院的医疗专家，进行在线答疑解惑，他还录音整理了所有内容，制作了一份“防疫记录”，为大家积累更专业的防疫知识。胜利石油工程公司海洋钻井公司工会还多次安排了 EAP 团队辅导活动，开始大家都放不开，不愿表达自我情绪，他就以身作则分享自己的感受和想法，引导大家直面困难。

此外，为了保障队伍稳定，海洋钻井公司工会与平台在家人员开展家庭入户走访，累计慰问 107 人次，建立起了“家属联谊群”，解决了前线员工的后顾之忧，稳固了平台的大后方。

李恩朋说，最难熬的那段时间里，他也恐惧、紧张，甚至因为压力太大而喘不过气来，但一想到背后有祖国作为强大的后盾，内心就充满力量。而且中国石化各级领导也非常关心支持，组织 EAP 团辅，给了他有用的意见建议，增添了动力，坚定了抗疫必胜的信心。如今，虽然平台已解除疫情防控 I 级应急响应，但他要继续鼓足干劲，带队继续打好疫情防控和复工复产“两个攻坚战”。

资料来源

海洋钻井公司新胜利一号平台经理李恩朋：海外抗疫的“逆行者”[EB/OL].(2020-10-24). https://www.sohu.com/a/427130996_120632845.

教学建议

本案例可作为《思想道德与法治》(2021年版)“第一章　领悟人生真谛　把握人生方向”的“第二节　正确的人生观”、“第三章　继承优良传统　弘扬中国精神”的“第二节　做新时代的忠诚爱国者”的教学素材。

李群生：创造了纯度 99.99999999%的奇迹

李群生，男，中共党员，化学工程专家，北京化工大学化学工程学院教授，博士研究生导师。

在盛大的新年音乐会上颁发象征着学校最高荣誉的“校长奖”，是北京化工大学坚持了许多年的传统。

2019 年 12 月 28 日，在鲜花和掌声中，李群生教授从谭天伟校长的手中接过荣誉证书和奖牌，并在象征着汇聚力量与永铸辉煌的手模上留下了永久的印记。

这双看上去平平无奇的手，曾戴上胶皮手套在实验室取得过一项项科研成果，也曾在工厂车间里触摸检查过设备为提高转化率而沾满灰尘。当然，这双手有时也会握住一支粉笔在三尺讲台上传道授业，默默无闻地为中国化工行业发展培养新人。

同样，正是在这双手的参与下，我国生产出了纯度高达 99.99999999%(10N 级)的高纯度硅等高科技产品，部分缓解了国际贸易争端在芯片原材料等方面对我国的威胁。

纯度高达 99.99999999%究竟意味着什么？李群生教授举了一个十分形象的例子来说明：“如果把杂质比作坏人的话，就相当于在 13 亿中国人中，只有不到 0.1 个。”

之所以要达到这种 10N 级别的高纯度，是因为超高纯度化学品是电子、航天、军工等行业急需的高端基础化工材料。他介绍说，尽管我国硅资源丰富，但长期以来，我国生产的硅粉常以低价出口到国外，然后还得再以高于出口百倍以上的价格进口。

因此，在李群生、任钟旗教授团队长达 15 年的刻苦钻研和攻关下，“超高纯度化学品精馏关键技术开发及应用”取得重要成果，一举扭转了相关技术和产品被人“卡脖子”的局面。

此前，我国生产芯片和单晶硅急需的高纯硅料被几家国外公司垄断，产品价格奇高且受制于人。该项成果鉴定委员会有关专家在听取课题组汇报后，高兴地说："实现自主创新，替代并超越国外先进技术，对扭转我国高端化学品受制于人的严峻形势，满足国民经济发展重大需求，提升'中国制造'在国际竞争中的影响力和竞争力，均具有重要的战略意义。"

李群生在科研中得到的是简单又纯粹的快乐，就像他所研究的分离精馏技术所追求的那样——纯而又纯。科研攻关中，尤其是分离提纯技术，每将小数点后代表纯度提高的"9"增加一位，难度系数就会呈现出类指数式的增长。"但只要国家和人民有需要，我们还是会继续研究下去的。"

他45岁以前，每天工作15个小时以上是常态。但他还是说："我不觉得累，科研就是我最大的爱好。"因为"从读大学起，我就养成了每天早上跑4.5公里的习惯"，这个习惯保证了他的身体健康，让他有充沛的精力投身科研。

李群生经常说，做科学研究的终点不是在实验室，而是要将相关技术应用于生产实践当中。他和他的科研团队一直面向科技前沿、面向国家重大需求，以"学以致用，惠民利国"为理念开展各项工作，用心血催化出一项项成果，把论文写在了祖国大地上。

在很多人眼里，化工一直是"高污染""高能耗"的代名词，而众多像李群生一样的北化科研人就是致力于"绿色化工"研究，努力让化工变得更加"美丽"。

他所从事的传质与分离技术就是破解化工产业污染的一把"金钥匙"。"我们的技术一方面可以让化工排放物中有效物质更少，另一方面也可以通过优化生产流程减少能耗，进而取得良好的生态效益和经济效益，推动化工产业高质量、绿色发展"。

数十年埋头苦干，他先后完成百余项科研项目，研究成果在全国几十家国有大中型企业成功落地1000余项。因此，在他科研"日程表"的空隙里，填满了各类到企业一线去实地调研指导的安排。

"只有到生产车间里去，才能了解到实际生产中所面临的问题和需求，也为我们进一步的科研提供方向。"李群生教授说，学校非常重视产学研深度融合，一些长期合作的企业对北京化工大学的科研成果十分认可，"我们只有不断推出新的项目，才能不让北京化工大学这块在业界的'金字招牌'蒙尘。"

资料来源

他，创造了纯度 99.99999999% 的奇迹[EB/OL].(2020-10-04).https://mp.weixin.qq.com/s/g4Uw7hlyEeCAlPBFWOSbxA.

教学建议

本案例可作为《思想道德与法治》(2021 年版)“第二章　追求远大理想　坚定崇高信念”的“第三节　在实现中国梦的实践中放飞青春梦想”、“第三章　继承优良传统　弘扬中国精神”的“第三节　让改革开放成为青春远航的动力”的教学素材。

李郑军：平凡见英雄

李郑军，男，曾任中国石化湖北石油武汉市知音大道加油站站长，获“全国抗疫先进个人”称号。在平凡的岗位上奉献自己的光和热。

2020年，李郑军成了名人。

李郑军在知音大道加油站当了近8年加油站站长，怎么也没想到，这座城郊小站会成为社会关注的焦点，自己被评为“全国抗疫先进个人”。

2020年新年伊始，新冠肺炎疫情暴发，武汉市决定火速建设火神山医院，集中收治新冠肺炎患者。从那一刻起，与火神山医院一墙之隔的知音加油站担负起了后勤保障、油品定点保供的重任。

李郑军还清楚记得，2020年1月23日晚，火神山医院开建时的场景。当天22时，他冒雨赶回加油站，看到罩棚下全是躲雨的工人。“能不能给我们喝点开水？有方便面、饼干吗？”李郑军和员工李连九一夜下来，不停地给施工人员烧开水、泡方便面，一晚上烧了40多壶水。水壶不够，他就将自己家和邻居家的烧水壶全都拿到加油站。

火神山医院建设的那段时间，4000名工友涌向知音加油站，李郑军带领员工24小时不停烧水、泡面，每天200多壶开水，烧坏了6把水壶，大家亲切地称这里为“红帽子港湾”。医院收治病人期间，李郑军冲锋在前，冒着生命危险近距离服务转运患者的救护车和司乘人员，服务救护车520台次、军车130台次，被网友称为火神山旁无声坚守的硬核加油站。“危难时刻，为我的城市拼过命，我觉得很光荣。”回忆当初，李郑军依然激动不已。

“为了给我们改善伙食，党员突击队员驾车40多公里，过了5个关卡，想方设法弄来了活鱼。”疫情初期，武汉物资紧张，不要说活鱼，就连肉都很难买到。为了让大家安心，蔡甸分公司党支部就设在他们站，支部书记晚上就半躺着睡在椅子上。一级防护、领导带班、党员突击队支援，让李郑军深深地感受到，他不是一个人在战斗，身后有一个坚强的组织，心里渐渐萌生了向党组织靠拢的念头。

“每台转运病人的救护车前面都挂有一个大大的党徽，司机胸前也都佩戴着党徽，特别显眼。”看到从四面八方赶来支援的医护人员，李郑军感动不已。“在这场没有硝烟的战场上，我愿冲锋在一线，为生命救援加油。”2 月 4 日，他郑重地递上了入党申请书。3 月 7 日上午，李郑军面对党旗庄严宣誓，光荣地成为中国共产党预备党员。

前段时间，湖北石油知音大道加油站改造，李郑军独自留守加油站，忙着开具防疫证明、作业票、监督现场施工，施工 28 天来零违章、无事故，提前 4 天完成改造任务。“没想到你现在这么能干。”站点验收当天，片区经理拍着李郑军的肩说。“我都入党了，就该以党员的标准要求自己。”李郑军腼腆地笑着。

疫情过后，知音大道加油站成了“网红”，不少人慕名而来，武汉石油也将它打造成为抗疫教育基地。“当时，上千人聚集在此、没日没夜地施工……”李郑军明显感觉到站内员工的精气神变了，每当有人问起当时的情景，员工们总是自豪地当起义务讲解员，“要将伟大抗疫精神发扬传承下去”。在李郑军和员工的努力下，持续攻坚创效期间，知音大道加油站油品销量同比增长 17%，非油品销量同比增长 840%。

“今后我将继续扎根一线、勇挑重担，发挥党员的先锋模范作用。”2021 年 1 月，在中国石化湖北武汉蔡甸石油分公司，刚被选聘为副经理的李郑军郑重承诺。

资料来源

向奋斗者致敬，中国石化颁发感动石化人物大奖！[EB/OL].（2021-6-24）. https://www.sohu.com/a/473781206_188371.

教学建议

本案例可作为《思想道德与法治》（2021 年版）“第五章　遵守道德规范　锤炼道德品格”的“第一节　社会主义道德的核心与原则”、“第二章　追求远大理想　坚定崇高信念”的“第二节　坚定信仰信念信心”的教学素材。

王启民：跨过洋人头，敢为天下先

王启民，1937年出生，浙江湖州人，大庆油田有限责任公司原总经理助理，获“人民楷模”国家荣誉称号和“最美奋斗者”称号。他始终用“大庆精神”和“铁人精神”从事科学研究，敢于挑战油田开发极限。主持研究并提出了“分阶段多次布井开发调整”理论，其中表外储层开发利用打破了国内外认为不能开采的禁区；主持的油田高含水后期“稳油控水”项目研究，为大庆油田实现27年5000万吨以上高产高效持续开发作出重要贡献。

1961年，王启民怀着一腔献身祖国石油事业的热血，来到“荒原一片篝火红”的大庆油田会战工地，开始了攀登油田开发科技高峰的艰辛征程。当时，油田正处于极端艰难的创业时期。有外国专家断言：像大庆含蜡这么高的油田，中国人根本没能力开发。刚刚分到油田地质指挥所的王启民，内心受到极大震动。在铁人王进喜“宁可少活二十年，拼命也要拿下大油田”钢铁誓言激励下，他和所里几个同学写下了一副气势豪迈的对联：“莫看毛头小伙子，敢笑天下第一流”，横批为“闯将在此”。他们还特意将“闯”字中的“马”字写得大大的，突破了门框。王启民说：“我们就是要靠自己的力量，闯出中国自己的油田开发之路！”

为了解决这个重大难题，王启民决心在实践中找答案。他一头扎进井场，吃住在阴冷潮湿的帐篷里，与现场工人、技术人员一起取资料，搞分析，进行实验。由于环境的恶劣，使他患了类风湿僵直性脊椎炎，疼得走路都直不起腰来。在这种情况下，他不顾同志们的劝阻，硬是咬紧牙关忍着疼痛，不离井场，以严细认真的态度，取全取准每份资料和每个数据，并认真进行室内实验和系统分析。通过他的艰苦努力，终于找到了问题的答案。在一次油田技术座谈会上，他对当时油田开发的主要理论——温和注水，提出了质疑。他胸有成竹地说：“这里每口井都有数十个油层，每个油层厚薄相差很大，各层吸水多少也不同，呈典型的非均质特点，要人为达到注入水都均衡推进是违反客观规律的”。他还形象地说，“原油层就像大个子运动员，体力好，跑得快；薄油层、差油层就像体力差、跑得慢的小个子运动员。要想让他们齐头并进，必然事倍功半。应该能快则快，该慢则慢。这就是'因势利导，逐步强化，转移接替'的注采方法"。他的科学分析受到油田领导的赞扬，并让他带个小组进行大胆试验。

试验小组在王启民的带领下，选择了一口含水已达60%的油井进行试验。奇迹出现了：该井日产量由原来的30多吨猛增到60多吨，而含水则下降了。油田推广他们的经验，培养出三百多口日产百吨以上的高产井。从而打破了国外"温和注水、均衡开采"的传统观念，创出了大庆油田中低含水阶段保持油田稳产的路子，大长了中国人的志气。

改革开放40多年来，王启民曾获得1979年全国科学大会奖、1985年和1996年两次全国科技进步特等奖等。他说："想别人不敢想的事，做别人不敢做的事，把敢想敢干结合起来，就是科技人员对改革开放最大的贡献。"

资料来源

1. 大庆"新铁人"王启民获得改革先锋称号[EB/OL].(2018-12-18). https://finance.sina.com.cn/china/gncj/2018-12-18/doc-ihmutuee 0252356.shtml.

2. 改革先锋王启民：跨过洋人头，敢为天下先[EB/OL].(2018-12-30). https://www.sohu.com/a/285751419_653440.

3. 王启民：赋予"铁人精神"时代新内涵[EB/OL].(2018-12-24). https://www.sohu.com/a/284017463_162758.

教学建议

本案例可作为《思想道德与法治》(2021年版)"第一章　领悟人生真谛　把握人生方向"的"第二节　正确的人生观"、"第二章　追求远大理想　坚定崇高信念"的"第三节　在实现中国梦的实践中放飞青春梦想"、"第三章　继承优良传统　弘扬中国精神"的"第三节　让改革创新成为青春远航的动力"的教学素材。

王尚典：工作是一种态度，底线有多高质量就有多高

王尚典，男，中国石油天然气集团公司车工技能专家，第四届全国职工职业技能竞赛车工冠军，“全国五一劳动奖章”获得者，第十三届全国人大代表，被称为“断指铁人”。

“源于喜爱，源于收获，源于追求，源于责任，让我在追逐工匠精神的路上大步前行，十几年远远不够。”王尚典如是说。

从 2000 年 10 月分配到锦西石化机械厂金工车间，这么多年来，王尚典坚定地走在技术工人这条道路上。从锦西石化公司的一名普通工人到“全国五一劳动奖章”获得者，王尚典始终奋斗在生产第一线。

“第一次接触车床是在认识性实习的时候，看到坚硬的钢铁在车床上可以被制成各种形状，亮晶晶的，一下就吸引住了我。零件在自己手中诞生的成就感，令我深深着迷。”这是王尚典早期疯狂学习车工的动力。“其实也是我幸运地被车床选中了。”从王尚典的言语间可感受到他对车工技术发自内心的热爱。

技校毕业后，王尚典被分配到全国劳模张瑞卓的门下学习车工，张瑞卓对王尚典的第一印象就是悟性极强，一点就透。磨刀、量尺的基本功，半天的工夫王尚典就学得有模有样了。

而后来发生的一件事情更让张瑞卓确定，王尚典是个可塑之才。

1999 年，也就是王尚典毕业的那个冬天，张瑞卓在上班的路上遇到了满身油污、两眼通红的王尚典。原来，在锦西石化公司机械厂实习结束后，王尚典利用假期在一个小厂找到了一份车工工作，这个厂子的活儿十分繁重，而且需要经常上夜班。

“不为别的，就是不想待得时间长了，让手生了。”王尚典解释道。

就是这样一句话让张瑞卓下定决心收下这个徒弟。

内行人都知道，车工的技术要求极高。然而对于王尚典来说，从 1998 年实

习接触车床到灵活掌握车工技术，仅用了三年的时间。从 CA6140 的小车床到加工直径达 5 米的大型立式车床，机械厂所有的车床他都能操作自如，并能按图纸熟练加工出符合工艺要求的工件。

2001 年，工作仅一年的王尚典就拿到了他的第一个车工状元，并且连续三年获得锦西石化公司车工比赛的第一名。

2004 年，王尚典代表锦西石化公司参加中国石油天然气集团公司举办的职工职业技能大赛，取得了第二名。随后他代表中国石油参加全国中央企业职工职业技能大赛，一举获得了银奖。

由于成绩优异、技术过硬，工作中吃苦耐劳，解决了一系列生产难题，王尚典被公司树立成“钻研技术、爱岗敬业”的青年典型，先后被锦西石化和中国石油授予劳动模范和技术能手的荣誉称号。

“至此，我的人生达到了一个高峰。”王尚典说。

然而，王尚典的人生轨迹却在 2005 年发生了重大转折，那是一次足以摧毁一个技术工人职业生涯的灾难。

在一次加工事故中，王尚典的右手拇指粉碎性断裂，被定为六级伤残，只能将左脚的第二个脚趾移植到手上。这次事故对于靠手吃饭的王尚典来说，影响很大。没有了灵巧的右手，连拿汤勺、筷子都很困难，更别说加工精美的工件了。

“我很害怕，怕自己今后的路就这么‘断’了，怕看师父和家人的眼神，更怕自己再也走不出去了。当时我的孩子才两个月大，我一直问自己，以后该如何把这个家撑起来……”对于王尚典而言，前方是一段未知的路，迷茫而又绝望，病床上的他陷入了极大的痛苦当中。

“幸运的是，全世界都没有放弃我。”王尚典说。

受伤期间，公司的关怀、家人的照顾让王尚典意识到，自己不能再继续消沉下去了。

“经过一段时间的调整，我想通了，该面对的还是要面对，需要扛起来的还得扛起来！必须要拿出一个积极主动的态度！再拖下去，不只我会垮，我的家也会垮掉。想要不再让那些关心我的人为我担心，唯一能做的就是让自己树立信心，重新站起来。”王尚典对记者说。

出院后，王尚典开始试着练习右手，从最基础的开始，即使一个简单的动作都要反复练习。

“由于神经和肌肉都是新接的，新手指像不是我的身体一样，动都动不了。”

王尚典的首要任务就是慢慢训练手指的灵敏度。

“我举着右手，但很多时候只能死死地盯着手指，即便是憋得满头大汗，手指依然纹丝不动。”王尚典说。即便是这样他也没有放弃，在日复一日的坚持锻炼下，两个月后，王尚典终于能让受伤的手指在自己的控制之下动了起来。此后，他便开始练习用筷子夹花生豆，从这盘夹到那盘，然后再夹回来。“每完成一个很简单的动作，对我来说都是一种巨大的成功。”王尚典说。

车间考虑到王尚典的身体状况，准备派他到技术含量较低、劳动强度较小的岗位，但是都被他拒绝了。“我不甘心就这样倒下，不去搏一次，我怕自己会后悔一辈子，即使失败了我也无怨无悔。”就是凭着这样的毅力与执着，王尚典再一次回到了自己热爱的车工岗位。

奋斗以磨平高山。2012 年 8 月，王尚典一路过关斩将，以辽宁省赛第一名的成绩参加第四届全国职工职业技能竞赛，战胜了国内众多行业高手，站在了车工冠军的领奖台上。

资料来源

“断指铁人”王尚典：工作是一种态度　底线有多高质量就有多高[EB/OL]. (2017-11-23). http://qclz. youth. cn/znl/201711/t20171123_11053183. htm.

教学建议

本案例可作为《思想道德与法治》(2021 年版)“第三章　继承优良传统　弘扬中国精神”的“第一节　中国精神是兴国强国之魂”、“第五章　遵守道德规范　锤炼道德品格”的“第三节　投身崇德向善的道德实践”的教学素材。

武冠英：我的科研成果就是要被社会所用

武冠英，男，北京化工大学教授。作为我国合成橡胶和工业开发的先驱者之一，曾获国家科技进步特等奖、二等奖等多项奖励，发表几十篇论文、撰写了多部书籍，创办了“合成橡胶工业期刊”，培养了许多像程斌、吴一弦一样的年轻人……为我国合成橡胶工业发展作出了重要贡献。

“感谢党中央、国务院授予我们这么高的荣誉，感谢党和国家、学校无微不至的关怀!”2019 年 9 月 26 日，在北京化工大学“庆祝中华人民共和国成立 70 周年”纪念章颁发仪式上，93 岁的武冠英老师作为离退休老同志代表发言时这样说道。

对于很多北化人来说，“武冠英”是一个“只闻其名未见其人”的存在，很多人只是在自己《控制阳离子聚合及其应用》这本教材的封面作者处见到过他的名字。今天，就让我们放下这本填补了国内相关领域空白、于 2006 年获得中国石化协会科技进步奖的教材，来听听它的撰书人的故事。

1951 年，刚刚从原中央大学化工系毕业的武冠英，被国家首批派往苏联合成橡胶厂实习三年。归国后一直从事合成橡胶科研、教学与工业化工作。1984 年，武冠英来到北京化工大学，任高分子系主任，专攻合成橡胶科研和工业开发，由此开启了一段与“丁基橡胶”斗智斗勇的攻坚克难之旅。

阳离子聚合是一种十分“火爆”的反应。阳离子活性极高，极易发生各种副反应，因此在发现阳离子聚合以后很长一段时间里，人们对它的认识并不深入。这一难题直到 20 世纪 80 年代，世界上阳离子聚合实现了由不可控到可控的关键性突破才得以解决。目前，采用阳离子聚合并大规模工业化的产品只有丁基橡胶。

“当时国家橡胶业很落后，机缘和责任使我义无反顾投入我国橡胶业的研究和建设。”1956 年，在苏联专家指导下，协助四川长寿化工厂，以当时仅有的最基础的化工原料——电石，通过乙烯基乙烷合成氯丁橡胶，终于在 1958 年试制成功我国第一块氯丁橡胶，结束了我国没有合成橡胶的工业历史。

1965 年，武冠英带领团队研究顺丁橡胶，试制成功顺丁橡胶的连续生产全流程中试，为我国顺丁橡胶大生产的连续流程奠定了基础。

七八十年代，武冠英在兰州化工研究院参与并负责丁基橡胶技术工作。由于技术理论基础的研究和储备不足，这个项目工程一再延误，不得已下马。这些挫折深刻地“教训”了当时尚且年轻的他，使他深刻认识到阳离子聚合研究的重要性。

1984 年，武冠英调到北京化工大学，着手准备的第一件事就是组建第一个阳离子聚合研究团队，结合化工学院的特色进行控制阳离子的研究。由于阳离子聚合实验环境有着极其特殊的要求，武冠英带领团队申请了国家自然科学基金，凭借项目支持，攻坚克难，一步一步完成了这项实验，在这个过程中，实验队伍不断壮大，吴一弦教授就是武冠英最早的研究生之一。

有了资金支持，阳离子聚合研究室团队积极开展创新性的基础研究与应用研究，实现了异丁烯、苯乙烯及其衍生物、乙烯基醚等乙烯基单体的控制阳离子聚合，得到了国内外研究同行的认可。

次年，武冠英团队的顺丁橡胶生产连续流程技术获得了国家科技进步特等奖。

为加快科研成果向产业转化的步伐，武冠英带领团队深入企业，与中国石化等企业开展合作和联合技术攻关，走科研与产业相结合的道路，他常常告诉学生们：“科研成果一定要为国家、为人民服务！”

90 年代，燕山石化公司在国内首次从意大利 PI 公司引进了一套丁基橡胶的生产线，聘请的意方技术人员却对其生产工艺不稳定、严重减产等问题束手无策。燕山石化公司临时决定与北京化工大学合作，聘请武冠英为技术人员共克难关。武冠英临危受命，实地考察了情况以后，发现问题比自己想象的要棘手，受反应速度和反应温度影响，生产过程中发生“堵釜”现象，严重影响工作效率。为此，武冠英带领团队从细节入手，一点一点总结提炼、创造性地改进生产工业，最终解决了这一技术难题。

“我们想办法控制住反应速度，它从几秒几分钟延长到几个小时，这样‘堵釜’的情况可以慢得多。”经过多次实验后，武冠英发现这样做基本上可以解决问题。而这一突破性技术发明也在 2006 年获得了国家技术发明二等奖。

1997 年，阳离子聚合研究室团队首次在国内利用控制阳离子聚合方法开展了250吨/年由轻碳四馏分制备低分子量和中分子量两个系列聚异丁烯的中试试验；1998年获得了中国石化科技进步奖；2002年，利用异丁烯可控阳离子聚合与丁基橡胶聚合新工艺技术开展工业化试验，并成功地将研究成果用于3万吨/年的工业化生产中，制备高分子量的丁基橡胶，取得了突破性的进展，打破了国际上相关聚合技术的垄断。

"与燕山石化公司合作，开展阳离子聚合基础研究和技术开发时我已是年逾古稀，但跟大家一起在现场技术攻关，取得圆满效果，打破了国外的技术垄断，我仍然感到骄傲和自豪!"

资料来源

武冠英：我的科研成果就是要被社会所用，为国家、为人民做贡献[EB/OL].(2019-11-04). https：//news. buct. edu. cn/2019/1104/c2111a134187/page. htm.

教学建议

本案例可作为《思想道德与法治》(2021年版)"第二章　追求远大理想　坚定崇高信念"的"第三节　在实现中国梦的实践中放飞青春梦想"的教学素材。

夏龙：勇担使命　奔赴基层

夏龙，男，北京化工大学文法学院 2015 届毕业生，毕业后远赴南疆基层就业。

2019 年 8 月 26 日，北京化工大学召开了第十一次党代会。为了这次作为优秀校友代表返校参加党代会，夏龙从新疆阿克苏飞西安，转乘高铁赶赴学校，晚上八点半才到达学校。他的心情好像并没有被奔波的车程打扰，入住之后先在校园里转了转，看着在校园里散步、谈心、背书的学生时仿佛又想起了四年前的自己……

2013 年的 5 月 4 日，对于夏龙来说，不仅仅是一个普通的五四青年节，那也是他正式加入中国共产党的日子。生在党员之家的他从小耳濡目染，对入党这件神圣而庄严的事情，一直心怀向往。担任大队书记的妈妈在上大学前不断地告诉他："你一定要入党，如果你不能在学校入党，将来回家参加工作也要积极争取入党。"

上了大学以后，他担任班级干部，参加学生会、雷锋精神研究会等学生组织，做志愿服务、远赴新疆暑期实践……在向党组织靠拢的过程中，夏龙变得越来越积极主动，也越来越坚定："慢慢发现身边很多人都特别优秀，他们都是党员，就也想像他们一样成为优秀的党员。"

毕业那年，党中央吹响内地高校毕业生赴南疆乡镇工作的"集结号"，夏龙想到自己参加志愿活动时，接触过一些赴基层工作的志愿者，想到他们几十年如一日地在基层默默付出，让他心里为之一动。"到祖国最需要的地方去"这句话，不能光嘴上说说，要付出实际行动才能实现自己作为学生党员的价值。到祖国最需要的地方去，既是他对党忠诚的满腔心声，更是当下为党尽职的直接体现，还是对学校培养的感恩！

在咨询了学校老师的相关建议之后，夏龙毅然决定远赴南疆，把青春献给祖国最需要的地方！

到了南疆，夏龙才发现，原来公务员的工作，虽然平凡，却很重要。就算只是开一个小会，也需要提前准备会议材料、组织参会人员、考虑会议当天的情况制订紧急预案等。写起材料来更是要“较真”，反复衡量、修改行文措辞，有一次甚至为了写好材料中的一个短句，和同事坐在电脑前修改了两个多小时。

培训结束后，夏龙的第一个工作岗位是努尔巴克乡的党建干事，从事党建工作，负责乡镇党委政府换届、村“两委”换届、“访惠聚”工作等。2018 年 11 月，夏龙被提拔为努尔巴克乡的党委委员、纪委书记、派驻监察办公室主任。如今，他又被调到沙雅县教科局担任县教育工委委员、教科局党组成员、副局长。

放在四年前，他怎么也想不到，自己这个学了 4 年体育专业的理科生，不仅写文字材料写得得心应手，还能用自己本科修的法学双学位专业知识帮村民们解决实际问题。

在村里主持工作的时候，夏龙总免不了以一个“中间人”的身份去调解村民之间的纠纷，作为党员干部，他极力做到公平公正、守法用法，用法律的标尺去衡量是非，既有说服力、又得民心。他给不愿意送孩子上学的村民讲《义务教育法》、给来上访的村民讲《民法》、给学校施工的工人讲《劳动合同法》……

夏龙心里清楚，只有党员干部做事积极、团结群众，才能让村民们信任、自觉主动地向党组织靠拢。无论是党建、扶贫还是正在担任的教科局工作，他都要发挥党员的先锋模范作用，立足本职工作，时刻不忘为人民服务。

如今，夏龙的每件上衣左胸口的位置，都会戴上一枚党徽，戴上它，就仿佛把责任和荣誉感一起挂在了心口，能时刻感知自己肩上这个担子的分量。

资料来源

【北化之子】走基层、献青春，来听听这个校友的故事吧……[EB/OL].(2019-08-26). https：//news. buct. edu. cn/2019/0826/c2111a134210/page. htm.

教学建议

本案例可作为《思想道德与法治》(2021 年版)“第六章　学习法治思想　提升法治素养”的“第四节　自觉尊法学法守法用法”、“第二章　追求远大理想　坚定崇高信念”的“第二节　坚定信仰信念信心”的教学素材。

徐泽敏：高校辅导员的人生“跨考”

徐泽敏，男，曾担任北京化工大学信息学院本科生辅导员。

从黑龙江来北京工作后，徐泽敏决定离开这里，不是厌倦了城市的生活，而是经过学校选拔培训后，他接受了学校党委交给他的新的使命，投身到扶贫攻坚的一线去，成为一名驻村第一书记。

此前，他在北京化工大学信息学院担任本科生辅导员，原本他是要带着2016级5个班，152名学生直到四年后他们毕业的。但接到学校通知，与领导的一番谈话之后，他明白，那里的村民可能更需要他。

通辽市科尔沁左翼中旗协代苏木西浩来艾勒嘎查——一个让陌生人觉得很长，甚至不知道该如何断字的地名，就是他此行的目的地。为了记忆这个名字，他曾花过很长的时间，如今却成了他最牵肠挂肚的地方。

这里隶属科尔沁地区，蒙古族同胞占比也在九成以上，在未涉足这片土地之前，连徐泽敏都认为“不说住蒙古包，最起码得有大草原吧。”可事实是，这里和其他北方农村没有太大的区别。

这个从小生活在城市的90后青年，迎来了一次重要的人生“跨考”。

这并不是他第一次走进农村，在研究生阶段，他曾跟随导师前往黑龙江40多个县做农村课题的田野调查，那时他们白天进村调研，晚上在县城的宾馆住宿。而这次将是他一个人在这里工作和生活。

2017年7月，徐泽敏来到了这里，村长帮他在村部安顿好之后，可能是担心小伙子在这里的第一晚不适应，就留了下来。

农村不同于城市，晚上八点半左右，村庄就安静了下来。那晚他和村长几乎彻夜长谈，聊天的内容也逐渐从嘘寒问暖到了解这里的风土人情和扶贫工作难点，直到凌晨十二点，窗外下起了小雨，他们才躺下休息。

徐泽敏记得那晚他俩刚睡下后不久，就听到村长起床的动静，一看手表，时针刚指过凌晨三点，“我那时候还心想村长就是把我哄睡着了，他就走了”，直到现在他还为这个幼稚的想法感到惭愧。第二天一早，他听说村长家刚出生的小羊羔死了。

村长为了陪他错过了为小羊打针的时间，等他赶回去已经晚了。徐泽敏很清楚，在这个农牧结合的村子里，失去一只小羊对一个家庭意味着什么。这件事村长从没有在他面前提起，但徐泽敏明白未来他该怎么做。

让村长在村部陪他，终究不是长远之计，他得自己学会适应这里。一日两餐的生活习惯和朝五晚九的生活作息，在西浩来艾勒不知道已经流传了多少辈，徐泽敏努力调节自己的时间表，以求尽快让自己生物钟与当地合拍。

窗外太阳能路灯的光亮，“接替”了村长，让黑夜不再显得那么漫长。但另一个困难也随着天气渐冷暴露出来——房子里没有卫生间，起夜得到院子里的旱厕。

所以，每天晚上七点以后，徐泽敏尽量不喝水，渴了饿了就吃点水果垫垫。他开始逐渐适应这里的生活。

这次人生“跨考”，“考场”就是他脚下的这片土地：辖区面积12300亩，包括耕地7600亩、草地1300亩，还有3400亩林地。“考官”是这里240户、856位村民。而“考题”也很明确：在三年内帮助这里6户16人建档立卡的贫困户摆脱贫困。

每天的工作和“访谈”内容，他都会写在《民情日记》里，两年的时光，沉淀在600多页纸上，这些纸上没有辞藻华丽的溢美之词，却流淌着扶贫工作的细致贴心。

有时候，他“深度访谈”的对象也可能是村民家里的小朋友。他发现这里的孩子对发生在“大城市”里的事儿格外感兴趣。2018年暑假，他邀请北京化工大学信息学院的师生来村里社会实践，让他们给孩子们讲北京的风景名胜，讲美好的大学生活。

曾作为大学辅导员的徐泽敏，用这种方式也为来自北京的学生上了一堂生动的课，课堂就是他脚下的扶贫“考场”。

这场已经长达两年的“考试”“交卷”在即，徐泽敏对通过“考试”充满了信心，他说：“我作为北京化工大学派驻的驻村第一书记，从校领导到全校师生，都在关注这个地方的变化，也为当地提供了大量的帮助，我肯定会尽最大的努力来完成使命，这是我的一次人生‘跨考’，我不能输，也不可以输。”

资料来源

【北化人物】驻村扶贫：一个高校辅导员的人生“跨考”[EB/OL].(2019-04-16).https://news.buct.edu.cn/2019/0416/c2111a134190/page.htm.

教学建议

本案例可作为《思想道德与法治》(2021 年版)“第四章　明确价值要求　践行价值准则”的“第三节　积极践行社会主义核心价值观”、“第一章　领悟人生真谛　把握人生方向”的“第二节　正确的人生观”的教学素材。

赵甸生：雪域高原的“温暖坐标”

赵甸生，男，中国石化云南迪庆石油分公司德钦巴斯巴加油站站长，荣获“壮丽70年奋斗新时代·感动石化人物”等荣誉。

德钦，藏语意为“吉祥如意、和平安宁”，地处滇、川、藏三省交界处，是云南通往西藏的北大门和滇藏茶马古道的咽喉重镇，也是长江、澜沧江、怒江的主要水源涵养区和国家重要的生态安全屏障。

在海拔3400米的德钦县，除了有神奇美丽的梅里雪山和长年不断的游客，还有云南石油海拔最高的加油站——巴斯巴加油站。这里全年平均气温4.7度，最低气温可达零下27度，气候条件十分恶劣。在这座云南石油条件最艰苦的加油站里，赵甸生坚守了16年。

加油站的设施设备更新了一代又一代，身边的同事换了一茬又一茬，赵甸生依然默默坚守着，从一名普通的加油员成长为一名加油站站长。他先后被评为云南石油“优秀员工”“优秀站长”，候选“最美云岭国企人”……

“他把99%的精力都放在工作上。”对工作，赵甸生全身心投入，但对家人，他心里充满愧疚。不久前，在中国石化集团举行的“壮丽70年奋斗新时代·感动石化人物”活动颁奖，赵甸生的妻子和儿子也被邀请一同来到北京现场，他和身穿藏族盛装的家人一同上台领奖。

赵甸生16年在雪域高原“原地不动”的坚守，确实难能可贵，但更可贵的，是他从未有过丝毫懈怠，始终如一忠于职守、一丝不苟对待工作。

“每天早晨起来，看着梅里雪山那动人的微笑，顿时觉着浑身充满了能量。”纳西族的赵甸生，脸上带着高原红，也挂着憨厚朴实的微笑。在长达16年时间里，赵甸生的休息日屈指可数，长期站立、经常加班，他落下了腰椎增生、关节炎等骨关节病。因为经常不能按时吃饭，或者只能趁加油间隙吃早已凉透的饭菜，患上了慢性胃病。

2017年10月，云南石油安全检查组到巴斯巴加油站检查工作，惊讶地发现，十多年来，站长手册、交接班记录、公司下发的文件、设备设施台账、规章制度汇编等，样样台账清楚、件件分类整齐。赵甸生如数家珍地介绍这些“宝贝”时，检查组的同志不禁感叹：“去过很多地方检查，巴斯巴加油站的工作不仅让人放心，更让人感动。一个这么偏远、这么艰苦的加油站，工作这么扎实、细致，太不容易。”

16年来，学习业务知识是赵甸生的常态。2013年，公司对巴斯巴加油站的设备进行了更新，配套运行新的加油站管理系统，各项业务将更加便捷，但对只懂简单计算机操作的赵甸生而言，却成了极大的挑战。面对困难，赵甸生除了积极参加培训、反复练习操作，还虚心向年轻同事请教，不会就学、不懂就问，把系统操作的每一个步骤都记在本子上，一遍遍反复学习，直到完全掌握，成为迪庆石油熟练掌握加油站管理系统的“老手”。

工作以后，赵甸生对共产主义的认识，对理想信念的追求，从浅薄到深刻，从感性到理性。2016年，他将写了4页的入党申请书，连同两篇思想汇报一起交给了党组织。经过入党积极分子培训和预备党员考察，2019年7月，经迪庆石油党总支广泛征求广大党员、群众意见后研究决定，确定赵甸生通过转正，成为一名光荣的中国共产党党员。组织的认可，对赵甸生来说是极大的肯定。

赵甸生被评为感动石化人物后，云南石油公司第一时间发出喜报。很多员工表示，赵甸生16年的坚守，正是传承石油精神、弘扬石化传统的见证，是对初心使命的坚守。一条评论，获得众多点赞：“他就是我们心中党员的样子。”

资料来源

赵甸生：一份坚守，一种精神[EB/OL].（2019-10-25）.https://news.gmw.cn/2019-10/25/content_33263021.htm.

教学建议

本案例可作为《思想道德与法治》（2021年版）“第二章　追求远大理想　坚定崇高理想”的“第二节　坚定信仰信念信心”、“第五章　遵守道德规范　锤炼道德品格”的“第三节　投身崇德向善的道德实践”的教学素材。

戴伟："洋博士"与中国发生了化学反应

戴伟，本名大卫·埃文斯(DavidG. Evans)，英国人，北京化工大学特聘教授。1958年6月，出生在英国伯明翰一个教师家庭，第一次接触化学实验是在学校的化学课堂上，强烈的好奇心和求知欲促使他开始购买相关的仪器和化学药品，在自家厨房里做实验。获得牛津大学博士学位后，戴伟在英国埃克塞特大学从事教学和研究工作。

一、醉心中国

年过花甲的他不曾想到，因几十年前对中国的"好奇心"而定居北京，如今他又通过一个个生动有趣的化学科学实验"点亮"成千上万个中国孩子的好奇心。24年间，戴伟和中国发生了奇妙的"化学反应"。

20世纪70年代，戴伟通过中国驻英国大使馆订阅《北京周报》，以期了解中国发生的点点滴滴，他表示："'神秘'的中国像'黑洞'一样吸引着我"，"我有两个爱好，一个是化学，另一个是中国"。

1987年，他第一次来到中国并独自前往多个城市旅游，这次经历加深了他对中国的兴趣。以后每年来中国一两次，访问大学，做学术报告，出去旅游，每次都会看到很多变化。

1996年9月，戴伟辞去英国埃克塞特大学化学系教学委员会主席职务，只身来到北京化工大学，成为段雪实验室的第三位成员。实验室只有一间小屋子，摆着一张实验桌，工资仅有在英国时的1/10。有限的科研条件和语言障碍，都是戴伟需要突破的难题。

刚来中国时，戴伟背着一个小包，包里有两样东西：一个笔记本，每次听到不懂的中文，他都要记下来回去确认；还有一本词典，有不认识的中文，可以随时查阅。这本词典现在戴伟还保留着，词典的名字已经磨得看不清楚，里面很多页都用胶带粘着。

在汉语环境中，戴伟的中文水平进步很快，也交到了很多中国的朋友。每逢春节，他更愿意跟朋友一起到中国的农村过年，感受传统春节的气氛。热情好客的中国人民让身在异国他乡的戴伟感受到了家的温暖。

随着中国经济实力不断提升、科研投入不断增加，中国的科研环境得到了巨大改善，戴伟与段雪教授团队合作，共同开辟了具有国际先进水平的层状及层柱结构材料研究领域，奠定了该领域的基础和应用研究以及产业化方面在国内外的学术地位。

戴伟与北京化工大学开展科技创新合作，研发了农业大棚塑料膜的添加剂，保证大棚夜间温度、减少用煤；为通向内蒙古的高速公路研究保护沥青的添加剂；推动化工大学和牛津大学等高校之间的科研交流与合作。

二、科普达人

在中国工作生活多年，戴伟发现，除了大学，在中小学，中国学生做实验的机会太少，这让很多孩子在好奇心最强的年龄错过了接触化学实验的机会。

2011 年，恰逢国际化学年，戴伟作为英国皇家化学会北京分会主席，收到了 1000 英镑的项目拨款，这时有朋友建议他去北京周边的打工子弟学校做科普实验。戴伟受邀给京郊打工子弟学校学生讲解化学，看着一双双求知若渴的双眼，戴伟决定将科普讲解坚持下去。他先后走过中国 30 个省市区的 300 多座城市，为 20 余万中小学生和公众开展科普讲座 600 余场。

2018 年起，他在快手、B 站等平台开通"戴博士实验室"账号，将化学实验视频放在这些新媒体平台上，总观看量达数亿次。

戴伟为促进中外科技合作和推动科普事业所作的努力，赢得了广泛赞誉。他曾获得 2001 年中国政府友谊奖、2014 年国家外国专家局"十大功勋外教"、2016 年中国科协"科普中国特殊贡献奖"等荣誉。

中共十九届五中全会提出，"十四五"期间，中国创新能力显著提升，人民科学文化素质和身心健康素质明显提高。戴伟认为科普活动有助于提升全民科学素质，帮助人们基于科学认识提高生活质量。

如今，戴伟又踏上线下科普实验活动的旅途。山西灵丘、湖南怀化、辽宁沈阳、江西吉安、内蒙古赤峰……启发未来科学家对化学的兴趣，戴伟的"奇幻之旅"还将继续。

资料来源

1. 面对面“化学魔法师”洋教授戴伟的中国科普之路[EB/OL].(2020-09-21).https://baijiahao.baidu.com/s?id=1678410995187327562&wfr=spider&for=pc.

2. 外国人看中国“洋博士”戴伟和中国发生了奇妙的“化学反应”[EB/OL].(2020-12-09).https://baijiahao.baidu.com/s?id=1685597797678201165&wfr=spider&for=pc.

教学建议

本案例可作为《思想道德与法治》(2021年版)“第一章　领悟人生真谛　把握人生方向”的“第二节　正确的人生观”、“第二章　追求远大理想　坚定崇高信念”的“第一节　理想信念的内涵及重要性”的教学素材。

段雪：穷且益坚　创新务实

段雪，男，1957年1月出生于北京，中共党员，应用化学家。1982年毕业于吉林大学化学系，1988年获北京化工学院化学系博士学位。现任北京化工大学化工资源有效利用国家重点实验室主任。2007年当选中国科学院院士。长期从事应用化学研究，在“以产品性能导向的插层结构设计”和“以产品生产导向的插层过程控制”方面开展应用基础和工程化研究。发展了插层结构阻燃抑烟材料、选择性红外吸收材料、“分子容器”、缓释药物、薄膜材料和催化材料等系列插层材料，提出了非平衡晶化法等系列组装方法，设计的旋膜反应器实现了晶粒尺寸窄分布控制并大幅度缩短了成核时间，为工业化创造了条件。获国家发明专利授权60余件和美国专利授权3件，并曾获2001年国家科技进步二等奖和2004年国家技术发明二等奖等多项奖励。曾先后获国家有突出贡献的中青年专家、中国青年科技奖、全国五一劳动奖章、全国杰出专业技术人才、“长江学者奖励计划”特聘教授等荣誉称号。

一、穷且益坚

段雪1964年考入北京实验一小，按照当时10年一贯制的规定，他能在那里读完小学并在仅一墙之隔的师大附中读完初中。但小学2年级时“文革”开始，他中断了学业，1年后复课，中间又经历了学校改制、教材更换，又跳了级。段雪在动荡中，用5年时间，读完了6年级的课程。

段雪在北京上了1年初中后，他母亲所在的医院响应“把医疗卫生工作的重点放到农村去”的号召，到甘肃临夏援建医院，也就是现在的临夏县第二人民医院，他也跟着去那里继续读书。

后来段雪母亲又调到甘肃陇西冶金设备制造厂医院，他高中毕业后在农村插队两年。1976年陇西冶金设备制造厂招工，段雪进厂成了一名钳工，当时工人地位还是很高的。考上大学离开甘肃前，他一直在这个厂里。

1977年恢复高考后，段雪很激动。他母亲很早就对他说“这些书本你都别扔”，他表示这是对他高考，以及后来命运改变影响深远的一句话。

段雪当时没考试大纲，也没人组织复习，白天在厂里上班，晚上熬夜看书。因为看书太久，一抬头看别的东西都是双影，得缓好久才能恢复正常，那是他记忆中视力最差的一段时期。

段雪表示：“考上大学，是我人生第一次自己掌握住了命运。过去命运不由自己，很小年纪就背负了一些沉重的东西，童年的记忆其实对成长的伤害很大。上了大学后这些好像都不重要了，大家都是平等的，都要重新开始。我下决心要再往前迈一步，后来考上了北京化工学院的研究生，回到北京，最后又读了博士。”

段雪对学子深情寄语：“只有命运掌握在自己手里，才能给自己创造机会。”

二、创新务实

阻燃抑烟剂，顾名思义就是能够阻止物体燃烧和发烟的化学助剂。火灾中80%的人是由于烟气窒息。在建筑材料中添加阻燃抑烟剂，就能使材料在遇高热时不易发烟，不易燃，不易蔓延。

段雪团队基于零排放的原子经济反应法创制的层状材料清洁生产技术，其应用产品之一就是阻燃抑烟剂，而其生产原料是矿冶废渣，实现了废弃物到高价值产品的绿色转化。

“段雪带领团队开展成果转化工作可以追溯到20世纪80年代。”王峰介绍，1988年年初，河北一家企业因其生产的“溶解乙炔气瓶硅酸钙多孔填料”不过关，找到北京化工大学。当年7月，段雪与北京化工大学教授王作新接下了这活。经过3个月的实地考察和反复实验，段雪与王作新不仅帮助企业解决了这项技术难题，还收获了一笔可观的技术合作经费。

紧接着，段雪开始思考如何让应用技术更好地服务企业。有了这个初步设想后他马上着手落实，先后与6家企业签订了技术转让合同。

创新并不只是一个华丽的辞藻，其具有丰富的内涵。对于行业高校的科研工作而言，段雪认为创新至少应包括三方面的内容：创新的动力、如何实现创新、践行创新及其效果。北京化工大学带有鲜明的行业特色，与国民经济的发展息息相关。无论是在国民经济快速发展时期，还是为应对国际金融危机调整结构、拉动内需、促进增长和保证就业的特殊时期，实现科技创新始终是学校强有力的措施。

段雪强调，将实际问题转换为科研工作的目标，进一步从中提炼和凝练科学问题，并且充分考虑本学科领域的学术前沿，这种理论与实际的密切结合，是实现创新的有力保障。当然，科研工作者要有学术高度和"十年磨一剑"的韧性及耐力，"咬定青山不放松"。创新是否有价值，对于带有行业特色的高校而言，一定要在工程和工业实际中践行创新，一方面检验经基础研究或应用基础研究所得规律和结论是否正确；另一方面，面向实际需求的创新一定要有效果，产生经济效益或社会效益。应强调"以成败论英雄"。

资料来源

1. 院士高考回忆录⑤ | 段雪：考上大学，我第一次掌握自己命运[EB/OL].(2021-06-07).https://baijiahao.baidu.com/s?id=1701916036120980740&wfr=spider&for=pc.

2. 探索打造一条成果转化生态链[EB/OL].(2019-11-28).https://news.sciencenet.cn/sbhtmlnews/2019/11/351531.shtm.

3. 走进北京化工大学[EB/OL].(2009-05-21).https://www.gmw.cn/01gmrb/2009-05/21/content_924178.htm.

教学建议

本案例可作为《思想道德与法治》(2021年版)"第一章　领悟人生真谛　把握人生方向"的"第三节　创造有意义的人生"、"第二章　追求远大理想　坚定崇高信念"的"第三节　在实现中国梦的实践中放飞青春梦想"的教学素材。

宁高宁：爱念书的中化掌门人

宁高宁，男，1958 年 11 月出生于山东滨州。2015 年，入选“十三五”国家发展规划专家委员会成员。现任十三届全国政协常委、十三届全国政协提案委员会委员，中国中化控股有限责任公司董事长、党组书记。

一、爱念书

在宁高宁的简历里，他最大的爱好是逛书店，看书。他向记者列出了一长串喜爱的作家，张爱玲、贾平凹、林语堂，等等。大概是由于有过留学海外的经历，他很赞同这些作者站在远处对中国所做的敏感的察看和尖锐的考虑。说到张爱玲，他信口拈来“人生就是一袭华丽的袍子，里边长满了虱子。”

由于爱念书，每到一个新地方，最吸收他眼球的就是“书店”两个字。“逛书店比较紧张，是个接收的进程，不必像对别人说话那样，需求输出。”宁高宁坦言。

工作之外，宁高宁最看重的还是家庭。当被问到家庭最需求什么时，他说：“真情!”。“任何人都是有劳动压力的，家是相对舒缓的地方，会让你更理解人性和人生。”

一位分析人士以为，国家之所以让宁高宁接任中国中化控股有限责任公司董事长，是由于宁高宁有丰富的资本运作经历，还有华润与中粮都是原外经贸部的老外贸企业，中粮集团不至于因人事变动而影响既定战略，且两家公司都是红筹大佬。宁高宁曾坦言本人最爱看《资本论》。

2009 年 12 月 23 日，中粮集团董事长宁高宁当选中国经济十年商业领袖。

二、职业的“放牛娃”

宁高宁自称是职业经理人，为国有企业“放牛”。他的专业素养也得到了市场的承认。

近几年，受金融危机以及公司本身管治的影响，在港的中资企业整体形象大打折扣。比如，广东国际信托投资公司破产，粤海集团资不抵债，广南集团爆出“受贿”丑闻，中旅集团的高层被抓，等等。

但在宁高宁的带领下，华润集团不仅安然避过金融风暴，而且得到市场的另眼相待。2004年初，华润集团顺利获得一笔超过30亿的银团贷款。

有人问宁高宁，怎样形成这样一种稳健的风格。他轻描淡写地说：“其实没什么，这并不是什么风格，而只是职业经理人的应有训练。职业经理人本来就应该做到专业化。”

宁高宁也要求下属都是专业的“放牛娃”。按照中粮多年的习惯，每年的3月份会进行全年的工作部署。他上任后，将这一工作会议改成了经理人培训会。

2005年，连续多年保持不变的“中粮中层管理干部大会”改成了“中粮经理人年会”。

中粮集团董事、鹏利国际总经理孙忠人对此的感受是：“中层干部会改名为经理人年会，是一次质的飞跃。名称的变更，既有对会议的重新定位，也包含了对全体参会人员的重新定位。”

从华润移师中粮，他做的第一件事就是将内刊改名为《企业忠良》，向员工灌输作为“职业经理人忠心与良心”的管理理念。

宁高宁在《企业忠良》上发表了文章《分层次》，对中粮的经理人提出了更高的要求：不仅做好企业在业务上的战略和执行，更要把不断创新和进步的精神根植于企业组织之中；不仅推动少数人的成长，还要推动整个组织的成长；不仅推动竞争压力，还要推动企业文化的创新。

宁高宁不断引导中高层干部从“国有企业干部”向国际型“职业经理人”转变。因为他知道，只有保持优质、高效、稳定的职业化人才链，才有可能打造基业长青的企业。

三、执掌中化

2016年1月，宁高宁成为了有着“第四桶油”之称的中化集团的“一把手”。改造中化集团，最先要改造的还是思想。

2016年5月，这位中化新掌门主持召开了他入主以来的首次正式战略研讨会。与公司以往的形式不一样的是，这次会议的风格别具一格，与会人员均模糊身份，不论职务高低，平等交流；不预设观点，充分讨论达成共识。

这次会议是中化历史上首次采用团队学习法进行战略研讨，引入了全新的研讨工具，氛围也更加平等、自由，再加上丰富多彩的热身活动，正常会议过程轻松而热烈。

这场研讨会整整历时三天，基本上每天都持续到晚上十一点以后，最终达成基本共识，要将中化打造成为一家以石油化工和精细化工为主业，涵盖农业、地产、金融的创新型多元化企业。而能否真正做到“创新型”这一点，是决定该道路乃至企业未来发展成败的关键所在。

与会人员经讨论达成的共识还有：加快体制机制改革；采取“小总部、大中心”的管控模式等；业务各板块战略定位进一步清晰，板块内更加关注打造核心竞争能力。

不久后的2016年工作会议上，宁高宁在讲话开头提出中化要成为一个有理想、有信仰的企业，希望中化是盖高楼大厦的、盖教堂的，做的事情能在历史留下痕迹，不能像狗熊掰棒子似的。尽管执掌的公司不一样，但宁式管理哲学依旧十分有效。

对于“创新型”的理解，宁高宁在两年后有了更为精确的总结。2018年“两会”期间，在北京国贸附近的一间咖啡馆，60岁的宁高宁写出了后来刷屏的万字长文《科学至上》。

从这一年开始，“科学至上”，再加上后来提出的“知行合一”，共同成为中化集团的价值观。事实上，除了把中化集团管好，宁高宁当时还肩负着另一个更加重要的任务——中国中化集团和中国化工集团的合并重组。

在很长一段时间内，外界难以区分这两家央企。事实上，这两家世界500强公司不仅名字相似，它们的很多业务也存在同质化严重的现象。自宁高宁担任中化集团董事长后，外界关于两化合并的传闻屡次传出，但直到2018年年中合并重组趋势渐明。这年6月，时任中国化工集团董事长的任建新宣布退休，中化集团董事长宁高宁兼任中国化工董事长和党委书记。

2021年3月31日，国资委改革局发布消息称，经报国务院批准，中国中化集团有限公司（下称“中化集团”）与中国化工集团有限公司（下称“中国化工集团”）实施联合重组。重组后将新设由国资委代表国务院履行出资人职责的新公司，中化集团和中国化工集团整体划入新公司。

宁高宁再次完成了一项“不可能完成的任务”，一家营收超万亿元的新巨无霸也由此诞生。

资料来源

1. 宁高宁传：从“放牛娃”，到“红色摩根”[EB/OL].(2020-09-21). https://baijiahao.baidu.com/s?id=1700154438627745641&wfr=spider&for=pc.

2. 中国改革开放30年经济百人榜[EB/OL].(2008-01-09).https://baike.baidu.com/reference/4951851/e15aZTHwLNhfqmoskUqAho2l_t9Mi9ZYYe4yS8kC9qD_inklt0js6HAFXHs_fHVCujnUTxtPY9eDAEfx9SjsLkiiKIE7jc QhJ3vG6sj_wPkC-WzJYrmqOWWqACjn5SF9ep5cG.

教学建议

本案例可作为《思想道德与法治》(2021年版)“第二章　追求远大理想　坚持崇高信念”的“第二节　坚定信仰信念信心”、“第四章　明确价值要求践行价值准则”的“第三节　积极践行社会主义核心价值观”的教学素材。

牛宜顺：不忘初心的山东橡胶大王

牛宜顺，男，1955年1月出生，高级经济师，1982年加入中国共产党，现任山东华勤集团董事长、新马青党委书记。先后获得“兖州市劳动模范”、“济宁市劳动模范”、“济宁市优秀共产党员”、济宁市“八五功勋企业家”、“山东省劳动模范”、“山东省优秀乡镇企业家”、“全国优秀乡镇企业家”、“2009年度风云鲁商”等40多项荣誉称号，并连续当选山东省第九、十届人大代表，2005年被授予“全国劳动模范”称号，2018年被评为改革开放40年百名杰出民营企业家。

一、重视发展

如今在国际化道路上一骑绝尘的华勤集团，30年前其实只是山东兖州一家几个人凑起来的镇办锅炉安装公司，而牛宜顺则是打井队队长出身。

1985年11月，牛宜顺到安装公司任经理，接管了这个负债19万元的企业。3年后的1988年，国家收缩楼堂馆所的建设，这使得锅炉主业受到很大挑战。“你是老板，你首先要对得起跟着你南征北战的这些员工，所以我们就想着怎么发展新项目，因为当地有兖矿集团，是全国八大煤田之一，兖州还有一个煤机厂，专为煤矿生产煤机，需要输送带，我们就看上了这个。”

1989年7月，兖州华西胶带厂成立，牛宜顺和员工们只用100天就建好了厂房，生产出的输送带最高级别是6级，领先国内水平。然而，“因为没有生产许可证、煤安标志，几乎是接近两年，没有卖出一米带子。”牛宜顺甚至有过潸然泪下的时刻。“我们经常去煤炭部、化工部、煤研所跑手续。后来终于打动了煤炭部供应局化验处的一个处长，给我们签了一个字，同意我们到兖矿进行试验。后来又给兖州煤机厂做配套。”输送带的销路终于慢慢好转。

1997年，国家提出国有企业改制，济宁市也召集企业家开会。牛宜顺听到一句话——“个人可以对企业进行买断”，可以获得企业经营自主权，顿时觉得可以不用再为“一怕提、二怕撤”而担心。于是，他个人出资600万元，一次性买断企业内部集体资产产权，成了民营企业的老板。

牛宜顺顶住压力、克服困难，毅然创建胶带厂，并在急剧变化的大时代中抢抓机遇、锐意进取，伴随汹涌澎湃的经济大潮，走出一条成功的创业之路，他最初创办的胶带厂现在已发展成为一家以科技研发，生产经营汽车轮胎、工业用输送带为主，集电力、化工、生物工程、国际贸易于一体的大型民营企业集团。

在牛宜顺眼中，股权和发展相比，发展更重要。“为什么这样说呢？一个企业，做小的时候，是你自己的，一旦做大之后，就是社会的，就应该将发展和社会责任摆在第一位。社会责任一是养员工；二是上缴税收，给地方增加财力；再一个就是把周边占地的老百姓带动起来。”据介绍，华勤周边的农民也从企业用地上获得了不错的回报。

二、回报社会

牛宜顺，是在兖州、济宁乃至山东省都为多数人所熟悉的名字，很多人都知道他是优秀的企业家，都熟悉他将一个只有资产几万元的乡镇企业发展成为拥有固定资产60亿元的大型企业集团的创业经历，但更多人知道他是一位致富不忘乡亲、真情回报社会的党委书记，是一位热心于公益事业、热衷于慈善事业的慈善家。

多年来，牛宜顺在带领银河集团快速发展的同时，将“顽强拼搏、锐意进取”的经营理念与“成己达人、回报社会”的宗旨相结合，从未停止造福一方、回报社会的脚步。他在企业中积极倡导造福一方人，爱心献社会的责任理念，强化企业文化的渗透，努力打造一个积极履行社会责任的现代化、国际化企业，并将履行社会责任放在一个很高的位置上。

牛宜顺积极倡导实施惠民工程，他总是说做事先做人，一人富了不算富，带领大家共同富，才是一个共产党员的职责，银河集团从一个乡镇企业发展成为现代化的大型企业，离不开当地人民的大力支持，所以在企业的发展壮大中也一直致力于当地新农村的建设，实现老百姓的富裕。牛宜顺先后投资4600万元对大马青村、小马青村进行旧村改造，新建了24幢高标准居民住宅楼；投资600万为小马青村建起高标准小学、幼儿园；新修了村内、村外的道路、自来水等设施，扶持建立起了一处年产万吨蔬菜的农业龙头企业，并为周边村民免费供电、供暖；同时为周边地区失去土地的农民免费培训技能，使其上岗就业，解决了1000多人就业难的问题。另外还为村里60岁以上的老人每人每年发放补贴，已累计达50余万元，过年过节时发放慰问礼品，真正实现了村企合一，受到农村干部群众的广泛赞誉。

牛宜顺坚持“敢为人先创大业，回报社会为人民”的做人和做事原则，乐善好施，扶贫济困，贡献社会。他十多年如一日，积极投身社会公益事业，广博的爱心和执着的追求，使他成为全市民营企业家中扶残助残的带头人、捐资助学的慷慨人、抗震救灾的热心人、关注贫困的有心人，在社会慈善和公益事业的广阔领域里，都留下了他动人的事迹。尽管他是一个拥有几十亿资产的企业家，一个荣誉满身的优秀共产党员，他所带领的企业也获得过省市和国家级的四十多项荣誉，但他依然过着普通人的生活，因为他为自己设定了更高、更远的公益目标，他将把扶弱济贫、匡扶正义的传统美德继续发扬光大，也将会把更多的财富贡献给社会。

资料来源

1. 山东这4人获评杰出企业家，背后是啥财富故事. [EB/OL]. (2018-10-25). http://news. bandao. cn/a/136508. html.

2. 牛宜顺华勤橡胶工业集团党委书记[EB/OL]. (2011-06-26). http://www. yanzhouren. cn/html/business/abc/1875. shtml.

教学建议

本案例可作为《思想道德与法治》(2021年版)“第一章　领悟人生真谛　把握人生方向”的“第二节　正确的人生观”、“第五章　遵守道德规范　锤炼道德品格”的“第三节　投身崇德向善的道德实践”的教学素材。

杨万泰：不忘初心，无愧时代

杨万泰，1956年10月出生于河北省成安县，中共党员。高分子化学家，中国科学院院士，北京化工大学教授，博士研究生导师，生物医用材料北京实验室主任。1982年毕业于清华大学化工系高分子化工专业，1985年于北京化工学院获硕士学位并留校工作，1993—1996年在瑞典皇家理工学院进修/学习获博士学位。1993年被评选为北京市高等学校（青年）学科带头人，1999年进入人事部"百千万人才工程"一、二层次，并荣获教育部跨世纪优秀人才培养计划基金，2000年获国家杰出青年基金，2001年入选教育部"长江学者奖励计划"特聘教授，2012年作为负责人入选国家基金委创新群体，2019年获得"全国优秀教师"称号。

杨万泰在家乡度过了初中、高中的欢乐时光，恢复高考第一年，以优异成绩考入清华大学，就读于工程化学系。

"通知书上写明报到时间是3天，我买了第一天第一班邯郸开往北京的火车票。这是我人生第一次坐火车。20世纪90年代初，我出国深造第一次坐飞机。若干人生第一次都成为我前行路上关键性的一步。"杨万泰说，在那个年代，坐火车、乘飞机都是令人羡慕的事儿。如今，杨万泰引用《人民日报》文章说，从半日千里往返的高铁，到半小时到货的快递，再到半秒下载一部电影的5G，不断提升的"中国速度"刷新着人们的生活方式。

"1977年12月的高考让我从小村庄来到北京，与高分子化学结缘。高考不仅是我个人的转折点，更是整个国家的转折点。"回想40多年前，恢复高考，如一声惊雷，点燃莘莘学子"进入大学深造、学成报效国家"的希望之光。杨万泰高中就读于当时的省重点高中——成安县第一中学，班主任兼化学老师是毕业于清华大学的赵素娥，物理老师是毕业于北京大学的蒋伟，优质的教学资源为他打下坚实的基础。1973年底，高中毕业的杨万泰回村任小队会计，他不仅学会了打算盘，还练会了盲打和左手打算盘的特技。由于工作出色，两年后兼任村里团支书。他一直保持阅读习惯，白天劳动，晚上读书，不仅看化学、物理等书籍，还喜欢读《中国通史》。

现实中，很多关于国家发展的关键核心技术的基础是材料，材料的基础是化学。杨万泰以颠覆性技术创新为突破口，一直在啃高分子化学领域的硬骨头。1998 年，他调整研究方向，将研究对准整个高分子化学领域国际上的几个重大难题——光催化表面 C—H 键转化反应、可控/活性自由基聚合新体系、非均相聚合新方法等高分子化学基础研究等，多项专利成果已进入工业应用。其中，高分子材料合成与改性化学的方法学研究，为解决“全球巨量废弃烯烃利用”难题提供了新途径。

杨万泰说：“我与清华大学、与化学的缘分，从填报志愿那一刻就如影随形，在高分子这个领域教书、研究 40 余年。”2017 年，时任北京化工大学教授、生物医用材料北京实验室主任的他，增选为中国科学院化学部院士。

在杨万泰眼里，由跟跑者到并跑者再到领跑者，在一些重大关键领域，我国正在走近世界舞台的中央。

虽然离开故土多年，但杨万泰始终关心支持家乡发展。2018 年以来，他先后被聘为市政府智库专家、邯郸学院“河北省杂环化合物重点实验室”学术委员会主任，为邯郸经济结构转型把脉问诊，为邯郸科技教学事业贡献智慧。

“我的第一个院士工作站一定要设在家乡。”杨万泰增选为中科院院士后，不少单位找过来，希望设立院士工作站。但院士态度很坚决：“家乡更需要我，我要先为家乡尽绵薄之力。”

2018 年 3 月 25 日，杨万泰回到离别 46 年的母校——成安县第一中学。熟悉的校园，泛黄的老照片，让他觉得所有的一中故事都不曾走远。

“传承科学精神，点燃青春梦想”报告会上，杨万泰以自身求学奋斗经历，激励成安一中莘莘学子树立远大理想，为梦想而奋斗。

“知识改变命运，你们现在的教育教学条件和我们上学时相比有了飞速提升，这得益于祖国的强大，得益于县委、县政府对教育的重视，得益于学校全体教职员工的辛勤付出。希望你们锻炼身体，博览群书，做对国家、对社会有用的人。”

杨万泰深情地表示，“改革开放以来是几千年中国历史上变化最快、变化最好的时代，能赶上这个时代太难得。我们要为这个时代而自豪。”“新中国成立 70 年，尤其是改革开放 40 年，我们国家取得史无前例的快速发展，很多关于国家发展的关键核心技术获得重大突破。科技工作者应该不忘初心，时刻牢记我们承担的巨大责任和使命。唯有继续努力，方能以知识回馈国家，无愧于这个时代。”

资料来源

1. 杨万泰院士忆高考：高考牵起我与化学的缘分[EB/OL].(2019-1-10). https://news.sciencenet.cn/htmlnews/2019/1/421906.shtm.

2. 第一位从邯郸走出去的中科院院士，是成安老乡[EB/OL].(2019-8-23). https://m.thepaper.cn/baijiahao_4225002.

教学建议

本案例可作为《思想道德与法治》(2021年版)“第二章　追求远大理想　坚定崇高信念”的“第一节　理想信念的内涵及重要性”、“第三章　继承优良传统　弘扬中国精神”的“第二节　做新时代的忠诚爱国者”的教学素材。

杨卫民：科技防疫有“加速度”

杨卫民教授是北京化工大学高分子材料先进制造英蓝实验室的学术带头人，入选教育部“长江学者奖励计划”特聘教授。英蓝实验室围绕“高端装备制造”和“新材料”两大战略新兴产业发展的国家重大需求开展研究，在“高分子材料加工成型高端装备”领域系统深入开展高分子材料精密成型原理及装备、高分子材料加工成型重大关键装备以及节能装备等研究工作。突如其来的新冠肺炎疫情，使得全国各地的一线抗击疫情工作者都面临医用物资短缺的问题。杨卫民教授始终坚持国家利益和人民利益至上的宗旨，急国家所需、人民所盼，带领其团队利用自身技术优势，优化了防疫设备制造生产线，紧密围绕防护物资充分利用等方面全力投入科技攻关，加速成果转化，把研究成果应用到战胜疫情中去，为广大的一线环卫工人和医疗工作者提供了充实的防疫物资支撑。

由于新冠肺炎疫情的突发性、广泛性、高传播性，广大地区的一线防疫工作者面临着防护物资短缺的情况，基于国家和人民的需要，北京化工大学积极响应。杨卫民教授等科研团队大力弘扬科学家精神，树立大局观念，增强社会责任感，以“时不我待，只争朝夕”的精神状态，发挥集智攻关、团结协作的优良传统，加强有关实验数据、成果的开放共享，从 2020 年 2 月中旬开始设计到月底研制出第一套样品，再到 3 月底计划生产 100 套，北化青年参与的科技战“疫”速度令人振奋。这些成果的背后离不开以杨卫民教授和阎华教授为首的英蓝实验室团队的付出。

2 月 25 日，北京化工大学教授杨卫民明确表示：针对疫情特殊状况，基于前期研究试验，具有微纳滤膜清新空气微正压输入与呼出气体在线消毒排放功能的“新风正气”新冠病毒防护面罩研制已经取得初步成功，并有望批量化生产。杨卫民教授带领其科研团队，在防护面罩材料方面取得了较大突破，该防护面罩根据用户人群分类可切换为不同功能模式。医务人员模式中，在轻便负荷和不影响作业的前提下，使医务人员的口、鼻、眼等容易感染病毒的器官彻底与外界隔离，并且，“新风正气”新冠病毒防护面罩呼吸阻力低、续航能力强、轻量便携。另一模式为病患床边模式，针对“方舱医院”等病人较为集中的区域，呼吸、说话等易使空气中的飞沫与气溶胶含量增高，加剧了交叉感染加重病情的可能性，采用“新风正气”新冠病毒防护面罩不仅能通过纳米纤维过滤(0.1 微米粒度气溶胶过滤效率 95%以上)使患者吸入健康空气，而且通过呼出气体在线杀毒功能对呼出气体进行杀毒处理，以确保周边空气的新鲜度，避免交叉感染。

在面罩中，气流分成两路，呼入通道与呼出通道。呼入通道中，通过熔体微分静电纺丝技术隔离膜(新国标 GB/T 32610—2016A 级标准，0.1 微米粒度气溶胶过滤效率 95%以上)净化空气，呼出通道则通过酒精消毒，再经过该通道隔离膜。杨卫民教授带领其团队研发的防护面罩基于材料 PVT 特性的智能模塑成型技术，3D 打印/复印一体化制造技术能够较快实现规模化生产。自疫情暴发以来，基于英蓝实验室创新成果熔体微分静电纺丝技术开发的口罩已全部应用于战疫一线，为防疫工作作出了杰出贡献。

同时，杨卫民教授团队“3D 复印”智能塑化制造技术生产防疫护目镜等项目受到社会和媒体广泛关注。防护材料制作不仅仅面临材料的问题，也面临着生产效率不足的问题。自从新冠肺炎疫情以来，口罩变得十分短缺。尽管连不少汽车厂也纷纷建立医用口罩生产线，但还是买不到口罩。据中国纺织品商业协会安全健康防护用品委员会会长雷利民在接受中新社采访时透露，2 月底每天预计能生产各类口罩 1.8 亿只。但根据估算：全国医护人员日需求 2400 万个；全国病人日需求 2000 万个；全国上班日需求 2 亿—5 亿个。累加起来，我国每天需要 2.5 亿—5 亿个口罩，仍然远超产能供给。

实验室杨卫民教授团队利用自身的科研优势和技术特长，构建了防疫护目镜“3D 复印”智能化生产线，实现了新冠病毒防疫护目镜的高效率、高精度、智能化制造，累计生产防疫护目镜超过 10000 套，为湖北武汉、孝感等多地抗疫一线的环卫工人提供了健康防护，同时还捐赠给北京、湖南、辽宁、山西、河南等地的医院和北京环卫集团、中信环境、中国石化等抗疫一线单位。这些应急科研攻关项目为国家和北京市的疫情防控工作提供了强大的科技成果支撑，贡献了“北化力量”。

资料来源

向榜样致敬！北化这个团队和教授在北京市抗击新冠肺炎疫情表彰大会上受到表彰！[EB/OL].(2019-1-10).https://www.sohu.com/a/421754749_407292.

教学建议

本案例可作为《思想道德与法治》(2021年版)“第二章　追求远大理想　坚定崇高信念”的“第一节　理想信念的内涵及重要性”、“第五章　遵守道德规范　锤炼道德品格”的“第一节　社会主义道德的核心与原则”的教学素材。

余亮茹：化工园区开发建设管理的实践与思考者

余亮茹，中共党员，上海市化学工业园区管理委员会副主任，他作为上海化工区首批开发建设团队成员，借鉴国外案例和国内经验，归纳提炼产品项目、公用辅助、物流传输、生态保护、管理服务“五个一体化”创新理念。上海化工区批准设立于 1996 年，是全国最早以石油化工及其衍生品为主的大型产业园区之一，也是首批新型工业化示范基地和国家生态工业示范园区。园区中，巴斯夫、科思创等全球 500 强外资化工企业占比 80%，企业产品关联度达到 80%以上，经济年产值连续 7 年超过千亿元。他筹划智慧园区总体构架，认定趋势抓先手、跨越发展赋新能，智慧业务、智慧政务、智慧服务领域的项目建设硕果累累。

余亮茹历任上海市冶金局团委副书记、书记，上海团市委组织部副部长、机关党委副书记、常委、宣传部部长，上海化工区发展有限公司行政办(党委办)主任、总经理助理，上海化工区开发领导小组办公室综合处处长，上海化工区管委会党组成员、综合办主任(劳动人事处处长)，市城市规划设计研究院党委委员、书记。2012 年 2 月起任上海化工区管委会副主任。

化工园区，安全性特别重要。如何保证化工园区的安全？余亮茹说，在上海化学工业区的管理中，他们把安全拆分来讲，先是本质安全，过程安全，才能保证结果安全。“其实我们后来在实践当中就觉得，事故是一步步发展起来的，比如说我们现在大家碰到事情，说一下子来个爆炸，往往是从跑冒滴漏开始的。年久失修，应该换了还不换，应该修了也不修，为了节省钱，起先是一个故障，后来就变成了一个事件，再就变成了一个事故，再后来变成一个灾难。他一个环节没保住，整个园区就给他遭殃，所以是一颗老鼠屎，坏了一锅汤。必须把安全管理从源头抓起，这个源头就是从项目引入的时候，他的技术装备、工艺标准必须符合安全环保要求，这个门槛要高。但是有了本质安全，没有很好的监管也不行，因此，要怎么样在生产过程中维持它的本质安全，也就是说，过程安全管理要控制在手中，始终使这个本质安全符合标准和要求，那么有本质安全和过程安全来确保它的结果安全，这种安全才是完整的。结果很安全，但是过程不一定安全。本质安全，过程安全才能保证结果安全。”由此可见余亮茹对场区安全性的重视与深刻理解。

尽管新冠肺炎疫情使其经营业绩受到影响，但中国市场业绩不跌反增。历经疫情的“压力测试”，中国市场的魅力对跨国公司形成了更加强大的吸引力，深耕中国成为他们的不二选择。其中不少跨国公司选择了继续立足上海，选择了上海化工区。为什么？余亮茹说：“有时候我也会为企业‘打抱不平’。上海化工区的标准是全世界哪里的标准最严格，我们就对标哪里。虽然有跨国公司‘抱怨’说上海化工区比总部的要求严得多，但正是集欧盟、美国、日本等全球最先进标准为我用的最优标准，造就了今天的上海化工区，也造就了园区企业。”经过近 25 年的开发和建设，上海化工区已成为目前全国集聚国际知名跨国化工企业最多、循环经济水平最先进、产业能级最高端、安全环保管理最严格的国家级石油化工专业开发区。全球化工五十强企业朗盛的高管说：“全世界我都去看过，那么为什么选择上海？因为我们认为，上海化工区各方面综合水平，很难在全世界再找到相匹配的地方。”这一切的成就与余亮茹辛勤的工作息息相关。

在上海化工区庆祝改革开放四十周年大会上，他指出：“要高举改革开放旗帜，贯彻落实好中央、上海市委、市政府一系列的工作部署和要求，以再出发、再跨越、再提升的勇气和胆识，抢抓机遇、直面挑战，对照最高标准、最严要求、最好水平，将化工区打造成为‘上海制造’和绿色发展的闪亮名片，争当全国化工园区的排头兵、先行者，为提升我国石化产业的国际竞争力和上海城市经济发展的核心竞争力作出新的更大贡献。”

资料来源

1. 上海化工区召开庆祝改革开放 40 周年大会[EB/OL].(2018-12-20). https://new.qq.com/cmsn/20181221/20181221010158.html? pc.

2.【2020 年度行业影响力人物】化工园区开发建设管理的实践与思考者——余亮茹[EB/OL].(2021.01.29). https://www.thepaper.cn/newsDetail_forward_10998358.

3. 化工园区开发建设管理的实践与思考者——余亮茹[EB/OL].(2021-1-16).http://www.chinahse.org.cn/detail/5e2562bb6fc32e0729af86f3b83f6c10.

教学建议

本案例可作为《思想道德与法治》(2021年版)“第三章　继承优良传统　弘扬中国精神”的“第三节　让改革创新成为青春远航的动力”、“第三章　继承优良传统　弘扬中国精神”的“第二节　做新时代的忠诚爱国者”、“第四章　明确价值要求　践行价值准则”的“第三节　积极践行社会主义核心价值观”的教学素材。

京沪两地学生：用法律捍卫权利

北京化工大学的法学生方同学购买了一部 iPhone 12 Pro Max 手机，在发现该手机并没有配备相应的充电设备后，选择用法律手段维护权益。“根据从物随主物移转和社会交易习惯，购买手机理应配备充电器。”

来自北京化工大学、东华大学的学生们组队将苹果公司告上法庭，2021 年 5 月，方同学及其小组成员向苹果电子产品商贸(北京)有限公司所在的北京市东城区人民法院提出立案申请。请求判令苹果公司交付手机充电器；承担违约责任，支付违约金 100 元并承担诉讼费用。

2021 年 9 月，此案在北京互联网法院电子诉讼平台在线庭审现场适用普通程序审理，庭审时间持续了 2 小时。

《上海法治报》的报道称，首先，苹果公司代理人认为，在 iPhone 12 pro Max 的包装盒上，明确了 iPhone 12 pro Max 的完整包装内容，即不包含充电器，装有 USB-C 转闪电连接线。因此，双方的买卖合同并不包含电源适配器。“苹果对电源设计的提示缺乏显著性。”方同学对比了苹果手机包装盒上针对电源设计的说明和产品广告，文字样式大小对比十分明显。

随后，苹果公司代理人拿出了一份工信部关于引导消费者、销售企业、生产企业观念改变，促使手机与电源适配器分离销售的提案。但方同学明确指出，这一提案本身是“关于统一手机与充电器之间连接插头与端口的提案”。在手机与充电器之间连接插头与端口未能实现广泛统一的前提下，难以实现手机和充电器分离销售。

值得注意的是，苹果公司与大多数手机厂商不同，其手机侧充电接口从未使用过 Micro USB 接口，一直是独树一帜的 lightning 接口(闪电接口)；其手机产品连接电源适配器一侧，始终是 USB-A 接口，自 iPhone 12 系列以来变为 USB-C 接口。完全与市面上其他充电产品不同，无法实现不同型号手机和充电器之间的互换使用。

苹果公司代理人指出，在产品的“电源和电池”说明中，苹果公司明确消费者可用USB连接至电脑或电源适配器充电，“从该网页中无法得知需要连接何种电脑或何种电源适配器方可充电，也无法得知通过USB连接至电脑能否实现快充功能。此外，消费者无法根据苹果公司所宣传的那样，用USB-C转闪电连接线连接至原有的Apple电源适配器进行充电。”方同学也驳斥了这一说法。

此外，苹果公司代理人认为分离销售在手机销售中是常见情形。但事实上，在iPhone 12系列上市之前，市面上的主流手机厂商均配备充电器。不仅如此，方同学在搜索后发现，小米、魅族等在销售其手机产品时提供了3种套餐供消费者选择，含充电器的、不含充电器的、含充电器与耳机的，三种套餐价格不同，给了消费者自主选择的权利。这和苹果公司的分离销售有着明显的差别。

同时，苹果公司代理人反复提及“环保”，苹果公司在iPhone 12的销售界面下方宣传MagSafe无线充电器。这在方同学看来，是苹果公司“双面人”的铁证。“苹果公司仅是借着环保噱头来销售其新产品MagSafe。”无线充电是转换效率最低的充电方式。苹果公司大力宣传无线充电，是把无线充电的实用性价值摆在环保价值之前；而不再附随电源适配器，却是把充电器的实用价值摆在环保价值之后。因此，方同学认为，苹果的行为只是假借环保之名，通过减少消费者的必要使用配件来增加企业利润。

“根据民法典相关条款，苹果官网的图文信息是格式条款，被告不能以此为由去拒绝交付电源适配器，苹果公司在销售手机的过程中存在欺诈的行为，我们如无法如同苹果官网中所说的那样，用现有电源适配器进行充电，既无法匹配，也无法正常使用快充功能。”在庭审的最后，方同学陈述道。

“律政俏佳人队”由5位姑娘组成，最初提出要打这个官司的时候，有不少反对声音——有朋友认为airpods也并未标配，还是被用户接受了，“你们就是没事找事抬闲杠”；还有人觉得USB-C可以连在电脑上充电，不需要充电头，“苹果是把钱用在了刀刃上”。更多人还是觉得，这是“蚍蜉撼大树”，有老师直言“你们这个选题意义不大，且胜诉概率很小，甚至无法立案”。

其实，调研中，她们发现身边大多数消费者都有同样的不解与愤懑，甚至苹果公司的员工也表示很难跟消费者解释。但大部分人还是成了沉默的大多数。小方还给tim cook发了邮件，询问“这真的是为了环境友好吗”，并请他“把充电器还给我们吧”。

她说：“我们希望通过此次案件，以‘知其不可为而为之’的勇气，唤醒消费者维护自身合法权益的意识和热情，积极加入维权队伍。”

答辩结束后，不仅评委，连很多观众都对这个案例很感兴趣。上海政法学院大三学生张旭阳是个科技迷，听到这个案例后很有共鸣：“苹果公司的行为实质就是运用商业手段，‘逼迫’消费者单独购买价格昂贵的新充电头！”他还跟小方团队讨论起“欧盟委员会今年正式提出议案，建议统一消费电子产品的充电接口”的相关问题。

有人指出，“无论官司输赢，他们已经赢了，这标志了我国大学生法律意识的觉醒，是运用法律武器保护合法权利的一次尝试”。

资料来源

1. 99 年女法学生状告苹果公司欺诈：库克，把充电器还给我们吧！[EB/OL].(2021-10-24). https://export. shobserver. com/baijiahao/html/417438. html.

2. 两地大学生组队起诉苹果公司！因为没有充电器[EB/OL].(2021-10-27). https://mp. weixin. qq. com/s/bXcodkmu8cqa2QVpEzfmJQ.

教学建议

本案例可作为《思想道德与法治》(2021 年版)“第六章　学习法治思想　提升法制素养”的“第四节　自觉尊法学法守法用法”的教学素材。

志愿者孙雪菲：用九种语言说“你好”

在北京冬奥会和冬残奥会延庆核心枢纽二号地，来自北京化工大学的上、下车引导助理孙雪菲，会用九国语言向运动员和宾客说“你好”。通过识别各国代表团成员的服饰和配饰，她已经练就了识别客人国籍的本事，而且一句母语的问候，立刻就能拉近彼此之间的距离。

孙雪菲从1月24日到岗服务北京冬奥会，到参加冬残奥会志愿服务，已经在延庆待了40多天。从最开始的紧张、生涩到现在的从容应对，她的志愿服务工作已经越来越顺利。

延庆核心枢纽二号地位于国家高山滑雪中心下方，是在山地之间换乘各种车辆和缆车的交通枢纽，也是所有进出延庆赛区各签约酒店、国家高山滑雪中心和国家雪车雪橇中心的车辆的必经之路。作为一名上、下车引导志愿者，每天要面对川流不息的车辆和客流。孙雪菲坦言，一开始上岗时，面对外国朋友询问到达不同地方的车次时，自己还是有点蒙，“如果现查路线，肯定要耗时间，于是我们就提前一天打印出车次表，并认真记下，做到熟记于心。”孙雪菲说。

随着工作的深入，孙雪菲对于冬奥会期间延庆核心枢纽二号地的16条班车路线都熟记于心。同时，她还和延庆阪泉综合服务中心、国家高山滑雪中心的志愿者沟通，获得了阪泉的车次以及国家高山滑雪中心的停车位置信息，确保有客人咨询时，可以提供最准确的服务。

在工作中，孙雪菲会随时注意观察客流的情况。“我们发现去往延庆阪泉综合服务中心的客人很多，但班车是一小时一趟，客人等的时间比较长。后来，我和伙伴一起向调度人员反映，之后去往阪泉的班车改成了半小时一趟，方便了客人出行。”孙雪菲说。

除此之外，志愿者还想了很多办法给途经的客人带来快乐。不知道从哪天开始，在延庆核心枢纽二号地做引导服务的志愿者成了“人形招财猫”，在每个整点或半点的时刻，他们热情地招呼客人上车，并学会了使用九国语言说“你好”。

孙雪菲说："每当我们用他们的母语和他们打招呼时，他们都非常高兴，有时还会跟我们碰拳表示友好，这一刻让人心中充满了暖意。"

在冬残奥会期间，孙雪菲带领身边的小伙伴又专门学习了简单的手语，像"你好""再见""谢谢"这些词的手势他们都已经很熟悉了。此外，对于服务残障人士的礼仪规范，他们也都熟记于心。"我们在这里服务，肯定会遇到乘车的残障人士，为他们服务光有热情还不够，必须未雨绸缪，了解他们需要什么，怎样才能为他们提供更好的服务，这是我们作为志愿者的职责。"孙雪菲说。

资料来源

北京化工大学志愿者孙雪菲：会用九国语言说"你好"[EB/OL].(2022-3-12).http://k.sina.com.cn/article_7517400647_1c0126e47059032fyi.html.

教学建议

本案例可作为《思想道德与法治》(2021 年版)"第二章　追求远大理想　坚定崇高信念"的"第三节　在实现中国梦的实践中放飞青春梦想"、"第五章　遵守道德规范　锤炼道德品格"的"第三节　投身崇高向善的道德实践"的教学素材。

后　　记

在本书即将付梓之际，脑海中浮想起两年来编写组在思路酝酿、资料查找、案例编写、核查校对等环节的点点滴滴，大家集思广益、群策群力、分工明确、各尽所能地完成了本书编写任务。

由衷感谢本书编写组成员付出的辛苦努力（按姓氏笔画介绍）：北京化工大学本科生王昊谦、北京化工大学教师李霞、北京交通大学博士生李海辰、河南师范大学博士生张迪、北京化工大学硕士生张子仪、北京化工大学本科生张艺馨、北京化工大学硕士生邵蓓曦、北京化工大学硕士生赵微、北京化工大学本科生黄宇杰、中北大学教师常小娟、北京化工大学本科生魏省委。

感谢各位老师在我成长之路上的指导和教诲，让我坚定始终要本本分分做人、踏踏实实做学问；感谢大化工行业的光辉榜样人物和马克思主义理论界的前辈们，他们的先进事迹、伟大精神和研究成果夯实了本书的研究基础，使我开阔了视野；感谢北京化工大学各位前辈和同仁的点拨和建议，使我对论题的理解和思考更加深刻，也促使本书的内容不断完善；感谢北京化工大学的学生们，从他们身上我看到了新时代年轻人的朝气和风采，也感染着我始终怀揣着激情、梦想和使命教书育人。

特别感谢我的父母和家人，他们对我无微不至的关心、关切和关怀，是我学术之路上最大的前进动力、温暖支持、光明慰藉，也激励我继续秉持感恩、谦卑、努力、低调的心态对待学习和工作。

守仁先生曰：此心光明，亦复何言。在未来的学术之路上，我定当更加阳光和努力，不负光阴不负卿。

王一喆

2022 年 7 月 26 日